시대의 절대사상

르네 지라르

욕망, 폭력, 구원의 인류학

| 김모세 | 르네 지라르 |

살림

e시대의 절대사상을 펴내며

　고전을 읽고, 고전을 이해한다는 것은 비로소 교양인이 되었다는 뜻일 것입니다. 또한 수십 세기를 거쳐 형성되어온 인류의 지적유산을 제대로 이해하고, 그 바탕 위에서 새로운 자기만의 일을 개척할 때, 그 사람은 그 방면의 전문가가 될 수 있을 것입니다. 프랑스의 대입제도 바칼로레아에서 고전을 중요하게 취급하는 까닭도 그와 같은 이유 때문이겠지요.

　그러나 예전에도, 현재에도 고전은 유령처럼 우리 주위를 떠돌기만 했습니다. 막상 고전 텍스트를 펼치면 방대한 분량과 난해한 용어들 때문에 그 내용을 향유하지 못하고 항상 마음의 부담만 갖게 됩니다. 게다가 지금 우리는 고전을 읽기에 더 악화된 시대를 살고 있습니다. 변하지 않는 교육제도와 새 미디어의 홍수가 우리를 그렇게 만들고 있는 것입니다.

　고전을 읽어야 하지만 읽기 힘든 것이 현실이라면, 고전에 친근하게 다가갈 수 있는 새로운 방법을 응당 고민해야 하지 않을까요? 살림출판사의 e시대의 절대사상은 이러한 문제의식을 가지고 기획되었습니다. 고전에 대한 지나친 경외심을 버리고, '아무도 읽지 않는 게 고전'이라는 자조를 함께 버리면서 지금 이 시대에 맞는 현대적 감각의 고전을 만들고자 했습니다.

고전의 내용이 지나치게 주관적으로 해석되어 전달되는 위험을 피할 수 있도록 그 분야에 대해 가장 정통하면서도 오랜 연구 업적을 쌓은 학자들이 자신의 경험을 응축시켜 새로운 고전으로의 길을 열고자 했습니다. 마치 한 편의 잘 짜인 다큐멘터리 프로그램을 보듯 고전이 탄생할 수 있었던 시대적 배경과 작가의 주변 환경, 그리고 고전에 담긴 지혜를 재미있게 습득할 수 있도록 내용을 구성했고, 난해한 전문용어나 개념어들은 최대한 알기 쉽게 설명했습니다.

이전에 경험하지 못했던 새로운 감각의 고전 *e시대의 절대사상*은 지적욕구로 가득 찬 대학생·대학원생들과 교사들, 학창시절 깊이 있고 폭넓은 교양을 착실하게 쌓고자 하는 청소년들, 그리고 이 시대의 리더를 꿈꾸는 모든 사람들에게 생생하게 살아 숨 쉬는 인류 최고의 지혜를 전달할 것이라고 확신합니다.

기획위원

서강대학교 철학과 교수 강영안

이화여자대학교 중문과 교수 정재서

| 차례 | 르네 지라르

e시대의 절대사상을 펴내며   04
들어가는 글   08

1부 『낭만적 거짓과 소설적 진실』

욕망은 모방적이다   33
형이상학적 욕망   43
매개자와의 거리   57
중요한 것은 매개자의 존재다   74
모방의 결과   107

2부 『폭력과 성스러움』

모방에서 차이 소멸로   123
경쟁, 짝패   167
희생양 메커니즘   180
희생양의 조건   204
폭력과 성스러움   215

욕망, 폭력, 구원의 인류학
르네 지라르

3부 『사탄이 번개처럼 떨어지는 것이 보이노라』

유대-기독교의 성서	238
복음서의 승리	278
맺는 글	314
관련서	330
주	339

들어가는 글 : 생애와 작품 활동

르네 지라르(René Girard)는 '욕망의 삼각형'과 '희생양' 이론 등을 통해 우리에게도 그 이름이 낯설지 않은 문학 및 문화 연구가다. 그의 활동 영역이 어느 학문 분야에 속한 것인지를 논하는 것 자체가 소모적일 정도로 그는 실로 방대한 영역에 발을 걸치고 있다. 물론 이 방대한 영역이 그의 손 아래에서 '단 하나의 주제'로 환원되고 있지만, 여전히 그를 어떤 학문 영역의 연구자라고 정의 내리기는 어려운 것이 사실이다. 이 점에 대해서는 본격적인 논의에 들어가면서 다시 한 번 살펴보기로 하고, 우선 이 복잡한 학자, 그럼에도 우리에게 꽤나 친숙한 학자의 삶을 일별해보기로 하자.

작가는 물론이거니와 여느 사상가를 이해하는 데 있어서

그의 삶이 보여주는 단편들과 삶의 전반적인 궤적을 살펴보는 것이 그의 작품 및 사상 세계 전체를 통찰하는 출발점이 된다는 데에는 누구도 이론을 달지 못할 것이다. 물론 작가의 삶과 그의 텍스트를 철저히 분리하려는 시도들이 난무하고 있는 오늘날이지만, 한 작가 혹은 사상가의 저작과 사유 체계 속에는 그가 삶 속에서 경험한 수많은 사건과 만남들이 고스란히 녹아들어 있는 것이 사실이다. 따라서 한 사상가의 학문 세계라는 거대한 박물관에 이제 막 들어서는 입문자들에게 있어서 그의 생애만큼 손쉬운 안내서도 없을 것이다.

르네 지라르를 소개하는 글을 쓰는 데 있어서 가장 큰 난점이자 가장 먼저 부딪치게 되는 장애물이 바로 여기에 있다. 르네 지라르가 남긴 학문적 소산이나 유명세에 비한다면 정작 그의 생애와 관련된 자료들은 극히 미약하다. 저서는 물론이거니와 이론에 대한 각종 해설서들, 또는 인터넷 자료들을 두루 살펴보아도 그의 생애에 대한 자료는 한 페이지 남짓하게 정리되어 있는 경우가 대부분이다. 또한 르네 지라르의 학문 여정 자체가 고향인 프랑스가 아닌 미국 대학을 무대로 이루어졌으며, 이론 또한 현대의 주된 사유 흐름들과는 다소 동떨어진 독특한 영역을 구축하고 있다는 점에서 우리의 고민은 더해진다. 굵직한 평전이라도 한 권 출판되었다면 더도 없이 고마우련만, 우리에게는 아직 그런 기회가 주어지지 못했다. 따라서 이 책도 르네 지라르에 대한 소개보다는 철저히 이론 세계를 소개하는 데 초점이 맞추어져야 할 것이다. 한 가지 다행스러운 것은 르네 지라르의 이론 자체가 그의 말대로 '단 하나의 주제'로 단단히 엮여 있는 만큼, 그의 생애에 대해 자세히 알지 못해도 충분히 접근 가능하고, 이해 가능하다는 것이다. 여기에 더해 2004년에 출판된(우리나라에서도 2006년 번역 출간되었다) 지라르의 대담집인 『문화의 기원(Les Origines de la Culture)』은 그의 삶의 여정에 대한 우리의 호기심을 조금이나마 충족시켜주고 있다. 사실 이 책의 제1장을 구성하고 있는 약 40페이지 정도의 대담 내용이야말로 지라르의 삶과 학문적 여정에 대한 가장 상세한 자료라고 할 수 있다. 따라서 우리 역시 『문화의 기원』에서 지라르가 직접 소개하고 있는 내용을 중심으로 그의 삶의 여정과 작품 활동을 간략하게나마 따라가보고자 한다.

르네 지라르는 1923년 12월 25일 성탄절에 남프랑스 지방에 있는 아비뇽(Avignon)이라는 도시에서 4남매 중 둘째로 태어났다. 어린 시절 그는 르네 노엘 테오필(René Noël Théophile)이라는 이름으로 불렸다. 공화파이자 반교권주의자였던 아버지는 파리 고문서 학교를 나온 지방 사학자로 아비뇽 박물관과 도서관에서 일했다. 반면 가톨릭 신자이자 왕당파 지지자였던 어머니는 지체가 높고 보수적인 가문 출신으로 예술에 조예가 깊은 여성이었다. 특히 어머니는 드롬 도에서 대학입학자격시험인 바칼로레아에 합격한 첫 번째 여성이기도 했다. 지라르는 이처럼 거의 모든 면에서 상반되는 생각을 가진 부모 밑에서 자라났지만 부모 중 어느 쪽도 사상이나 종교에 맹신한 사람은 아니었다고 회상한다. 예를 들어 가톨릭 신자였던 어머니는 독실한 신앙을 가지고 있었지만, 동시에 꽤나 자유로운 정신의 소유자였다.

아버지의 영향으로 공화파 학교를 졸업한 지라르는 1940년 바칼로레아에 합격한 이후 이듬해인 1941년에 고등사범학교(ENS) 입학시험 준비를 위해 의학 공부를 하는 형을 따라 리옹으로 향한다. 하지만 전쟁 당시의 열악한 상황으로 인해 고향으로 되돌아올 수밖에 없었던 그는 아버지의 충고에 따라 파리 고문서 학교에 진학한다. 하지만 그는 이곳에서의 생활에 그리 만족하지는 못했던 것으로 보인다. 도서관이나 박물관에서 일하고 싶은 마음이 없었던 그에게 미국에서 프랑스어 조교 제의가 들어왔고, 그는 1947년 프랑스를 떠나 인생의 전환점을 맞이하게 된다. 이후 미국에서 결혼한 그는 학문적 여정 전체를 그곳에서 보내게 된다.

지라르는 1950년 인디애나 대학에서 『1940~1943년 사이 미국에 대한 프랑스의 여론』이라는 제목으로 현대사 박사과정을 마친 뒤 같은 대학에서 소설 강의를 시작한다. 그는 강의를 하면서 특히 스탕달과 플로베르, 프루스트, 도스토예프스키 등의 작품에 나타난 공통점에 대해 관심을 가지기 시작했다고 밝히고 있으며, 이는 곧 그의 첫 번째 저서와 긴 학문적 여정의 시작을 장식하게 된다.

1957년 존스홉킨스 대학으로 자리를 옮긴 지라르는 그곳에서 1968년까지 11년 동안을 재직하는데, 이 기간은 그의 학문적 여정에 있어서 가장 결정적인 시기였다고 할 수 있다. 그곳에서 그는 레오 스피처(Leo Spitzer)를 비롯해 조르주 풀레(Georges Poulet)와 장 스타로벵스키(Jean Starobinski) 등과 같은 당대의 대표적인 비평가들과 만날 수 있었으며, 무엇보다 그의 이름을 세상에 알린 첫 번째 저서, 『낭만적 거짓과 소설적 진실(Mensonge romantique et vérité romanesque)』이 출간되었다. 그리고 이 책이 불러일으킨 여러 논쟁들은 미국뿐 아니라 고국인 프랑스에도 그의 책에 대한 관심을 불러일으키는 계기가 되었다.

1966년 지라르는 '비평의 언어와 인문학(Les langages de la critique et les sciences de l'homme)'이라는 유명한 국제학술대회를 개최한다. 뤼시앵 골드만(Lucien Goldmann), 롤랑 바르트(Roland Barthes), 자크 데리다(Jacques Derrida), 자크 라캉(Jacques Lacan) 등을 비롯해 구조주의라는 새로운 사조의 대표적인 학자들이 대거 참여한 이 학술대회는 말 그대로 미국에 구조주의를 소개해준 결정적인 계기가 되었다. 학술대회는 성공적이었지만 정작 지라르 자신은 이 학술대회가 만족스럽지 못했던 것 같다. 아니 더 정확히 말해 그는 이 학술대회가 가져온 결과에 큰 불만을 표시한다. 뒤에서 살펴보겠지만 구조주의나 해체주의 등과 같은 현대의 주된 사유 흐름과는 전혀 동떨어진 사유 체계를 형성했던 지라르는 이러한 이론들이 자신의 영역을 순식간에 침투해 들어오는 것을 반길 수만은 없었다. 결국 지라르는 이 일을 계기로 1968년 버펄로 대학으로 자리를 옮겨 1975년까지 그곳에서 재직한다.

버펄로 대학 시절 무엇보다 눈여겨볼 만한 점은 바로 『폭력과 성스러움(*La Violence et le Sacré*)』의 출판일 것이다. 지라르의 학문적 지평을 결정적으로 확장시킨 이 책은 '인류의 문화적 기원과 기독교' 라는 주제로 나아가는 초석이 되었다. 지라르는 『문화의 기원』에서 이 책에 대한 구체적인 구상은 존스홉킨스 대학 시절인 1965~68년 사이에 이루어졌다고 밝히고 있다. 또한 그는 본격적으로 인류학에 관심을 가지기 전인 1963~64년 그리스 비극을 읽는 중 소포클레스의 『오이디푸스 대왕』과 에우리피데스의 『바쿠스의 여사제들』을 통해 초석적 폭력(violence fondatrice)에 대한 영감을 얻게 되었다고 이야기한다.

1975년 존스홉킨스 대학으로 돌아온 지라르는 1978년 『세상의 처음부터 감추어져온 것들(*Des choses cachées depuis la fondation du monde*)』을 발표하면서 또 하나의 학문적 지평을 개척한다. 『폭력과 성스러움』이 출간되기 전인 1971년부터 집필하기 시작한 이 책의 중요성은 무엇보다도 그가 본격적으로 기독교에 대한 이야기를 하기 시작했다는 데에서 찾을 수 있다. 원래 지라르는 『폭력과 성스러움』을 고대 문화와 기독교에 대한 내용으로 구성하려고 했지만, 집필 과정에서 기독교 부분을 제쳐놓고 고대 문화 부분만으로 책을 구성하기에 이른다. 그리고 이때 모아둔 자료들을 바탕으로 『세상의 처음부터 감추어져온 것들』에서 본격적으로 기독교에 대한 논의로 돌입하게 된다.

지라르는 1980년 스탠퍼드 대학으로 자리를 옮겨 1995년 퇴임할 때까지 그곳에 재직했으며, '학제 간 연구소'를 설립하여 퇴임 이후에도 줄곧 활동해왔다. 이 시기에 주목할 만한 점은 1983년 스리지 라 살(Cerisy-la-Salle)에서 개최된 학술대회와 1994년에 개최된 '폭력과 종교에 관한 학술대회(Colloque sur la Violence et la Religion)'라고 할 수 있다. 프랑스의 가장 권위 있는 학술대회라고 할 수 있는 스리지 라 살 콜로크는 폴 뒤무셸(Paul Dumouchel)과 스탠퍼드 대학의 동료였던 장 피에르 뒤퓌(Jean-Pierre Dupuy)에 의해 조직되었으며, 르네 지라르의 학문을 주제로 열린 가장 크고 의미 있는 학술대회였다고 할 수 있다. '르네 지라르를 중심으로 본 폭력과 진실'이라는 제목의 이 학술대회 문집은 1985년 같은 제목으로 그라세(Grasset) 출판사에서 출간되었다. 또한 1994년 시작된 '폭력과 종교에 관한 학술대회'는 지라르 이론에 영향을 받은 여러 학문 분야의 학자들을 망라한 국제 학술대회다. "문화의 기원과 그 유지에 있어서 폭력과 종교의 관계를 조사, 비판하고 모방적 모델을 발전시켜 나가는 것"을 목표로 한 이 학술대회는 해마다 강연회를 열고 있으며, 『전염 : 폭력, 모방, 문화 저널(Contagion : Journal of Violence, Mimesis and Culture)』이라는 제목의 학회지를 간행하고 있다.

2005년 3월 17일 르네 지라르는 '아카데미 프랑세즈(Académie française : 프랑스 학술원)'의 종신회원으로 선출된다. 기존 회원의 유고 시에만 새로운 회원을 뽑는 아카데미 프랑세즈 입성은 그의 학문적 여정의 소중한 결산서인 동시에 고국인 프랑스에서 그의 학문적 성과를 결정적으로 인정받게 된 계기가 되었다. 2004년 1월에 사망한 카레(Carré)신부의 후임으로 선출된 그는 2005년 12월 15일 입회식을 거쳐 종신회원으로 활동을 시작했다.

지라르의 생애와 관련하여 한 가지 생각해볼 만한 점은 거의 모든 삶의 단계에 있어서 그가 항상 이방인의 위치에 있었다는 사실이다. 실제로 그는 아비뇽에 있을 당시 주변의 친구들과 그리 편안한 관계를 맺지 못했다고 밝힌 적이 있으며, 미국에서는 기존의 문학 분석의 틀을 넘어서 독특한 시도를 하는 낯선 유럽인 학자라는 배타적 시선을 견뎌야 했다. 대학 교수를 처음 시작했을 때에도 그는 문학과에 들어가지 못한 나머지 나중에 인류학을 선택하게 된다. 그는 프랑스로 돌아가 활동하고 싶은 생각도 가졌으나, 고문서 학교 졸업생으로서 자기가 원하는 진로를 개척하기는 어렵다고 판단했다. 뒤에서 살펴보겠지만 그의 사유는 동시대를 주름잡았던, 혹은 오늘날에도 여전히 막강한 영향력을 행사하는 사유 경향들과는 여러 면에서 동떨어져 있다. 지라르는 그 이름만 들어도 위압감이 느껴지는 수많은 학자들에 맞서 홀로 싸움에 임한다.

이 모든 점을 미루어볼 때 지라르가 희생양 이론에 그토록 천착했던 것이 오로지 우연의 소산이었다고 할 수 있을까? 『낭만적 거짓과 소설적 진실』에서 그가 밝히고 있는 바와 같이 프루스트나 도스토예프스키와 같은 위대한 작가들, 욕망의 진실을 말하고 있는 작가들이 한결같이 스스로 예전에 그 욕망의 노예가 되었다가 그 굴레를 벗어나 욕망의 본질을 꿰뚫어볼 수 있게 된 작가들이었다면, 그 자신은 낯선 자, 이방인으로서 여러 한계와 갈등을 몸소 체험한, 다시 말해 간접적으로 희생양 메커니즘을 삶 속에서 체험한 학자로서 그것의 비밀을 꿰뚫어보게 된 학자가 아니겠는가?

르네 지라르의 작품 세계는 크게 세 단계로 구분해볼 수 있다. 바로 모방 욕망이라는 개념을 문학 작품 분석을 통해 드러내 보였던 『낭만적 거짓과 소설적 진실』, 모방 개념을 인류학적 차원으로 확대시켜, 희생양 메커니즘을 밝혀낸 『폭력과 성스러움』, 그리고 기독교를 통한 희생양 메커니즘의 해체를 시도한 그 이후의 저작들, 그중에서도 1999년에 발간된 『사탄이 번개처럼 떨어지는 것이 보이노라』가 그것이다. 우리 역시 위의 세 권의 저서를 중심으로 지라르의 이론 전반을 살펴볼 것이다. 그 전에 우선 이 세 권을 포함한 지라르의 주요 저작들에 대해 간단히 살펴보고자 한다.

1961년 그라세 출판사에서 간행된 『낭만적 거짓과 소설적 진실』은 지라르의 첫 번째 저작임과 동시에 그의 이론을 이해하기 위한 필독서라고 할 수 있다. 이 책에서 지라르는 위대한 문학 작품들을 통해 인간의 사유와 활동, 그리고 모든 갈등의 근간에 있는 모방 욕망이라는 개념을 설명한다. 주체, 대상, 모델이라는 욕망의 삼각형 모델은 이후에 전개될 그의 전체 이론 체계의 바탕을 이룬다고 할 수 있다. 또한 욕망의 삼각형 이론은 문학 비평에 있어서도 새로운 전기를 마련한 개념이었다고 할 수 있다.

1963년 플롱(Plon) 출판사에서 간행된 『도스토예프스키 : 짝패에서 통일성으로(*Dostoïevski : Du Double à l'unité*)』는 도스토예프스키의 작품들이 지라르의 사유 형성에 있어서 얼마나 큰 영향을 주었는지를 보여준다. 지라르는 이 대작가의 작품 전체에 걸쳐 모방적 삼각형과 주체와 모델 사이의 경쟁 관계가 끊임없이 문제시되고 있다고 주장한다. 특히 『죄와 벌』 같은 작품은 모방 욕망의 박물관이라 할 수 있다. 삶과 작품 세계를 찬찬히 따라가면서 지라르는 도스토예프스키가 짝패의 완벽한 동일성에서 어떻게 벗어나게 되었는지를 상세히 설명한다. 이후 이 책은 『지하실의 비평』에 재수록된다.

1972년 그라세 출판사에서 간행된 『폭력과 성스러움』은 인류학 혹은 민족학으로 대변되는 지라르 이론의 두 번째 시기를 특징짓는 작품이다. 지라르는 『낭만적 거짓과 소설적 진실』에서 제시한 모방 욕망 이론을 고대의 신화 및 비극 텍스트들, 나아가 원시 사회의 여러 문화와 제의적 전통들에 대입시킨다. 나아가 지라르는 모방 욕망과 경쟁 이론을 확장시켜, 집단적 폭력과 희생양 메커니즘이라는 새로운 연구 지평을 개척한다. 이를 통해 모방 욕망 이론은 인류 문화 전체의 초석이 되는 개념으로 자리 잡게 된다.

1976년 라쥬 돔므(L'Age d'Homme) 출판사에서 간행된 『지하실의 비평(*Critique dans un souterrain*)』은 『낭만적 거짓과 소

설적 진실』의 출간 이후 지라르가 집필한 각종 문학 비평 논문 및 에세이들을 모아놓은 문집이다. 이 책에는 1963년 플롱 출판사에서 단독 출간했던 『도스토예프스키』도 포함되어 있다. 특히 지라르는 이 책에서 알베르 카뮈의 『이방인』에 대한 새로운 해석을 시도한다. 또한 우리는 이 책에서 들뢰즈, 가타리의 『앙티 오이디푸스』에 대한 신랄한 비판도 볼 수 있다.

1978년에 그라세 출판사에서 간행된 『세상의 처음부터 감추어져온 것들』은 지라르의 사유가 신화와 원시 부족의 제의를 거쳐 기독교로 향하는 전기를 마련해주었다. 대담집인 이 책은 우선 『폭력과 성스러움』에서 전개된 인류학적 문제들을 보충하는 것으로 시작한다. 특히 지라르는 구약성서에 의해 예비된 복음서 메시지들의 특이성을 주장한다. 그리스도의 가르침은 인류 문화의 폭력적 기원과 그것의 악순환을 만천하에 드러낸 유일한 교훈이라는 것이다. 이 책을 계기로 이후 지라르의 거의 모든 저작 활동은 기독교의 계시를 논증하는 방향으로 나아가게 된다.

1982년 그라세 출판사에서 간행된 『희생양(Le Bouc émissaire)』은 무지에 휩싸인 희생양 메커니즘에서 복음서의 계시로 나아가는 과정, 즉 희생양 메커니즘의 해체 과정을 그리고 있다. 책의 앞부분에서 지라르는 『폭력과 성스러움』, 특히 『세상의 처음부터 감추어져온 것들』에 대한 여러 비판에 응답하고 있는데, 바로 이러한 점을 들어 혹자들은 이 책을 지라르 이론의 입문서로 추천하기도 한다.

1985년 그라세 출판사에서 간행된 『사악한 사람들의 옛길(La Route antique des hommes pervers)』은 성서에 기록된 욥의 이야기를 중심으로 희생양 메커니즘과 그것에 대한 성서의 해체 작업을 상세히 기술하고 있다. 오이디푸스와 거의 모든 면에서 유사한 상황에 처한 욥의 이야기가 전자와는 전혀 다른 방향으로 나아가고 있는 것, 특히 욥이 박해자들의 담론을 인정하지 않고, 끝까지 만장일치의 폭력에 저항하는 모습을 통해 지라르는 다시 한 번 유대-기독교의 메시지가 가진 특이성을 밝히고 있다.

1990년 그라세 출판사에서 간행된 『셰익스피어 : 질투의 불길(Shakespeare : Les feux de l'envie)』은 셰익스피어의 작품 속에 나타나는 모방 욕망을 분석하고 있다. 다시 한 번 지라르는 문학 비평의 영역으로 돌아가 셰익스피어라는 대작가에 대한 독특한 해석을 선보인다. 특히 셰익스피어는 매개된 욕망에 대한 지식을 숨기고자 했으며, 그 지식을 작품 속에 교묘히 포함시키고 있으므로 또 다른 층위에서의 독서가 필요하다는 것이 지라르의 주장이다.

1994년 아를레아(Arléa) 출판사에서 간행된 『이러한 일들이 시작될 때(*Quand ces choses commenceront*)』는 상당히 짧은 대담집으로, 지라르 이론에 대한 훌륭한 요약으로 의미를 가진다. 하지만 내용의 깊이나 길이에 있어서 지라르의 사유 전체를 통괄하기에는 조금 부족해 보이는 것이 사실이며, 지라르 이론의 입문서로서도 조금은 부적격해 보이는 것도 사실이다.

1999년 그라세 출판사에서 간행된 『사탄이 번개처럼 떨어지는 것이 보이노라(*Je vois Satan tomber comme l'éclair*)』는 오랫동안 지속된 신화와 성서 비교 연구의 결정판으로서 이와 관련된 이전의 모든 논의들을 정리하고 있으며, 아울러 폭력에 대한 기독교의 승리를 확인하고 있다. 복음서, 특히 그리스도의 수난과 관련된 해석은 이 책의 백미라고 할 수 있다. 나아가 이 책은 독자들로 하여금 지라르 이론을 처음부터 끝까지 한 눈에 개괄할 수 있게 해준다. 신화와 성서의 비교라는 큰 틀 속에서 지라르는 모방 욕망에서 희생양 메커니즘의 해체에 이르는 자기 이론의 모든 과정을 상세히 설명하고 있다.

2001년 아셰트(Hachette) 출판사에서 간행된 『그를 통해 스캔들이 오는 자(*Celui par qui le scandale arrive*)』는 지금까지 간행되지 않았던 세 편의 에세이와 마리아 스텔라 바르베리(Maria Stella Barberi)와의 대담으로 구성되어 있다. 이 책에서 지라르는 현대 세계에 공공연히 퍼져 있는 상대주의의 영향력에 우려를 표하고 있다. 상대주의에 빠져 있는 한 폭력의 기원을 알 수 없다는 것이 그의 주장이다. 아울러 지라르는 오직 복음서들과 「요한 계시록」만이 모든 제도 속에 감추어져 있는 폭력의 기원을 드러내준다는 주장을 반복적으로 강조하고 있다.

2002년 그라세 출판사에서 간행된 『현실의 오해된 목소리(La voix méconnue du réel)』는 1978~1994년 사이 지라르가 미국에서 발표했던 여러 논문들을 모아놓은 문집이다. 이 책에서 우리는 레비스트로스의 구조주의에서 니체와 바그너의 관계에 이르기까지, 복음서에 내포된 반유대주의 문제에서부터 웃음의 본질에 대한 성찰에 이르기까지, 여러 다양한 주제에 대한 지라르의 철학적 해석을 접할 수 있다. 물론 이 책에서도 여러 주제들을 관통하는 거대 담론은 바로 초석적 신화의 존재다. 지라르의 관점으로 다양한 사조와 철학적 주제들을 읽어내고자 하는 독자들에게 많은 도움이 될 책이라고 생각한다.

2004년 아셰트 출판사에서 간행된 『문화의 기원』은 대학교수 두 명의 대담을 모아놓은 문집으로, 잘 알려져 있지 않은 지라르의 생애와 관련된 이야기에서부터 그의 이론 전체의 개관, 나아가 그의 이론을 둘러싼 여러 논쟁들을 알기 쉽게 정리해놓았다. 르네 지라르의 이론에 입문하고자 하는 독자들에게 반드시 권하고 싶은 대담집이다.

2007년 르 포미에(Le Pommier) 출판사에서 간행된 『비극과 연민(Le tragique et la pitié)』은 르네 지라르의 아카데미 프랑세즈 입회 연설과 미셸 세르(Michel Serres)의 담화를 담고 있다.

2007년 카르네노르(Carnetsnord) 출판사에서 간행된 『클로즈비츠를 완성하기(Achever Clausewitz)』는 프러시아의 전략가였던 카리 폰 클로즈비츠(Cari von Clausewitz)의 미완성 저서인 『전쟁론』에 대한 지라르 식의 해석을 보여주고 있다. 특히 현대 전쟁의 성격을 '이중성' '상호적 작용' '극단적인 것들의 상승' 등의 용어로 설명한 클로즈비츠의 견해에 기반하여 지라르는 묵시론적 상황이 시작되었음을 밝히고 있다. 즉 모든 통제를 벗어난 폭력이 전 세계를 위협하는 상황이 그것이다.

2007년 라틀리에(l'Atelier) 출판사에서 간행된 『신은 만들어진 것인가?(Dieu, une invention?)』는 르네 지라르와 앙드레 구넬(André Gounelle : 개신교 신학자), 알랭 우지오(Alain Houziaux : 개혁교회 목사이자 신학 박사) 등이 신의 개념과 그 존재 증명의 문제 등에 대해 공동으로 집필한 책이다. 이 책에서 지라르는 인간들의 폭력을 감내하고, 인간 사회의 구원자가 된 '그리스도의 모습으로 현현한 신'이라는 기존의 입장을 견지해 나가고 있다.

2007년 그라세 & 파스켈(Grasset & Fasquelle) 출판사에서 간행된 『폭력에서 신성으로(*De la violence á la divinité*)』는 『낭만적 거짓과 소설적 진실』『폭력과 성스러움』『세상의 처음부터 감추어져온 것들』『희생양』에서 개진되었던 논의와 글들을 모아놓은 문집으로, 지라르 이론의 전체적인 흐름을 파악하기에 적합한 저작이다.

2008년 에른느(Herne) 출판사에서 간행된 『거식증과 모방 욕망(*Anorexie et désir mimétique*)』은 지라르가 본인의 이론을 보다 미시적인 현대 사회의 현상에 적용, 분석한 좋은 예를 보여준다. 이 책에서 지라르는 거식증이 무엇보다 여성들에게 관련된 문제라는 점에 착안하여, 이를 모방 욕망에 기초한 경쟁 관계의 틀 속에서 해석하고 있다.

1부

『낭만적 거짓과 소설적 진실』

René Girard

자연 발생적인 욕망은 없다. 자율적인 주체성과 자연 발생적인 욕망이라는 개념은 낭만적 환상에 불과하다. 욕망은 항상 제3자와의 관계로 해석되어야 한다. 어떤 대상에 대한 욕망은 항상 '매개자'라고 불리는 외부의 누군가로부터 빌려온 감정이다. 욕망의 도식은 주체와 대상 사이의 직선이 아니라 매개자를 사이에 둔 삼각형이다.

르네 지라르는 대담집인 『문화의 기원』에서 자신의 지적 여정을 "단 하나의 주제에 대한 긴 논증"이라는 찰스 다윈의 표현에 빗대어 정의 내리고 있다. 사실상 이 표현만큼 지라르의 사유 여정을 적절하게 대변해주는 것도 없을 것이다. 지라르는 첫 번째 저서인 『낭만적 거짓과 소설적 진실』을 시작으로 거의 반세기 동안에 걸쳐 인류의 문화, 공동체적 활동의 근간이라고 생각되는 하나의 주제를 끈기 있게 추적해왔다. 지라르의 이론 체계는 모방 욕망에서부터 시작하여 주체와 모델 사이에 일어나는 경쟁과 갈등, 그리고 갈등의 확산, 공동체 전체의 위기, 희생양에 대한 집단적 폭력을 통한 위기의 해소, 공동체 질서 유지를 위한 희생양 메커니즘의 반복과 제의, 각종 금기들의 설립, 마지막으로 성서, 특히 복음서에서 제시되는 그리스도의 희생을 통한 완벽한 계시 등으로 정리할 수 있다.

이 모든 단계들은 물론 서로 간에 치밀한 인과 관계로 연결되어 있다. 한편 각각의 단계들은 하나의 거대한 체계 속에서 나름의 독립성을 유지한다. 모방 욕망의 단계, 신화로 대표되는 희생양 메커니즘의 단계, 복음서로 대표되는 이 메커니즘의 해체와 극복의 단계 등은 각각 나름의 내적 체계를 갖추고 있으면서도, 서로 간에 변증법적 인과 관계로 연결되어 있다. 지라르의 여러 저서들에서도 우리는 이러한 양상을 볼 수 있다. 『낭만적 거짓과 소설적 진실』이 모방 욕망의 여러 양상들, 그 원인과 결과에 대한 분석을 위한 장이라면, 『폭력과 성스러움』은 희생양 메커니즘과 관련된 논의의 장을 마련하고 있다. 그리고 『사탄이 번개처럼 떨어지는 것이 보이노라』는 희생양 메커니즘과 그것에 기초한 신화들을 해체하는 복음서에 대한 분석에 할애되어 있다. 하지만 지라르의 글을 이해하는 데 있어서 주의할 점은 항상 모든 단계들의 인과적 연결 고리를 고려해야 한다는 점이다. 실제로 우리는 지라르의 각 저서, 이론의 각 단계를 보여주는 각 저서 속에서 이전과 이후의 단계들이 교묘하게 뒤섞여 있는 것을 볼 수 있다. 『낭만적 거짓과 소설적 진실』에서는 모방 욕망에서 시작한 논의가 두 주체들 사이의 경쟁과 갈등으로 이어져 희생양 메커니즘을 불러올 수밖에 없음을 곳곳에 암시하고 있다. 특히 프루스트의 작품을 분석하는 장은 이후에 논의될 희생양에 대한 암시로 가득하다. 『폭력과 성스러움』 역시 마찬가지다. 얼핏 보면 문학 작품에 대한 이전의 분석과는 동떨어진 인류학적 논의의 장으로 보이는 이 책에서 논의되는 희생양 메커니즘은 앞선 논의, 즉 욕망의 모방적 속성에서 기인한 결과가 분명하다.[1]

독자들을 더욱 혼란시키는 것은 『폭력과 성스러움』에서 지라르가 결과인 희생양 메커니즘을 먼저 이야기하고 난 뒤 제6장에 가서야 원인이 되는 모방 욕망을 언급하고 있기 때문이다. 나아가 『사탄이 번개처럼 떨어지는 것이 보이노라』에서도 지라르는 같은 맥락의 분석 방식을 채택하고 있다. 분명 이 작품은 기독교, 특히 복음서에 기록된 그리스도의 십자가 희생―이 경우에 '희생'이라는 표현을 사용할 수 있는지는 다시 살펴보아야 할 문제지만―을 통한 희생양 메커니즘의 극복과 감추어진 비밀의 계시에 그 초점이 맞추어져 있다. 하지만 우리는 이 작품에서 첫 단계인 모방 욕망에서 마지막 계시에 이르는 지라르 이론의 전체적인 파노라마를 접할 수 있는 것도 사실이다.

이처럼 지라르는 하나의 긴 주제를 논증하는 데 있어서 각 단계들을 매우 교묘하게 배치하는 데 성공하고 있다. 물론 그의 의도가 성공적이라는 사실은 그만큼 그의 이론의 숲에 들어간 독자들, 하나의 길밖에는 없을 것이라는 확신을 가진 채 쉽사리 탐험에 돌입한 독자들이 미로와 같은 함정에 빠질 위험이 커진다는 것을 의미한다. 독자들은 울창한 숲을 빠져 나가는 길을 파악해야 할뿐더러 이 출구가 또 어떤 숲의 입구와 연결되어 있는지를 파악해야 한다. 눈앞에 보이는 여러 갈래의 입구들 중 어디를 가도 마지막 출구에 도달하게 되리라고 생각한다면 오산이다.

지라르 이론이 갖는 또 다른 난점은 바로 하나의 주제를 논증하기 위해 사용된 방대한 자료군에 있다. 실제로 지라르를 소개하는 데 있어서 가장 어려운 점이 그에게 마땅한 호칭을 부여하기 어렵다는 것이다. 그는 문학 평론가인가, 문화 인류학자인가, 철학자인가, 정신분석학자인가, 아니면 신학자인가? 모두 다일 수도 있고, 그 어느 것도 아닐 수 있다. 지라르는 자신의 이론을 전개시켜 나가는 데 있어서 필요한 거의 모든 자료들을 이용하고 있다. 그의 분석은 문학 작품―역시 세르반테스에서 도스토예프스키에 이르는 방대한 영역의―에서부터 원시 사회에 대한 인류학적 자료들, 신화, 성서 그리고 오늘날 현대 사회의 여러 현상들에 이르기까지 그야말로 인류 역사의 전체를 포괄하고 있다. 이처럼 다양한 자료의 숲에서 독자들은 무엇보다 각각의 자료가 어느 곳으로 향하는 이정표를 제시하고 있는지를 파악해야 한다. 마치 문학 작품 속의 심연 구조와 같이 하나의 자료 속에 지라르가 말하고자 하는 이론 전체의 틀이 내포되어 있다는 사실 또한 간과해서는 안 된다. 물론 이 모든 난점들이 우리의 길을 가로막고 있는 것은 아니다. 어떻게 이해하느냐에 따라서 이 난점들은 오히려 우리의 길을 안내하는 지표가 되어줄 수도 있다. 이 모든 사항들을 참고로 한 채, 이제 지라르가 안내하는 인류 문화의 기원을 향한 여행을 떠나보기로 하자.

욕망은 모방적이다

　지라르의 이론을 소개하는 데 있어서 『낭만적 거짓과 소설적 진실』이라는 저서를 출발점으로 삼아야 한다는 점에는 이론의 여지가 없을 것이다. 1961년에 출판된 이 책은 지라르의 이름을 세상에 알린 첫 번째 저서였을 뿐만 아니라, 그의 이론 체계의 근간을 이루고 있는 책이기 때문이다. 지라르에 대한 사전 지식이 없는 독자라면 아마도 이 작품의 제목에서부터 의문을 품게 될 것이다. 필자 역시 그러한 경험이 있는 독자였다는 사실을 부인하지 않겠다. 낭만적 거짓은 무엇이고, 소설적 진실은 또 무엇인가? 이러한 혼란스러움은 이 책이 문학 연구서라는 점에서 더욱 가중된다. 문학 작품을 분석하는 책에서 낭만과 소설이라는 두 항이 거짓과 진실이라는 대립적 명사와 함께 사용될 수 있는 것일까? 우리는 '낭만적 거짓과 소설적 진실'이라는 표현을 구체적으로 분석하기에 앞서서 적어도 지라르의 사유 속에서 이 두 단어가 기존의 문학 분석하고는 다르게—다르지는 않더라도 최소한 다른 맥락에서—사용되고 있음을 지적해야 할 것이다.

낭만과 소설의 차이, 그리고 거짓과 진실이 의미하는 바를 논하기 위해서는 우선 '욕망(désir)'에 대한 지라르의 정의를 살펴보아야 한다. 지라르는 세르반테스, 스탕달, 플로베르, 프루스트, 도스토예프스키 등과 같은 위대한 작가들의 작품을 통해 자신의 이론을 구체화한다. 후에 인류학 영역에까지 적용될 이 분석 모델은 우선 인간 욕망에 대한 새로운 관점, 더 정확히 말해 '욕망 관계(rapports de désir)'라는 개념을 중심으로 이루어져 있다.

지라르에 따르면 인간의 욕망은 결코 자연 발생적이지 않다. 그렇기 때문에 욕망은 항상 제3자와의 '관계'로 해석되어야 한다. 보통 사람들은 욕망을 어떤 한 대상에 대한 어느 한 주체의 관계로 기술한다. 그리고 욕망의 근원을 욕망 주체의 내면에서 찾을 수 있고, 또 찾아야 한다고 생각한다. 하지만 이러한 생각의 이면에는 자율적인 주체성과 자연 발생적인 욕망이라는 환상이 자리 잡고 있다는 것이 지라르의 주장이다. 어쩌면 돈키호테처럼 제정신이 아닌 사람, 광적인 욕망에 사로잡혀 어느 누구와도 타협하려고 하지 않는 인물이 우리의 공감을 불러일으키고, 우리에게 매력적으로 보이는 이유는 그 때문일 수 있다.

> 여기에는 매개자가 없다. 오직 주체와 대상이 있을 뿐이다. 그런데 열정을 불러일으킨 대상의 본질이 그 욕망을 설명하기에 충분치 못할 때, 사람들은 열정에 사로잡힌 주체에게 눈을 돌리게 된다. 즉 주체의 '심리'를 분석하게 되고, 주체의 '자유'에 호소하게 되는 것이다. 하지만 욕망은 언제나 자연 발생적이지 않다. 우리는 주체와 대상을 잇는 직선 하나만으로도 욕망을 묘사할 수 있을 것이다.[2]

이전의 거의 모든 문학 작품이나 비평 사조, 나아가 철학을 비롯한 인문학 전반에 있어서 이러한 욕망 주체와 대상 사이의 직선적 관계가 항상 통용되어왔다는 것이 지라르의 생각이다. 굳이 문학이나 철학과 같은 학문의 영역을 들추지 않아도 이러한 생각은 거의 상식적으로 통용되어온 것이 사실이다. 우리가 욕망하는 사람을 욕망의 '주체'라고 부르는 사실만 해도 이것을 반증하고 있다. 주지의 사실이듯이 '주체'라는 용어는 모든 것의 '아래에 있는' 존재, 즉 모든 것을 '떠받치는' 존재, '근간'으로서의 존재의 의미를 가지고 있기 때문이다. 다시 말해 '욕망의 주체'라는 말은 그 욕망의 근원이 바로 그 존재, 욕망을 품고 있는 사람에게 있다는 사실을 의미한다. 지라르에 따르면 실제로 이러한 견해는 전통적 사상의 '해체'를 주장하는 현대적 사유의 흐름 속에서도 그대로 반영되어 있다. 그 예로 현대의 여러 사상가들이 외치는 '욕망의 해방'을 들 수 있는데, 이 말 속에도 이미 욕망의 주인은 욕망하는 사람이라는 생각이 내포되어 있다. 그도 그럴 것이 욕망의 주인이 내가 아니라면 그 욕망을 해방시키는 일 자체가 불가능할 것이기 때문이다.

지라르는 바로 이와 같은 일반적 견해에 대해 의문을 제기하는 것, 나아가 그것을 근본에서부터 뒤흔드는 것에서 작업을 시작한다. 그에 따르면 욕망의 주인은 내가 아니다. 어떤 대상을 욕망한다고 할 때 그것은 나의 내부에서 생겨난 감정이 아니라, 나의 외부에서, 그 누군가로부터 빌려온 감정이다. 이러한 점에서 지라르는 욕망을 '매개자(médiateur)'라고 하는 제3자를 통해 이루어지는 대상과의 관계로 정의한다. 인간 욕망의 본질은 제3자를 거치는 '매개작용(médiation)'에 있다는 것이다. 같은 맥락에서 그는 기존의 욕망관계 도식, 즉 욕망주체와 대상 사이의 직선적인 관계를 매개자를 사이에 둔 삼각형의 도식으로 대체한다.

직선은 본질적인 것이 아니다. 이 직선 위에 주체와 대상 쪽으로 동시에 선을 뻗치고 있는 매개자가 있다. 이 삼각관계를 표현하고 있는 공간적 비유는 분명 삼각형이다. 대상은 사건에 따라 매번 바뀌지만 삼각형은 그대로 남는다(M.V., 17).

지라르는 이러한 삼각형의 도식을 욕망의 '모방적' 속성으로 설명한다. 돈키호테가 광기 어린 행동을 하는 것은 그가 전설의 기사인 아마디스를 은연중에 '모방'하고 있기 때문이다. 욕망의 대상을 선택하는 것은 돈키호테가 아닌 아마디스다. 아마디스의 제자가 된 돈키호테는 스승이 지시하는 대상, 혹은 스승에 의해 지시되는 것처럼 보이는 대상을 향해 덤벼든다. 이처럼 아마디스라는 대기사의 모범을 따른다는 점에서 얼핏 광기 어린 것으로 보이는 그의 행동은—적어도 그 자신에게 있어서는—완벽하게 정당화된다. 이때 아마디스는 '매개자', 즉 욕망의 '모델'이 되며, 돈키호테는 '추종자'가 된다.

사실상 지라르는 모방 경향을 인간 욕망의 가장 본질적인 성격으로 규정한다. 나아가 욕망의 모방적 속성은 인류의 역사와 문화 전체의 근간으로 제시되고 있다. 『문화의 기원』의 서문에서 볼 수 있듯이 지라르는 아리스토텔레스가 『시학』에서 제시한 "인간은 모방 경향이 가장 크다는 점에서 다른 동물과 구별된다"는 주장을 거의 극단까지 밀고 나간 것으로 보인다. 인간과 동물을 구별해주는 여러 가지 요소들 중에서 인간만이 누리는 특별한 문화적 지위를 들 수 있다면, 바로 그 문화의 근간에 자리 잡은 모방적 속성을 말할 수 있을 것이다. 지라르는 인간이 일정한 사회적, 문화적 체계를 형성하고, 그것을 교육 및 습득하는 과정 전체가 '모방'에 의해 이루어진다고 생각한다.[3] 인간은 "모방 욕망을 통해 동물적인 본능에서 벗어날 수 있고, 정체성을 만들 수 있다. 인간의 정체성은 결코 무에서 나온 것일 수 없기 때문이다." 나아가 인간을 환경과 문화에 적응하게 해주는 것도 욕망의 모방적 속성이다. 적응한다는 것은 인간이 문화에 참여하고 그것을 누릴 수 있기 위해 필요한 모든 것을 배우는 능력이라고 할 때, 결국 우리는 "인간이 문화를 창조하는 것이 아니라 모방하는 것"이라는 결론에 이르게 된다.

이처럼 인간의 본질적인 속성인 모방 욕망을 분석하기 위해 지라르는 위대한 문학 작품들에 의지한다. 위대한 작품들에는 욕망의 관계, 즉 모방적 관계에 대해서 지금까지 알려져 온 그 어떠한 것보다 뛰어난 지식이 들어 있다. 물론 모방 욕망이 언제나 알기 쉽게 드러나는 것은 아니다. 또한 모든 문학 작품, 나아가 인간을 이야기하는 모든 장르가 이러한 욕망의 진실을 보여주는 것도 아니다. 오히려 그 반대다. 대부분의 작품들은 욕망의 진실을 감추거나 왜곡하고 있다. 실제로 작가들 스스로가 욕망의 자립성이라는 환상에 사로잡혀 있기 때문이다. 따라서 이러한 작품들은 화려하게 치장된 외관이나 수식어와는 반대로 인간 존재의 가장 근본적인 진실을 가르쳐주지 못한다. 커다란 중력을 가진 중심 행성의 주위를 맴돌 뿐, 자신을 끌어당기는 행성의 중심에는 이르지 못하는 것이다.

반면 이 '위대한 진실'을 직, 간접적으로 보여주는 작품들에 있어서도 상황은 마찬가지다. 이 경우에는 '낭만적 환상'에 사로잡혀 있는 독자들이 문제다. 위대한 직관을 가진 몇몇 작가들이 모방 욕망의 진실을 작품 속에서 보여주고 있지만, 환상에 빠진 독자들은 여전히 이 진실을 왜곡하여 받아들인다. 바로 이러한 점에서 흔히 돈키호테는 '광인'으로, 엠마 보바리는 '히스테리 환자'로, 쥘리앵 소렐은 '야심가'로, 프루스트의 인물들은 '속물'들로, 도스토예프스키의 인물들은 프로이트 식의 '친부살해'의 욕망이나 '동성연애'의 욕망에 사로잡힌 자들로 해석되는 것이다.

하지만 지라르는 이 모든 의견에 단호히 반대한다. 앞서 제시한 위대한 작가들의 작품을 면밀히 들여다보면 인물들이 항상 욕망을 타인으로부터 빌려온다는 사실을 알 수 있다. 여기에서 지라르는 욕망의 자율성이라는 환상, 자율적인 주체성과 자연 발생적인 욕망이라는 환상을 '낭만적 거짓(mensonge romantique)'이라고 명명한다. 이른바 낭만주의자들은 스스로 다른 누구의 신봉자라는 사실을 믿지 않으며, 욕망 역시 자신의 것이라고 확신한다. 즉 이들은 욕망의 자율성이라는 환상에 빠져 욕망의 진실을 보지 못한다. 반면 그는 몇몇 위대한 작가들이 그 환상을 폭로하고, 욕망의 진실을 드러내는 것을 '소설적 진실(vérité romanesque)'이라고 부른다. 지라르가 『낭만적 거짓과 소설적 진실』에서 분석하고 있는 작가들은 시대와 환경의 차이에도 불구하고 한결같이 인간 욕망의 진실, 즉 인간은 스스로 바람직한 대상을 선택하거나 어떤 대상에 대해 자연 발생적인 욕망을 가질 수 없다는 사실, 다시 말해 인간은 자기 혼자서 무엇인가를 욕망할 수 없으며, 항상 타인에게서 욕망을 빌려온다는 사실을 보여주고 있다.

예를 들어 『돈키호테』의 경우 낭만적인 성향의 독자들은 '이상주의자' 돈키호테와 '현실주의자' 산초 사이의 대립을 보게 된다. 하지만 지라르는 돈키호테와 산초 모두 모델에 대한 추종자, 즉 모방 욕망에 빠져 있는 자들이라고 주장한다. 세르반테스는 독자들에게 돈키호테가 보여주는 비타협적인 성격이 실제로는 거짓 외관에 불과하다는 사실을 소설의 첫 페이지부터 알리고 있다는 것이다. 앞서 언급했듯이 돈키호테가 추종하는 모델은 전설의 기사 아마디스다. "아마디스는 욕망하고 사랑에 빠진 기사들의 북극이고, 별이며, 태양이다. 사랑과 기사도의 깃발 아래 싸우고 있는 우리 모두는 그를 모방해야 한다." 이처럼 작품의 시작 부분에서 세르반테스는 자신의 주인공이 아마디스를 문자 그대로 '모방한다'는 사실을 보여주면서 소설적 진실, 욕망의 진실을 폭로하고 있다. 산초 판사의 경우도 마찬가지다. 낭만적 독자들은 그의 욕망, 즉 작은 섬 하나를 소유하고, 딸에게 공작부인의 칭호를 갖게 하는 것이 돈키호테의 욕망보다 훨씬 실현 가능성이 높다는 사실을 들어 그를 현실주의자라고 생각한다. 하지만 지라르는 이와 같은 산초 판사의 욕망이 그의 내부에서 자발적으로 생겨난 것이 아니라 그의 주인인 돈키호테를 모델로 하여 생겨난 욕망이라고 지적한다. 즉 주체인 산초 판사와 대상인 가공의 섬, 공작부인의 칭호 사이의 관계는 직선이 아니라 돈키호테라는 매개자를 거치는 삼각형이라는 것이다.

그 밖에도 지라르는 스탕달, 프루스트, 모리악, 도스토예프스키 등의 위대한 작가들, 소설적 진실을 말하고 있는 작가들의 예를 들며 이들 모두 인간 욕망의 모방적 속성, 삼각형의 기본 도식을 동일하게 그리고 있다고 주장한다. 엠마 보바리를 포함한 "플로베르의 주인공들은 스스로를 현재의 모습과는 다른 사람으로 생각하려는 목표에 도달하기 위해 하나의 '모델'을 정해놓고 이 모델에게서 모방할 수 있는 모든 것, 모든 외적인 것, 모든 외관, 몸짓, 억양, 옷차림 등을 모방한다." 『적과 흑』의 마틸드 드 라 몰(Mathilde de la Mole)은 자신의 가족사에서 모델을 택한다. 주인공인 쥘리앵 소렐은 나폴레옹을 모방한다. 가난한 제재소 집 아들인 쥘리앵은 나폴레옹의 회고록을 읽으며 이 위대한 인물에 스스로를 동화시켜 야심가로 자라난다.

프루스트의 『잃어버린 시간을 찾아서』에서도 욕망의 삼각형을 자주 접할 수 있다. 화자인 마르셀의 모델은 그가 평소에 흠모하는 작가였던 베르고트다. 나아가 화자의 가족들, 스완에 대한 가족들의 평가, 허울만 남은 생제르맹 데 프레의 귀족들에 대한 맹목적인 열정에 사로잡혀 있는 사교계 살롱의 모습은 전형적인 모방 욕망의 예들을 보여주고 있다. 프랑수아 모리악과 도스토예프스키의 작품들은 가장 기본적인 모방 관계라고 할 수 있는 가족들 사이의 관계, 특히 부자 관계에서의 모방의 양상과 그 결과를 명백히 보여주고 있다.

형이상학적 욕망

 지라르가 『낭만적 거짓과 소설적 진실』에서 몇 명의 위대한 작가들의 작품을 통해 보여주고 있는 모방 욕망과 그 삼각형의 도식은 사실상 현대인의 일상적인 삶의 현장에서도 쉽게 목격된다. 그 현상의 예를 찾기 위해 눈길을 먼 곳으로 돌릴 필요도 없다. 오늘날 한국 사회의 모습을 잠시 둘러보아도 우리는 모방 욕망의 현상을 현실 곳곳에서 만나게 된다. 언제부터인지는 모르겠지만 한국 사회의 소비 행태를 특징짓는 하나의 경향을 들자면 명품 소비 현상을 이야기할 수 있을 것이다. 경제 성장과 더불어 해외여행이 점차 늘어나던 시절 구미와 유럽의 선진국들을 방문한 한국의 여행객들에게 이른바 굵직한 명성을 가지고 있는 명품을 쇼핑하는 일은 필수 코스로 자리 잡기 시작했다. 이후 이들 명품 회사들이 직접 한국 시장에 진출하면서 이른바 명품 소비 현상은 현대 한국 사회의 화두 중 하나로 부각되었다. 오늘날 거리에서 이러한 명품을 손에 들거나 몸에 걸치고 있는 사람들과 마주치는 일은 결코 어려운 일이 아니다. 단순히 한두 개의 명품을 소비하는 것에 만족하지 못하고 삶에 필요한 모든 것을 명품으로 채우고자 하는 '명품족'의 등장도 낯선 일이 아니다. 명품에 대한 우리나라 사람들의 욕망이 얼마나 강한가는 비싼 가격을 감당하기 위해 빚을 지면서까지 명품을 구입한다거나, 그것도 모자라 아예 상표와 외관이 진품에 진배없는 이른바 '짝퉁' 명품들이 유명 시장을 가득 메우고 있는 현상만 보아도 충분히 짐작할 수 있다.

명품이 아니더라도 타인이 가진 것을 자기도 가지고자 하는 욕망, 타인의 옷차림이나 머리 스타일을 따라하려는 욕망—특히 모델이 여러 가지 면에서 자기보다 우월한 사람이라고 느껴질 경우—은 한국 사회를 특징짓는 또 하나의 단면이다. 최근에 들어서 많이 달라지긴 했지만, 한동안 한국 사회에서 남들과 다른 것을 정체성의 요소로 내세우기보다는 남들과 같은 것, 닮은 것을 더욱 중시하는 경향, 즉 개인적 정체성보다는 집단적 정체성을 더욱 중시하는 경향이 지배적이었던 것은 사실이다. 개인적 차이의 의미가 부각되고 있는 현재에도 여전히 '따라 하기'의 성향은 우리의 삶 곳곳에 그 잔재를 남기고 있다. 물론 하나의 국가, 하나의 사회, 하나의 공동체라는 집단의 구성과 유지에 있어서 구성원들 전체를 하나로 묶어주는 공통의 규범 및 규칙, 나아가 공통된 기반을 가진 사유와 생활양식 등이 필요한 것은 사실이다. 하지만 한국 사회의 '따라 하기' 현상은 단순히 집단의 정체성이나 질서 유지 차원을 훨씬 넘어서는 것으로 보인다.

오늘날 한국 사회의 또 다른 키워드라고 할 수 있는 외모지상주의와 성형 열풍에서도 모방 욕망의 예를 찾아볼 수 있다. 성형을 시도하는 사람들은 실질적인 필요성이나 자기만족을 위해서가 아니라 스스로 이상적이라고 여기는 모델을 닮고자 한다. 성형 수술의 예까지 들지 않더라도 미용실이나 각종 뷰티숍에는 원하는 이들의 욕망 모델이 되어줄 근사한 사진들로 가득하다.

사실상 교환가치가 사용가치를 넘어서는 것이야말로 지라르가 말하는 모방 욕망의 핵심적인 요소라고 할 수 있다. 지라르는 사용가치에만 국한되는 열정은 욕망이 아닌 '욕구'라고 규정한다. 예를 들어 배고픈 사람이 음식에 대해 느끼는 욕망, 목마른 사람이 음료에 대해 느끼는 욕망은 삼각형의 구도를 가지지 않을 뿐만 아니라, 이것은 욕망이 아닌 욕구의 차원에 속한다는 것이 지라르의 생각이다. 반대로 지금

배가 고프지 않음에도 불구하고 근사한 음식점에서 식사를 하고 있는 사람을 바라보고 그 음식에 대한 허기를 느낀다면 그것은 매개자를 거친 삼각형의 모방 욕망이라고 할 수 있다. 특별히 갈증을 느끼지 않는 상황에서 유명 연예인이 등장하는 광고를 보고 음료를 소비한다면 그 역시 모방 욕망의 전형적인 예가 될 수 있다.

누군가를 닮고자 하는 욕망, 누군가가 소유하고 있는 물건을 가지고 싶은 욕망, 다시 말해 모방 욕망이 생겨나는 근본적인 원인은 무엇인가? 지라르는 모방의 기본적 속성이 형이상학적인 것에 기반을 두고 있다고 설명한다. 즉 이상적인 가치를 가지고 있는 것처럼 보이는 모델을 모방함으로써 자신의 존재 가치를 상승시키려는 욕망이 그것이다. 뒤에서도 살펴보겠지만 모방을 통해 존재 의미를 획득하고자 하는 이러한 욕망이 원래의 목적과는 달리 타인과의 경쟁과 갈등으로 귀결되는 이유, 그 종착점에 다다르지 못하고 끊임없이 이 대상에서 저 대상으로의 미끄러짐을 반복하게 되는 이유도 바로 여기에 있다.

돈키호테가 아마디스를 모방하는 것은 기독교인들이 예수 그리스도를 모방하는 것과 같은 의미를 가진다. 모방 욕망이 단순히 타인이 소유하고 있는 물질적 대상에만 국한되지 않는 이유도 여기에 있다. 돈키호테는 아마디스가 소유했던 어떤 물건을 가지고자 하는 것이 아니다. 돈키호테는 자신의 모델과 동시대를 살아가지도 않는다. 당연히 이들 사이에는 동시에 소유할 수 있는 어떤 구체적 대상이 문제되지 않는다. 돈키호테가 욕망하는 것은 아마디스의 존재다. 다시 말해 그와 같은 존재, 위대한 기사로서의 존재의 위상을 획득하고자 하는 욕망이 돈키호테를 지배하는 것이다. 쥘리앵 소렐은 나폴레옹을 모방하여 야심가가 되고, 마르셀은 베르고트를 모방하여 작가가 되고자 한다. 프루스트의 작품 속에서 사교계 사람들의 특징으로 제시되는 속물근성도 마찬가지다. 넓은 의미에서 속물 역시 한 명의 모방자다. 속물은 자신의 개인적인 판단을 신뢰하지 못하고 타인들이 욕망하는 대상들을 욕망한다. 나아가 타인들이 하는 말, 그들이 보여주는 옷차림을 그대로 따라 한다. 흔히 속물이 유행의 노예로 그려지는 것도 같은 이유다. 스탕달의 작품에서 그려지는 허영심, 플로베르의 보바리즘도 마찬가지다. 어떠한 용어로 불리건 간에 이 속성들은 한결같이 타인을 모방함으로써 그와 같은 존재의 위치에 이르고자 하는 욕망, 적어도 타인에게 인정받고자 하는 욕망을 표현하고 있다.

모방 욕망의 형이상학적 속성은 흔히 실제적인 사용가치가 없는 대상을 욕망하는 현상, 게다가 없는 가치를 부여하면서까지 그 대상을 욕망하는 현상을 통해서 증명될 수 있다.

이와 관련하여 지라르는 『잃어버린 시간을 찾아서』에서 그려지는 포부르 생제르맹에 대한 묘사에 관심을 기울인다. 그에 따르면 프루스트의 작품 속에서 포부르 생제르맹은 특정한 계급도, 집단도, 환경도 아니다. 이곳의 실제적인 가치는 이미 100년 전부터 더 이상 존재하지 않는다. 그럼에도 포부르는 작품 속 인물들의 가장 강렬한 욕망의 대상으로 자리 잡고 있다. 지라르는 포부르가 속물에게만 존재하는 세계라고 주장한다. 프루스트의 세계에서 "사교계의 사람들, 즉 속물들은 그들의 이름이 지닌 사회적 중요성에 대한 환상을 품고 있다"는 것이다. 사교계 사람들은 포부르 생제르맹과 이 지역에 살았던 귀족들에 대한 환상에 빠져 있다. 그들에게 있어서 포부르는 일종의 마법을 지닌 대상이다. 즉 그들의 존재 가치를 상승시켜줄 힘이 있는 대상으로 보이는 것이다.

여기에서 지라르는 이러한 대상 변형의 원인이 욕망의 삼각형적 구도에 기인하고 있음을 지적한다. 지방 사교계의 속물들이 귀족 칭호를 직접적으로 욕망한다면 그들은 결코 허무의 가치뿐인 칭호에 모든 것을 걸지는 않을 것이다. 귀족 칭호를 얻는 것보다는 지방의 유지로서의 현재의 삶을 공고히 하는 것이 객관적으로 더욱 유리한 선택이 될 것이다. 하지만 그들은 자신의 모든 것을 바쳐 귀족의 칭호를 얻고자 한다. 바로 그들의 욕망이 절대적인 가치를 지니고 있는 것으로 여겨지는 모델에 의해 매개되었기 때문이다. 이는 곧 돈키호 테가 단순한 이발사의 대야를 맘브리노의 투구로 혼동하는 것과 같은 이치다. 포부르는 객관적인 시각에서 볼 때에는 쓸모없는 이발사의 대야에 불과하지만, 모방 욕망에 사로잡혀 있는 속물들에게는 마법의 투구로 여겨진다. 막강한 권세를 손에 쥐고 모두에게 존경 받는 귀족에 대한 환상, 즉 매개된 욕망으로 인해 그들은 포부르 생제르맹을 일종의 마법의 왕국으로 여기는 것이다.

> 우리는 날마다 부유함, 행복, 권력, 석유 등과 같은 '구체적인' 욕망이 이 세계를 이끌어간다는 말을 반복적으로 듣는다. 이 소설가(프루스트)는 겉보기에는 대수롭지 않은 질문을 하나 던지는데, 바로 '속물근성이란 무엇인가' 라는 질문이 그것이다. (중략)
> 속물은 구체적인 어떠한 이익을 추구하지 않는다. 그의 쾌락과 특히 그의 고통은 순전히 형이상학적이다. (중략) 속물은 허무를 욕망한다. (중략) 이 소설가가 속물에게 시선을 돌리는 이유는 속물의 욕망이 보통 사람들의 욕망보다 '더 많은 허무'를 내포하고 있기 때문이다. 속물근성은 바로 이와 같은 욕망의 풍자화다(M.V., 249).

허무의 왕국인 포부르 생제르맹을 욕망하는 프루스트의

속물들, 이발사의 대야를 맘브리노의 투구로 오해하는 돈키호테의 모습은 모방 욕망이 근본적으로 형이상학적인 욕망이라는 사실을 보여주는 좋은 예다. 보통 사람들은 항상 돈이나 권력과 같은 구체적인 대상, 객관적으로 사용가치가 높은 대상을 욕망하며, 사회 자체가 구성원들의 이러한 욕망을 바탕으로 움직인다고 생각한다. 하지만 지라르는 이것이 바로 '낭만적 환상'이라고 지적한다. 우리가 어떤 구체적인 대상을 추구하는 것도 결국에는 그 이면에 감추어진 형이상학적 욕망에 이끌린 결과라는 것이다. 앞서 예로 들었던 명품 소비나 성형 열풍과 같은 사회적 현상도 이러한 형이상학적 욕망을 통해서 설명될 수 있다. 명품 핸드백이나 구두 등을 소유하고자 하는 욕망은 그것이 꼭 필요하다기보다는 그 소유를 통해 존재의 가치가 상승하기를 바라는 욕망 때문인 것이다.

모방 욕망의 형이상학적 속성을 극명하게 보여주는 우리 시대의 예를 하나 들고자 한다. 명품 소비 및 성형 열풍과 관련해 우리나라에 나타난 다소 진귀한 현상이 몇 해 전 신문 보도를 통해 알려진 바 있다. 20, 30대 여성들을 중심으로 머리부터 발끝까지 명품으로 치장하고 주말 하룻밤 파티를 즐기는 이른바 '신데렐라 족'이 등장했다는 보도였다. 이러한 현상의 표면적인 원인으로는 주 5일 근무제가 자리를 잡기 시작하면서 서구형 주말 파티가 젊은 층을 대상으로 새로운 여가 활용 수단으로 등장했다는 것과, 이전 세대들에 비해 이른바 '신세대' 젊은이들이 새로운 만남과 적극적인 자기표현에 훨씬 능해졌다는 것 등을 들 수 있다. 하지만 단순히 만남에의 의지와 자기표현의 의지만으로 이 새로운 현상을 충분히 설명할 수는 없다. 신세대들은 새로운 사람과의 만남과 교제에 있어서 이전보다 훨씬 풍요로운 소통의 수단과 자유를 보장 받고 있다. 자기표현의 장 역시 인터넷의 보급과 더불어 거의 무한대로 확장되고 있는 것이 사실이다. 그렇다면 소위 '신데렐라 족'의 등장과 같은 현상은 어떻게 설명할 수 있는가? 단지 몇몇 무분별한 젊은이들의 허영심으로 치부해야 할 것인가? 매우 특별한 현상이기는 하지만 이것은 분명 우리 사회 전체, 나아가 우리 내면에 자리 잡고 있는 '형이상학적 욕망'의 단면을 보여준다고 할 수 있다. 특히 우리가 살펴보고 있는 지라르의 모방 이론과 관련하여 이 현상은 매우 흥미로운 분석 거리를 제공해준다. 다소 긴 감은 있지만, 먼저 신데렐라 족의 등장과 관련된 신문 보도 기사(『국민일보』 2005. 9. 9)를 발췌, 소개하도록 하겠다.

> (중략) 신데렐라 족은 부유층이 아닌 일반 직장 여성으로, 할부로 구입하거나 빌린 명품 드레스, 구두, 액세서리 등을 갖추고 다음 날 새벽 2~4시까지 진행되는 주말 파티를 즐기고 귀가한

다. 이 때문에 자정이 되기 전 무도회장을 빠져나가 일상으로 돌아가야 하는 동화 속 주인공을 닮아 신데렐라로 이름 붙여졌다.

홍보회사에 근무하는 이모(29)씨는 지난 달 26일 서울 청담동에서 열린 와인 파티에 참석했다. 파티 의상으로는 칵테일 드레스 지정복에다 명품 브랜드의 구두와 핸드백, 진주 목걸이를 착용했다. 이씨를 치장한 옷과 소품 가격은 350만 원 선이다. 이씨는 "반복되는 일상생활과 업무에 시달리는 나 자신에게 주는 선물로 생각하고 하나씩 장만했다"며 "파티장에 있는 하루만큼은 영화 속 주인공처럼 부러움의 시선을 느낄 수 있어 짜릿했다"고 말했다.

한 벌에 100만 원을 호가하는 명품 옷을 파티마다 바뀌는 주제와 복장 규정에 맞춰 대여해주는 전문 업체까지 생겨났다. 형편상 매번 명품을 사 입기 힘든 신데렐라 족을 겨냥한 것이다.

(중략) 주최측이 파란색을 의상 주제로 내걸었기 때문에 조씨는 짙푸른 명품 캐주얼 드레스와 구두, 목걸이를 빌렸다. 조씨는 (중략) "빠른 비트의 음악에 맞춰 춤추는 레이브 파티라 편하게 입어도 되지만 튀고 싶어 명품 옷을 빌려 입었다"고 설명했다.

명품 드레스 대여업체를 운영하는 심모(26)씨는 "파티를 즐기다 보니 그동안 사 모은 의상과 해외 명품 세일 기간에 수입해온 옷으로 파티복 대여를 시작했다"며 "입소문을 타면서 주말마다 10여 명의 여성이 인터넷을 통하거나 방문해 2박 3일간 6만~9

만 원에 빌려가고 있다"고 말했다. 남자 친구와의 100일째 만남을 기념하려는 20대 초반 여대생에서 돌잔치 등 가족 행사 때 한복 대신 드레스를 입으려는 주부에 이르기까지 연령대가 점차 다양해지고 있다고 그는 덧붙였다.

위의 신문 기사는 제목을 통해 신데렐라 족의 등장을 무분별한 소비와 허영심의 발로이자, 그것을 부추기는 현상으로 정의하고 있다. 현상에 대한 정확한 진단이 아닐 수 없다. 문제는 신데렐라 족을 낳은 '허영심'이 어디에 뿌리를 두고 있느냐는 것이다. 단순히 조금 더 적극적인 자기표현의 수단인가? 자본주의 소비 사회의 병폐인가? 힘든 시절을 겪어보지 않은 젊은 세대들의 나태한 풍조인가? 아니면 젊은 세대 특유의 자유의 발산인가? 이 모든 것이 답이 될 수 있지만, 이 모든 것을 전부 아우르는 근원적인 분석이 필요한 것이 사실이다.

우선 기사에서 우리의 눈에 띄는 것은 신데렐라 족이 우리 사회에서 특별한 지위를 누리고 있는 부유층이 아닌 '일반 직장 여성'들로 이루어져 있다는 사실이다. '신데렐라'라는 이름부터가 의미심장하다. 신데렐라라는 동화 속 주인공이 이들의 '모델', 즉 욕망의 '매개자'가 되고 있다. 일반 직장 여성에게 있어서 한 벌에 100만 원을 호가하는 명품 드레스와 액세서리는 분명 필요와 사용가치를 훨씬 넘어선 것임에 틀림없다. 즉 이들의 행동을 단순한 '욕구'의 차원에서 해석할 수 없다는 뜻이다. 이들의 행동, 객관적인 시각에서 보면 무분별해 보이는 소비 행태는 명품 드레스 등을 갖추고 동화 속 장면을 연상케 하는 파티에 참가해 스스로 신데렐라와 같이 신분 상승의 현실을 체험하고 귀족이 되어보고자 하는 욕망에서 비롯된 것이다. 잠시나마 고가의 대상들을 통해 존재 가치 상승의 욕망을 충족시키고, 나아가 스스로 그렇게 믿고자 하는 것이다.

외견상 드러나 보이는 신데렐라 족들의 욕망 대상은 분명 명품 드레스 및 치장품들과 파티의 참가다. 하지만 욕망 주체와 대상 사이에 이 둘을 매개하고 있는 또 다른 선이 선명히 드러난다. 바로 귀족과 부유층이라는 모델, 아울러 천대 받는 소녀에서 왕자님의 사랑을 얻는 상승의 꿈을 이루어낸 신데렐라가 바로 삼각형의 또 다른 꼭지점을 형성하고 있다. 이들에게 정말로 중요한 것은 비싼 가격의 명품 옷이나 화려하게 치장된 파티 장소가 아니라 그것이 상징하고 있는 귀족이라는 매개자다.

물론 신데렐라 족에게도 '신데렐라'라는 동화 속 인물이나 왕자님 등은 이미 오래전에 그 실제적 가치가 소멸된 '허무의 왕국'에 불과하다. 파티 다음 날이면 그들은 다시 일상

속으로 돌아가야 한다. 하지만 욕망 주체들에게 그 사실은 그리 중요치 않다. 매개된 욕망은 항상 모델의 우월성을 전제하고 있으며, 그 우월성을 모방함으로 자기 존재 가치를 상승시키려는 형이상학적 욕망이기 때문이다. 따라서 실제로 아무런 내용도 가지고 있지 않은 매개자라고 해도 모방 주체들이 그 모델의 의미를 '변형'시키고, 과도한 가치를 부여하게 되는 것이다.

또한 신데렐라 족 파티에 참가하는 사람들은 한결같이 명품 치장을 통해 '부러움의 시선'과 '남들보다 뛰어나 보이는' 느낌을 통해 짜릿한 쾌감을 얻는다고 이야기한다. 이와 더불어 신데렐라 족의 파티마다 일정한 '복장 규정'이 있다는 사실도 참가자들의 모방 욕망을 간접적으로 보여주는 지표이다. 모방의 추종자는 항상 타인에게 빌려온 욕망을 스스로의 의지로 착각하거나 그렇게 믿는다. 모방은 항상 모델이 되는 존재의 우월성을 전제로 한다. 모델의 우월성은 자연스럽게 그 모델을 따라 하고자 하는 자의 열등감으로 이어진다. 어떤 모델을 모방함으로써 그 모델의 존재 가치에 이르고자 하는 욕망에는 기본적으로 추종자와 모델 사이의 위상 차이가 전제되어 있다. 그렇기 때문에 모방의 추종자들은 항상 자신이 누군가를 모방한다는 사실을 감추고자 한다. 특히 모델이 자신과 가까이에 존재하는 사람일 경우 이러한 모방 숨김 현상은 더욱 강화된다. 모방 사실의 인정은 곧 자신이 그보다 열등하다는 사실에 대한 인정이기 때문이다. 따라서 개인의 경우 이러한 심리적 방어 기제를 통해 타인의 욕망이 마치 자신의 내부에서 발생한 욕망인 것처럼 여기는 현상이 나타나게 되고, 모방의 추종자들이 모인 모임의 경우 나름대로의 통일성을 강조하는 규정을 만들어 '자기들끼리(entre soi)'라는 특징을 강조하고자 하는 것이다. 물론 "자기들끼리 있다는 행복감은 자신이 된다(être soi)는 행복감만큼이나 비현실적"(M.V., 230)이지만 말이다.

매개자와의 거리

외적 매개

　모방 욕망이 형이상학적 욕망이라는 사실을 인정할 때, 중요한 것은 대상이 아니라 '매개자의 존재'다. 흔히 모방 욕망에 사로잡혀 있는 사람들이 어떤 대상에 무모하다 싶을 정도로 집착하다 막상 그 대상을 소유하고 나면 언제 그랬냐는 듯이 흥미를 잃어버리고 또 다른 대상을 향해 눈길을 돌리는 것이 그 좋은 예다. 대상에의 욕망은 결국 매개자에 대한 욕망인 것이다.

　어떤 허영심 많은 사람이 한 대상을 욕망하기 위해서는, 그 대상이 명성이 높은 제3자에 의해 욕망되었다는 사실을 주지시키는 것으로 충분하다. (중략) 실재하는 것이든 추측된 것이든 간에 이 대상을 주체의 눈에 끝없이 욕망할 만한 것으로 보이도록 하는 것은 바로 매개자의 욕망이다(M.V., 20~21).

결국 욕망의 삼각형의 구조에서 중요한 것은 주체와 대상의 거리, 즉 주체가 어떤 대상을 소유할 만한 능력이 있는지 없는지가 아니라, 매개자와 주체의 거리, 매개자와 대상 사이의 거리인 것이다. 이와 관련해 지라르는 우선 주체, 즉 모방의 추종자와 매개자, 즉 욕망의 모델 사이의 거리를 분석한다. 뒤에서 더욱 자세히 살펴보겠지만 주체와 매개자 사이의 거리는 욕망의 강도를 결정짓는 요소이면서, 이 욕망이 개인들 사이의 갈등과 폭력으로 이어지게 하는 핵심적인 요소로 작용한다.

지라르는 우선 욕망하는 주체와 매개자 사이의 거리가 극복할 수 없을 정도로 멀리 떨어져 있는 경우, 다시 말해 매개자가 추종자의 세계 밖에 있는 경우를 '외적 매개(médiation externe)'라고 명명한다. 예를 들면 돈키호테와 아마디스의 경우가 여기에 해당된다. 돈키호테가 아마디스를 모델로 삼아 여러 가지 모험을 벌이지만, 실제로 돈키호테는 아마디스를 만날 수 없으며, 이 둘 사이에는 어떠한 접촉도 있을 수 없다. 외적 매개의 경우 매개자가 추종자의 세계 밖에 있기 때문에, 욕망된 대상과 관련해 갈등이 생겨날 위험이 없으며, 경우에 따라서는 주체가 자기 욕망의 진실, 즉 자신이 누군가를 모방하고 있다는 사실을 의식하기도 한다. 또한 주체는 모델이 자신보다 훨씬 더 우월하다는 사실을 그대로 인정하며, 자신의 상대적인 열등함을 부끄러움 없이 받아들인다. 누가 보더라도 우월한 위치에 있다고 인정할 수밖에 없는 모델을 따르고 있기 때문이다.

오히려 욕망 주체는 자신이 월등히 우월한 모델을 따르고 있다는 사실을 자랑스럽게 여기기도 하며, 모델의 모습에 더욱 가까이 다가가 있다는 것을 드러내고 싶어 하기도 한다. 기독교 신자가 그리스도를 모방하는 경우가 좋은 예다. 기독교 신자라면 누구나 그리스도를 모델로 삼아 그의 모습을 따르고자 하지만, 그들 중 어느 누구도 자신이 그리스도와 같은 존재 위상에 이를 수 있다거나, 그리스도와 경쟁할 수 있다고는 생각지 않는다. 그리고 그리스도를 따른다는 사실을 다른 사람들에게 숨길 이유도 없다. 다른 사람들—기독교 신자이건 아니건 간에—도 그리스도의 절대적 우월성을 인정하고 있는 만큼 오히려 그를 최대한 모방하려고 하는 모습 자체가 더욱 가치 있게 받아들여지기 때문이다.

여기에서 한 가지 생각해야 할 점은 외적 매개를 특징짓는 주체와 매개자 사이의 거리가 단순히 '물리적'인 거리가 아니라 '정신적'인 거리라는 사실이다. 둘 사이의 거리가 물리적으로 접촉 가능한 거리라고 해도 주체가 자신의 모델을 우월한 자로 공공연히 인정하는 경우, 애초부터 모델을 경쟁자로 생각할 의도가 없는 경우는 외적 매개에 해당된다. 돈키호테와 산초 판사의 관계, 우리 사회의 정서에 맞추어본다면 '스승'과 '제자' 사이의 관계가 한 예로 제시될 수 있을 것이다.

『보바리 부인』의 엠마 보바리의 경우도 외적 매개의 예를 보여준다. 엠마가 욕망하는 대상은 사교계의 여왕 자리다. 이 역시 엠마의 내부에서 자연 발생적으로 생겨난 욕망이 아니라 매개된 욕망이다. 엠마에게 사교계 여왕이라는 욕망을 불러일으킨 매개자는 그녀가 사춘기 시절에 읽었던 삼류 소설과 잡지에 나오는 여주인공들이다. 이 경우 주체와 매개자 사이의 거리는 돈키호테와 아마디스의 경우보다는 훨씬 가깝다. 가령 엠마는 여행을 통해 매개자를 만날 수도 있고, 실제로 한 파티에 초대 받아 매개자를 만나기도 한다. 보비에사르가의 무도회에서 그녀는 "신성불가침의 장소를 뚫고 들어가서 자신의 우상을 정면으로 바라본다." 또한 엠마는 자신이 매개자인 파리의 여성들을 모방하고 있다는 사실을 감추고자 한다. 이러한 모방 숨김 현상이 나타난다는 것은 엠마의 욕망이 아마디스를 따르는 돈키호테의 욕망이나, 그리스도를 따르는 기독교인들의 욕망에 비해 '내적 매개'에 더욱 가까이 있다는 것을 암시한다. 하지만 엠마는 그녀의 이상적 모델들이 욕망하는 대상을 결코 가질 수 없을 것이다. 그녀는 결코 모델들과 같은 대상을 사이에 두고 경쟁할 수 없을 것이고, 모든 것을 버려두고 파리로 떠날 수도 없을 것이다. 즉 엠마는 자신의 모델들과 어쩌다 한 번 만날 수 있을지는 몰라도, 그들과 지속적인 경쟁을 할 수는 없을 것이며, 결국 엠마의 욕망은 자신의 몽상에만 의지하는 욕망으로 남게 될 것이다.

엠마의 모험이 돈키호테의 그것보다 더욱 진지한 것은 사실이다. 엠마의 경우 돈키호테와 마찬가지로 대상은 매개자로부터 매우 희미한 빛을 받고 있지만, 결코 체념할 정도의 거리는 아니다. 따라서 돈키호테의 욕망이 흡사 놀이나 유희를 연상시키는 반면, 엠마의 욕망은 더욱 번민하는 색조를 띠고 있다. 이른바 '보바리즘'이 공상적이면서도 사색적인 특별한 색조를 띠고 있는 이유도 여기에 있다. 하지만 엠마의 경우 역시 진정으로 욕망할 만한 대상들, 즉 엠마를 스스로 꿈꾸는 여인으로 만들어줄 수 있는 대상들이 그녀가 살고 있는 시골에는 존재하지 않는다. 예를 들어 엠마의 외도 대상인 로돌프나 레옹도 형이상학적인 미봉책에 불과하다. 그들은 엠마의 욕망을 잠시 충족시켜줄 뿐이지, 그녀를 사교계의 여왕으로 만들어줄 능력을 가지고 있지는 않다.

남편인 샤를뿐만 아니라 로돌프, 레옹 등으로 욕망 대상이 변화한다는 사실, 즉 대상이 대체 가능하다는 사실 역시 엠마의 욕망이 외적 매개의 틀을 벗어나지 못한다는 사실을 보여준다. 예를 들어 배우 배용준을 흠모하는 일본의 한 주부를 생각해보자. 이 주부는 각종 언론 매체나 그가 출연하는 영화 및 드라마 등을 통해 자신의 우상에게 가까이 다가갈 수 있다. 또한 기회가 된다면 먼발치에서나마 그를 직접 볼 수도 있을 것이다. 또한 자신이 살고 있는 지역에서 그와 최대한 비슷한 모습의 애인을 만나 그가 출연한 드라마와 유사한 상황을 연출해볼 수도 있다. 하지만 이 주부의 실제 대상 역시 엠마의 경우와 마찬가지로 대체 가능한 것이다. 왜냐하면 그녀의 궁극적 욕망의 모델과는 도저히 좁힐 수 없는 거리가 존재하기 때문이다.

외적 매개의 도식을 따르는 모방은 놀이와 흡사하다. 추종자들은 욕망으로 인해 고통 받지 않는다. 애초부터 자신이 모델과 대등한 존재가 될 수 없다는 사실을 알고 있기 때문에 돈키호테는 어떠한 모험에 있어서도 고집을 부리거나 집착하지 않는다. 실패에 직면해도 초연한 태도를 보이며 또 다른 모험을 향해 떠나버린다. 엠마 보바리가 로돌프나 레옹 등으로 별다른 집착 없이 대상을 교체하는 것도 같은 이유다. 주체에게 아주 멀리 떨어져 있는 외적 매개의 매개자는 매우 넓은 표면에 자신의 빛을 발산한다. 돈키호테는 아마디스를 모방하여 잇달아 모험을 벌이지만 그 어떤 모험도 그를 제2의 아마디스로 만들어주지는 못한다. 돈키호테 자신도 이 사실을 알고 있다. 그렇기 때문에 그는 어떤 하나의 대상에 집착하지 않는다. 물론 아무리 모험에 실패한다 할지라도 그가 자신의 모델을 버리는 일도 없을 것이다. 오직 대상만이 바뀔 뿐이다. 매개자와의 거리가 멀수록 대상이 가지는 형이상학적 위력이 약해지기 때문이다.

내적 매개

모방 욕망의 또 다른 양상인 '내적 매개(médiation interne)'는 단지 주체와 매개자 사이의 거리가 가까워지는 것뿐만 아니라, 거의 모든 면에서 외적 매개의 도식과는 다른 양상을 보인다. 내적 매개의 경우 모방 욕망이 가진 특성들이 거의 모든 면에서 극단으로 치닫게 되며, 특히 부정적인 요소들이 부각된다. 주체와 매개자 사이의 경쟁과 갈등이 발생하고, 결과적으로 하나의 집단 전체를 위협할 수도 있는 폭력이 문제되는 것도 내적 매개의 경우다.

정의상 내적 매개는 욕망하는 주체와 매개자가 서로 접근해 있는 상태를 말한다. 물론 이 경우 역시 주체와 매개자 사이의 거리는 물리적이라기보다는 정신적인 거리를 의미한다. 다시 말해 욕망의 주체가 자신의 모델이 차지하고 있는 존재의 위상을 자신의 것으로 만들고자 하며, 자신도 그와 같이 될 수 있다는 확신을 가지는 경우인 것이다. 따라서 주체에게 욕망을 지시하는 매개자는 더 이상 무조건적인 존경의 대상이 아니며, 같은 대상을 사이에 둔 경쟁자가 된다.

예를 들어 『적과 흑』의 주인공인 쥘리앵 소렐은 엠마 보바리가 할 수 없는 모든 것을 해낸다. 『적과 흑』의 서두에서 주인공과 그의 매개자 사이에 놓인 거리는 『보바리 부인』의 경우와 크게 다르지 않은 것처럼 보인다. 하지만 쥘리앵은 곧바로 이 거리를 뛰어넘는다. 그는 자기 고장을 떠나 자존심 강한 마틸드의 애인이 되는 데 성공한다. 그는 매우 신속하게 화려한 지위를 획득한다. 매개자의 세계로 직접 들어가 경쟁을 벌이는 것이다. "세르반테스와 플로베르의 소설에서 매개자가 주인공의 세계 바깥에 존재한다면, 스탕달의 소설에서는 매개자가 주인공과 동일한 세계에 존재한다."

베리에르 시장 레날 씨와 그의 경쟁자 발르노의 일화를 살펴보자. 『적과 흑』의 서두에서 묘사되는 이 장면은 내적 매개의 특징을 매우 압축적으로 보여주고 있다. 부인과 함께 마을을 산책하고 있는 레날 씨의 얼굴에는 고민하는 기색이 역력하다. 그는 쥘리앵을 자기 아이들의 가정교사로 만들고 싶은 욕망에 사로잡혀 있다.

- 발르노 씨에게는 자신의 아이들을 위한 가정교사가 없소.
- 그는 우리에게서 쥘리앵을 빼앗아갈 수도 있을 거예요.

  부인과 나누는 이 간단한 대화를 통해 우리는 쥘리앵 소렐에 대한 레날 씨의 욕망이 매개된 욕망, 그것도 내적 매개의 도식을 따르는 욕망임을 알 수 있다. 그의 욕망은 실제로 가정교사 쥘리앵이 필요해서라기보다는 발르노라는 경쟁자에 의해 촉발된 욕망이다. 발르노 씨는 레날 씨 다음으로 시(市)에서 부유하고 영향력 있는 사람이다. 레날 씨는 모든 면에서 발르노 씨를 경쟁상대로 여기고 있다. 이러한 그의 경쟁심에 꾀 많은 소렐 영감이 결정적인 한마디를 던진다. "우리는 다른 곳에서 더 나은 자리를 찾을 수도 있습니다." 소렐 영감의 이 한마디로 인해 레날 씨는 자신의 경쟁자가 쥘리앵을 고용하려 한다는 확신을 가지게 된다. 이후로 소렐 영감과 협상을 벌이는 동안 레날 씨의 눈에는 오직 쥘리앵을 빼앗아갈지도 모르는 발르노 씨의 모습만이 보일 뿐이다. 따라서 레날 씨가 쥘리앵을 가정교사로 들이려는 욕망은 발르노 씨에 대한 모방의 결과라고 할 수 있다. 물론 실제로 발르노 씨가 쥘리앵을 마음에 두고 있는지는 알 수 없지만, 그것은 그리 중요한 문제가 아니다. 레날 씨의 생각 속에서는 이미 발르노 씨가 쥘리앵을 욕망한다는 것이 확실시되고 있기 때문이다. 그리고 그는 발르노 씨의 욕망을 모방하여 그 대상을 자신이 차지하고자 한다. 특히 이 경우처럼 대상이 희소하고, 이 대상을 소유할 수 있는 가능성이 동일하게 주어진 경우에 욕망의 강도는 더욱 강해진다.

지라르는 이어서 또 하나의 예를 들고 있다. 소설의 마지막 부분에서 쥘리앵은 마틸드 드 라 몰을 다시 정복하고자 한다. 이때 그는 자신의 아버지가 레날 씨에게 사용했던 것과 거의 같은 방법을 동원한다. 그는 페르바크 원수 부인의 마음을 사려고 애쓰는데, 이 모습을 마틸드에게 보여줌으로써 그녀로 하여금 원수 부인의 욕망을 모방하도록 하는 것이다. 쥘리앵의 계획은 실행에 옮기자마자 효과를 나타낸다. 원수 부인이 그에게 관심을 보이자마자 마틸드의 욕망이 달아오르기 시작한 것이다.

레날 씨와 마틸드의 경우는 동일한 욕망 도식을 보여준다. 전자의 경우 욕망 주체인 레날 씨는 매개자인 발르노 씨의 욕망을 모방하여 가정교사 쥘리앵이라는 대상을 욕망한다. 후자의 경우는 욕망 주체 마틸드가 페르바크 원수 부인의 욕망에 매개되어 연인 쥘리앵이라는 대상을 욕망한다. 중요한 것은 이 두 경우 모두 주체와 매개자의 거리가 매우 근접해 있으며, 이들이 욕망의 대상을 두고 경쟁 관계에 빠진다는 것이다. 레날 씨와 발르노 씨, 그리고 마틸드와 페르바크 원수 부인은 서로 동일한 세계에서 동일한 대상을 욕망한다. 발르노 씨는 레날 씨로부터 가정교사를 빼앗아갈 수 있고, 페르바크 원수 부인도 마틸드에게서 쥘리앵을 빼앗아갈 수 있다. 매개자가 주체와 같은 대상을 욕망하고, 그가 욕망의 대상을 가로챌 수 있다는 사실로 인해 주체의 욕망은 더욱 강화되며, 매개자는 주체의 방해자로 여겨진다.

그렇다면 위의 두 가지 예와 달리 대상의 희소성이 문제되지 않는 경우는 어떠한가? 대답은 간단하다. 대상이 풍족하더라도 욕망 자체에는 변함이 없다. 주체에게 중요한 것은 그 대상을 소유하는 것이 아니라 모델, 즉 경쟁자를 이기는 것이기 때문이다. 외적 매개의 경우 주체의 형이상학적 욕망은 위대한 모델에 최대한 가까이 다가가는 데 있다. 하지만 내적 매개의 경우 이 욕망은 모델을 넘어서고자 하는 데까지 이른다. 내적 매개의 경우 주체가 모델의 우월성을 인정하면서도 그를 증오하고, 자신에 대한 경멸감과 우월감 사이를 오가는 것도 이러한 이유에서다.

지라르는 세르반테스, 플로베르, 스탕달의 작품이 순서대로 주체와 매개자 사이의 거리가 가까워지는 단계를 보여준다고 주장한다. 돈키호테가 결코 만날 수 없는 매개자와의 외적 매개의 전형을 보여주는 인물이었다면, 엠마 보바리는 경쟁은 할 수 없지만 돈키호테의 경우보다는 한결 가까워진 모델과의 관계를 보여준다. 스탕달의 작품에 이르러서는 주체와 매개자 사이를 가르는 한계가 극복되어 이들이 같은 공간에서 서로 경쟁하는 내적 매개의 모습이 그려진다. 나아가 지라르는 분석 대상을 프루스트와 도스토예프스키의 작품에까지 확대시키는데, 이들의 작품에서는 더욱 강렬해진 모방과 경쟁의 모습이 묘사되고 있다. 프루스트의 인물들에게서 찾아볼 수 있는 '속물근성'은 스탕달의 인물들이 구현하는 '허영심'의 극적인 풍자화다. 도스토예프스키의 경우 가장 근접해 있는 관계의 전형인 가족들 사이의 모방 경쟁을 그림으로써 매개 작용의 더욱 심오하고 근본적인 면을 탐색하고 있다.

> 스탕달 식 허영심의 특징이 프루스트의 욕망에서 더욱 강조되고 강화되어 나타난다는 것은 분명하다. 욕망된 대상의 변모는 스탕달에서보다 프루스트에게서 더욱 극심하고, 질투와 선망은 더욱 빈번하고 더욱 강렬해진다. 『잃어버린 시간을 찾아서』의 모든 인물들에게 있어서 사랑은 질투와, 즉 경쟁자의 존재와 밀접하게 연관되어 있다고 말해도 과언이 아니다. 이에 따라 욕망의 발생에서 매개자가 행하는 특권적인 역할이 전보다 더욱 명백해진다. 프루스트의 화자는 『적과 흑』에서 종종 암시만으로 그쳤던 삼각형의 구조를 매순간 명확한 언어로 정의하고 있다 (M.V., 37).

외적 매개의 주인공이 모델에 대한 모방을 자랑스럽게 여기는 것과 달리 내적 매개의 주인공은 모방의 진실을 드러내려고 하지 않는다. 외적 매개의 경우 추종자는 애초에 매개자와 같은 위상에 도달하리라는 기대를 갖지 않는다. 반면 내적 매개에서는 추종자와 매개자 사이의 거리가 극적으로 줄어든다. 추종자로 하여금 모델에게 접근하지 못하게 막는 장애물이 더 이상 존재하지 않는다. 외적 매개에서 모델에게로의 적극적인 돌진을 막는 것은 주체 내부에 자리 잡고 있는 모델에 대한 존경심이라고 할 수 있다. 즉 장애물이 외부가 아닌 주체의 내부에서 형성되는 것이다. 하지만 내적 매개의 경우 오히려 모델 자신이 주체를 가로막는 장애물이 된다. 주체의 내면에서 모델에 대한 존경심은 더 이상 찾아볼 수 없다. 모델이 자기보다 우위에 있다는 사실은 인정하지만, 주체는 모델을 존경하지는 않는다. 내적 매개의 세계에서는 이미 주체와 모델이 동일한 차원에 자리 잡고 있기 때문이다.

내적 매개에서 모델은 더 이상 존경의 대상이 아니라 경쟁의 대상이 된다. 그렇기 때문에 모델 역시 추종자가 자신에게 더 이상 다가오지 못하도록 금지하는 장치를 마련하고자 하는 것이다. 추종자의 욕망이 확실할수록 모델의 경계심과 적대감도 더욱 커진다. 모델의 명백한 적대감이 확인되는 순간, 주체의 욕망은 배가된다. 모델이 적대감을 나타내는 만큼 자신이 욕망하는 대상의 가치가 커 보이기 때문이다.

대상과 매개자의 거리

모방 욕망이란 기본적으로 타인이 되고자 하는 욕망, 타인의 속성을 자기 것으로 삼음으로써 우월하다고 여겨지는 타인의 위치에 이르고자 하는 형이상학적 욕망이다. 욕망의 구조 자체를 규정하는 삼각형의 도식은 단 하나지만, 이 도식이 구현되는 구체적인 상황은 매우 다양하다. 또한 각각의 상황에 따라 욕망의 강도 역시 일정하지 않다. 욕망의 삼각형에서 가장 중요한 항목은 매개자라고 할 수 있다. 매개자를 중심으로 욕망의 주체와 대상 쪽으로 뻗어나가는 두 변에 따라 욕망의 강도와 대상의 가치가 결정된다. 앞서 우리는 삼각형의 욕망 도식을 결정짓는 요소로 욕망 주체와 매개자를 잇는 변에 대해 살펴보았다. 주체와 매개자 사이의 거리에 따라 구분되는 외적 매개와 내적 매개가 그것이다. 그렇다면 매개자를 중심으로 한 두 번째 변, 즉 매개자와 대상을 잇는 변은 어떠한가? 지라르는 대상과 매개자의 관계를 유품과 성자의 관계에 비유하여 설명한다. "성자가 사용했던 묵주나 그가 입었던 옷은 단순히 그가 만졌거나 축성한 메달보다 더 인기가 있다. 유품의 가치는 그것과 성자 사이의 '거리'에 따라 좌우된다. 형이상학적 욕망에서의 대상도 이와 마찬가지다."(M.V., 101)

욕망의 강도는 대상이 소유하고 있는 '형이상학적 위력'의 정도에 달려 있으며, 이 위력 자체는 대상과 매개자를 가르는 거리에 달려 있다고 지라르는 주장한다. 그렇다면 여기에서 한 가지 의문점이 생겨날 수 있다. 바로 모방 욕망을 규정하는 삼각형의 두 변 사이의 관계에 대한 의문이 그것이다. 매개자와 주체 사이의 거리, 매개자와 대상의 거리를 결정짓는 두 변과 욕망의 강도는 어떠한 상관관계를 가지는가? 외적 매개와 내적 매개의 차이를 매개자와 대상의 거리와 관련해서도 찾아볼 수 있는가? 다행스럽게도 지라르는 이 두 변이 "거의 동일한 방식으로 변화한다"고 말한다. "따라서 욕망하는 주체와 매개자의 거리가 가까울수록 욕망은 점점 더 강력해진다." 욕망의 삼각형은 이등변 삼각형이다. 즉 매개자와 주체의 거리 변화에 비례하여 매개자와 대상의 거리도 변화하는 것이다. 다시 말해 외적 매개의 경우 매개자와 대상 사이의 거리도 멀리 떨어져 있는 반면, 내적 매개의 경우에서는 이 거리도 급격히 줄어드는 것이다.

돈키호테의 경우 주체가 도저히 다가갈 수 없는 곳에 매개자가 존재하기 때문에 대상이 가지는 위력도 그만큼 적어진다. 욕망의 강도 자체가 약해지는 것이다. 모방 욕망의 양상이 놀이나 유희와 흡사해 보이는 것도 이러한 이유에서다. 대상과 매개자 사이의 거리 역시 멀기 때문에 그는 어느 하나의 대상에 집착하지 않는다. 한 대상을 소유하거나, 하나의 모험을 수행하는 데 있어서 실패에 직면하더라도 그는 쉽게 포기하고 다른 대상을 찾아 나선다.

> 어린아이의 놀이는 이미 삼각형의 구조를 가지고 있다. 그것은 어른들에 대한 모방 행위다. 그러나 대상과 매개자 사이의 거리, 즉 장난감과 그것에 의미를 부여하는 어른 사이의 거리가 멀기 때문에 장난감을 가지고 노는 아이가 그 장난감에 부여된 덕목의 허구적 성격을 완전히 잊는 일은 없다. 돈키호테는 놀이의 저편에 있지만, 그렇다고 아주 멀리 있는 것도 아니다. 소설의 주인공들 중에서 그가 가장 차분한 이유는 바로 여기에 있다 (M.V., 102).

반면 내적 매개에 가까워질수록, 즉 주체와 매개자가 가까워질수록 한 대상에 대한 지시는 명확해지고, 대상의 '형이상학적 위력'은 증가한다. 대상은 '대체 불가능한 것'이 된다. 욕망의 강도도 갈수록 강해진다. 엠마 보바리의 욕망은 돈키호테의 욕망보다 강렬하고, 쥘리앵 소렐의 욕망은 엠마의 욕망보다 더욱 강렬하다. 매개자가 가까워짐에 따라 그가 비추는 빛도 더욱 축소된 표면 위에 집중된다. 엠마가 많이 꿈꾸고 거의 욕망하지 않는 반면, 스탕달, 프루스트, 도스토예프스키의 주인공들은 거의 꿈꾸지 않으면서 많이 욕망한다. 내적 매개의 세계에 들어올수록 욕망이 구현되는 양상은 더 이상 놀이와 아무런 관련도 없게 된다. "신성한 대상이 가까워졌다. 손에 닿을 듯해 보인다. 그러면 주체와 대상 사이에는 단 하나의 방해물만이 남게 된다. 그것은 바로 매개자 자신이다. 매개자가 가까워질수록 주체의 행동은 언제나 더욱 열정적이 된다."(M.V., 103)

중요한 것은 매개자의 존재다

 모방 욕망에서 형이상학적인 측면이 강조될수록 물리적인 측면의 중요성은 감소된다. 매개자가 가까워질수록 주체의 열정은 더욱 강렬해지는 반면 대상은 구체적인 가치를 상실한다. 욕망의 대상은 중요하지 않다. "표적이 되는 것은 실제 대상이 아니라 매개자의 존재"라고 지라르는 강조한다. 외적 매개와 내적 매개의 차이를 결정짓는 것, 대상의 가치를 결정짓는 것도 결국에는 매개자의 존재다. 내적 매개의 도식이 강화되면서 주체의 형이상학적 욕망도 더욱 강화된다. 대상의 구체적인 가치가 상실되는 것도 이 때문이다. 매개자가 가까워짐에 따라 대상에 대한 욕망은 집착으로 변하지만, 이때 대상을 향한 욕망은 대상이 지닌 실제 가치와는 무관하다.

주체의 욕망이 향하는 진정한 목표는 바로 매개자 자체이기 때문이다. 오히려 주체는 그 대상이 실제 가지고 있지 않은 가치, 형이상학적 가치를 만들어내거나 과도하게 대상에 투사하게 된다. 대상은 그 자체의 가치가 아닌 그것을 욕망하는 주체로 하여금 매개자의 본질에 다다를 수 있게끔 해주는 마법의 지팡이로 인식되는 것이다.

이 점과 관련하여 지라르는 스탕달의 세계와 프루스트의 세계를 비교한다. 외면적으로는 스탕달의 허영심 많은 인물들과 프루스트의 속물들은 동일한 하나의 대상, 즉 귀족 세계를 욕망하는 것처럼 보인다. 그러나 프루스트의 작품에서 귀족들의 세계를 상징하는 포부르 생제르맹은 이미 스탕달의 포부르 생제르맹이 아니다. 혁명 이후 19세기를 거치면서 귀족 계급은 이전에 누리던 실질적인 특권을 상실했다. 문자 그대로 '허무의 왕국'으로 전락한 것이다. 프루스트의 시대에는 옛 귀족들과의 친분이 더 이상 아무런 특권도 가져다주지 못했다. "만일 욕망의 힘이 대상의 구체적인 가치에 비례한다면, 프루스트의 속물근성은 스탕달의 허영심보다 강하지 못할 것이다. 그런데 사실은 이와 반대다. 『잃어버린 시간을 찾아서』의 속물들은 『적과 흑』의 허영심 가득한 인물들보다 훨씬 더 번민한다. 즉 스탕달에서 프루스트로의 이행은 물리적인 것을 희생함으로써 획득된 형이상학적인 것의 진전으

로 정의될 수 있다."(M.V., 104)

매개자의 우월성 : 존경과 증오

허영심으로 정의되건 속물근성으로 정의되건 간에 매개된 욕망이 작동하기 위해서는 무엇보다 우월한 위치에 있는 모델의 존재가 전제되어야 한다. 다시 말해 매개자가 욕망의 주체보다 높은 곳에 위치해 있어야 한다. 물론 돈키호테의 경우와 같이 모델이 애당초 주체가 다다를 수 없는 곳에 위치해 있을 경우에는 문제될 게 없다. 문제는 내적 매개의 경우이다. 내적 매개의 추종자는 모델이 자신보다 우월하다고 생각하는 동시에 자신이 그의 본질에 도달할 수 있다고 생각한다. 즉 모델에 대한 존경과 경쟁의 감정이 공존한다. 한편 자신과 경쟁이 가능한 공간에 위치해 있다는 사실을 알면서도 모방을 위해서는 매개자가 높은 곳에 있어야 하기 때문에 때로는 주체가 이 모델에게 환상적인 가치를 부여하기도 한다. 이러한 모순적 감정, 나와 크게 다를 바 없는 존재가 자신보다 높은 곳에 위치해 있다는 모순적 감정이 극심한 경쟁과 갈등을 낳는다. "주체는 모델에게 갈등의 감정을 느끼게 되는데, 그것은 가장 순종적인 존경심과 가장 강렬한 원한이라는 상반된 두 가지 감정의 결합으로 형성된 것이다."(M.V., 24)

우월한 특성을 가지고 있다고 여겨지는 매개자는 자신의

빛을 자신이 지시하는 대상에 비춘다. 매개자의 우월성이 대상에도 그대로 전달되는 것이다. 때로는 이러한 가치 전달 과정이 너무 과도하게 진행된 나머지 대상의 실제 모습이 변형되기도 한다. 매개자에게 부여된 특권과 우월성으로 인해 대상에도 환상적 가치가 부여되는 것이다. 이러한 점에서 '삼각형의 욕망', 특히 내적 매개의 욕망은 "대상을 변형시키는 욕망"이다. 가짜 명품을 구입하는 일이나 신데렐라 족들의 호화 파티, 이발사의 대야를 맘브리노의 투구로 믿는 돈키호테의 광기어린 행각, 포부르 생제르맹을 환상의 왕국으로 바라보는 속물들의 시각은 결국 모방의 매개자가 가진 특권적 우월성에 대한 환상으로 인해 나타나는 현상인 것이다.

프루스트는 이렇게 말한다. "내가 그 책을 콩브레에서 샀다 하더라도 (중략) 그 책을 스승이나 친구가 내게 뛰어난 책이라고 말했던 적이 있기 때문임을 내가 인정했기 때문이다. 그 당시에 나의 스승이나 친구는 진실의 비밀을, 또한 그것을 안다는 것이 내 생각의 막연하지만 영구적인 목표였던, 반쯤은 예측하고 반쯤은 이해하지 못하고 있던 아름다움의 비밀을 소유하고 있는 것처럼 보였다." 욕망이 발생하는 자리에는 언제나 타인이 자리 잡고 있다. 『잃어버린 시간을 찾아서』의 화자는 결코 자연 발생적으로, 혹은 타고난 본성에 의해서 여배우의 연기를 찬탄하고, 문학 작품을 탐독하고, 예술품을 바라보고 싶어 하는 것이 아니다. 그의 욕망 이면에는 항상 "마술 방망이"를 휘두르는 매개자가 존재한다. 그가 배우들의 얼굴에서 읽어내는 것은 항상 매개자의 기쁨이며, 그의 꿈을 만들어내는 것도 매개자의 시선이다. 이러한 점에서 오직 타인만이 욕망을 불러일으킨다고 할 수 있다. 또한 자신의 의견이 타인의 증언과 반대되는 경우 타인의 증언이 더욱 우세하게 받아들여진다. 기본적으로 모델이 되는 타인은 항상 주체보다 우월한 위치에 있다고 여겨지기 때문이다.

욕망의 주체, 즉 모방 욕망의 주체는 모든 면에서 자기보다 높은 곳에 존재한다고 믿는 매개자, 즉 모델의 존재를 흡수하고자 하며, 그가 관심을 보이는 모든 것에 열정을 보인다. 신봉자로서의 그의 믿음은 실로 대단한 것으로, 그는 항상 매개자의 우월성을 구성하고 있는 요소를 자신이 훔친다고 믿는다. 따라서 욕망의 주체는 "현재로부터 등을 돌리고 찬란한 미래 속에서 살게 된다. 매개자의 경쟁적인 욕망이 자신의 욕망을 방해하는 순간을 제외하고는 그를 신성에서 떼어놓을 수 있는 것은 아무것도 없다."(M.V., 74)

스탕달, 프루스트의 작품에서 한 걸음 더 나아가 매개자의 역할이 극단적으로 강조되는 경우를 지라르는 도스토예프스키의 작품에서 찾고 있다. 실제로 욕망의 삼각형에서 주체와 매개자가 가까워질수록 매개자의 역할은 중대되고, 대상의 역할은 감소된다. 이러한 점에서 "도스토예프스키는 일종의 천재적인 직관으로 매개자를 무대의 전면에 내세우고 대상을 뒷전으로 밀어낸다."(M.V., 59) 그렇기 때문에 지라르는 도스토예프스키가 연대기적으로는 프루스트보다 앞선 작가이지만 삼각형의 욕망의 역사에서는 그보다 나중이라고 주장한다.

> 도스토예프스키에게 있어서는 타자를 따르는 욕망에서 완전히 벗어난 몇 안 되는 인물들을 제외하고는 질투 없는 사랑도, 선망 없는 우정도, 혐오감 없는 매혹도 존재하지 않는다. 작중 인물들은 서로 욕설을 퍼붓고 얼굴에 침을 뱉고는 얼마 지나지 않아 적의 발밑에 엎드려 그의 무릎을 껴안는다. 증오에 넘치는 이러한 매혹은 원칙적으로 프루스트의 속물근성이나 스탕달의 허영심과 같다. 타인의 욕망에서 복사된 욕망은 필연적으로 '선망, 질투 그리고 무력한 증오'라는 결과로 귀착된다. 매개자가 가까워질수록, 다시 말해 스탕달에서 프루스트로, 프루스트에서 도스토예프스키로 나아감에 따라 삼각형의 욕망이 맺는 열매는 더욱 쓰디쓴 것이 된다(M.V., 55~56).

도스토예프스키의 작품에는 욕망의 삼각형 도식뿐만 아니라, 이 도식에서 핵심이 되는 매개자에 대한 주체의 이중적 감정이 적나라하게 드러난다. 예를 들어 도스토예프스키의 『악령』에 나오는 스타브로긴이라는 인물은 다른 모든 인물들의 매개자로 나타난다. 그는 항상 삼각형의 가장 높은 꼭지점을 차지하고 있다. 악령에 사로잡힌 사람들은 자신들의 생각과 욕망을 스타브로긴에게서 빌려온다. 그들은 진정으로 스타브로긴을 숭배하는 것처럼 보인다. 하지만 자세히 들여다보면 그들은 한결같이 스타브로긴에 대해 존경과 증오가 뒤섞인 감정을 느낀다. 또한 그들 모두가 스타브로긴의 무관심이라는 벽에 부딪쳐 좌절한다.

여기에서 우리는 모델이 보여주는 '무관심'에 주목할 필요가 있다. 지라르는 내적 매개의 특징으로 매개자의 선택이 '부정적인 기준'에 의해 선택되는 경우를 들고 있다. 다시 말해 추종자는 자신에게서 '달아나는 사람'을 무조건적으로 쫓아가게 된다는 것이다. 달아나는 사람이 특별히 어떤 것을 가지고 있어서가 아니다. 단지 달아난다는 사실만으로도 그를 뒤따르고자 하는 욕망이 생긴다는 것이다. 자기를 무시하고, 자기에게서 달아나는 자는 그만큼 자기보다 우월한 무엇인가를 가지고 있다고 여겨진다. 또한 모델이 자기에게 무관심한 태도를 보이는 것은 역으로 자기의 열등감을 확인시켜주는 태도로 여겨져 모델에 대한 증오심을 불러일으키게 된다. 도스토예프스키의 경우나 프루스트의 경우 모두 추종자들이 거의 강박적인 욕망에 사로잡히는 이유는 그들이 모델들에게 초대 받지 못했기 때문에, 모델이 무례하게도 자기를 거절했기 때문이다.

> 내적 매개의 세계에서는 무관심이 결코 중성적일 수 없다. 그것은 욕망의 순수한 부재가 아니다. 관찰자가 보기에 무관심은 언제나 자기 자신에 대한 욕망의 외면적 양상으로 나타난다. 또한 그렇게 추측된 욕망이 모방의 대상이 된다. 무관심의 변증법은 형이상학적 욕망의 법칙에 모순되기는커녕 이를 확인해준다 (M.V., 127).

무관심을 보이는 사람은 언제나 뛰어난 자제력을 가지고 있거나, 특별한 속성을 가지고 있는 사람으로 여겨진다. 특히 추종자들의 눈에 그의 이러한 모습은 큰 환상을 불러일으키기에 충분하다. 그는 외부와의 접촉이 차단된 상태에서 자신의 존재를 즐기면서 그 무엇도 방해할 수 없는 완전한 행복을 누리며 살고 있는 것처럼 보인다. 예를 들어 『적과 흑』에서 쥘리앵이 페르바크 원수 부인에게 관심을 보이면서 마틸드를 유혹하는 장면에서 우리는 그가 진정한 목표로 삼고 있는 마틸드에게는 철저한 무관심으로 위장하는 것을 볼 수 있다. 이렇게 무관심을 가장함으로써 쥘리앵은 마틸드의 욕망을 발동시킨다. 이제 이들 사이의 사랑의 관계는 하나의 법칙에 따라 전개된다. 승리는 두 연인 중에서 거짓말을 가장 잘 유지하는 자, 무관심을 가장 잘 위장하는 자에게 돌아갈 것이다. "축적된 거짓말의 무게가 마침내 그에게 유리한 쪽으로 저울을 기울게 한다. 모방의 흐름이 역전되고 마틸드가 서둘러 쥘리앵의 품에 안기게 된다."(M.V., 129)

무관심을 철저히 위장하는 모델은 '주인'이 되고, 욕망을 고백하는 추종자는 '노예'가 된다.[4] 그리고 이렇게 확립된 주인과 노예의 관계는 시간이 갈수록 더욱 확고해진다. 지라르식 주인과 노예의 변증법에는 헤겔의 변증법[5]에서 볼 수 있는 관계 역전과 상호 화해의 가능성이 배제되어 있다. 물론 지라르에게 있어서도 관계의 역전이 불가능한 것은 아니다. 하지만 그것은 주인과 노예의 근본적인 존재 위치 변화와는 무관하다. 단지 모방의 당사자들이 서로 자리를 바꾸는 것에 불과하다. 원칙은 단 하나다. 무관심을 가장하는 자는 항상 주인의 자리에 있게 된다. 누가 그 자리에 앉게 되느냐는 중요하지 않다.

욕망의 삼각형이라는 도식 하에서 주체와 타자, 즉 추종자와 모델 사이의 궁극적인 화해의 가능성, 합일의 가능성은 존재하지 않는다. 물론 이 경우에도 경쟁자들 가운데 한 명이 자신의 욕망을 고백하고 자만심을 꺾으면 투쟁은 곧 끝나게 된다. 하지만 그때부터 모방의 역전, 즉 주인과 노예 사이의 관계 역전은 불가능해진다. "왜냐하면 노예의 표명된 욕망이 주인의 욕망을 파괴하고 그의 실제적인 무관심을 확고하게 하기 때문이다. 역으로 주인의 무관심은 노예를 절망에 빠뜨리고 그의 욕망을 배가시킨다. 이 두 가지 감정은 동일한 것인데, 왜냐하면 서로를 복사한 것이기 때문이다. 따라서 두 감정은 서로를 바라보면서 더욱 강화될 수밖에 없다."(M.V., 130)

내적 매개, 특히 서로가 상대방에 대해 추종자이자 모델이 되는 이중 매개의 상황에서 지배, 즉 주인의 자리는 언제나 두 당사자 가운데 자신의 욕망을 더욱 잘 감추는 자에게 주어진다. 프루스트의 작품 속에서 사교계의 전략은 언제나 이 법칙과 일치한다. 살롱의 문을 열 수 있는 유일한 방법은 '무관심'이다. 무관심을 보이는 것만으로도 무엇인가 우월한 속성을 가진 것으로 여겨지기 때문이다.

한편 프루스트 작품의 화자인 마르셀은 『적과 흑』의 쥘리앵 소렐과는 정반대의 이미지를 보여준다. 쥘리앵이 항상 '주인'으로 그려지는 반면, 마르셀은 '노예'로 그려지는 것이다. 마르셀은 욕망의 성취를 위한 무관심의 가장을 끝까지 견지할 능력이 없기 때문에 노예 상태를 벗어날 수 없다. 마르셀은 쥘리앵이 끝까지 참고 견뎠던 거의 모든 유혹에 굴복한다. 이러한 점에서 지라르는 스탕달의 소설과 프루스트의 소설을 같은 메커니즘을 비추는 양면의 시각에 비유한다. 즉 스탕달의 소설이 무관심을 가장하는 데 성공한 '주인'의 시선을 통해 구성되어 있다면, 프루스트의 소설은 '노예'의 시각으로 그려지고 있다.

> 『적과 흑』에서 소설의 세계를 응시하는 것은 거의 언제나 주인의 시선이다. 우리는 자유롭고 냉담하며 거만한 마틸드의 의식 안으로 들어간다. 그러나 마틸드가 노예가 되면 그때부터 우리는 쥘리앵이라는 주인의 시선으로만 그녀를 외부로부터 관찰할 수 있을 뿐이다. 소설의 빛은 주인의 의식 속에 머물기를 선호한다. 이 의식이 지배력을 잃으면 빛은 그로부터 등을 돌리고, 그를 정복한 자에게로 넘어간다. 프루스트의 소설에서는 상황이 정반대다. 소설의 빛을 여과시켜서 그 빛에 프루스트의 전형적인 특성을 부여하는 의식은 거의 언제나 노예의 의식이다 (M.V., 196~197).

이와 같은 주인에서 노예로의 이행은 모방 욕망, 특히 내적 매개의 메커니즘을 연속적인 관점에서 관찰할 수 있게 해준다. 노예 상태는 지배의 미래다. 지배하는 자, 즉 주인도 결국에는 모방 욕망에서 벗어나지 못하기 때문이다. 쥘리앵 소렐은 분명 주인임에 틀림없지만, 소설이 진행될수록 그는 점점 더 노예 상태에 가까워진다. 『잃어버린 시간을 찾아서』의 화자 역시 마찬가지다. 마르셀은 질베르트에게 첫 사랑을 느낄 당시만 해도 무관심을 가장할 수 있는 능력을 보여준다. 그는 질베르트의 마음이 자기에게서 멀어졌음을 알자 그녀를 만나지 않을 뿐만 아니라, 편지를 쓰고 싶은 유혹에도 당당히 맞선다. 하지만 작품이 진행될수록 그의 하강 곡선은 점점 더 선명해진다. 중요한 것은 주인과 노예의 메커니즘이 철저히 삼각형의 욕망 도식, 특히 우월한 매개자에 대한 환상에 종속되어 있다는 것이다. 이처럼 내적 매개의 도식 속에 사로잡혀 있는 한 궁극적으로 주인이나 노예나 동일한 예속 상태에 있는 것이나 다름없다. 단순한 자리바꿈은 가능할지 몰라도, 진정한 화해나 초월의 가능성은 찾아볼 수 없다.

한없이 강화된 욕망은 종종 대상이 손에 들어오고 나면 희석되어버리곤 한다. 이 역시 애초의 욕망이 대상 자체를 향한 것이 아니라 매개자의 존재, 모델의 우월성을 향한 것이었기 때문이다. 욕망하는 주체는 그토록 열망하던 대상을 손에 쥐는 순간 빈 껍질만 남아 있다는 사실을 발견하게 된다. 정복된 마틸드는 곧 쥘리앵의 관심을 끌지 못한다. 드니 드 루주몽의 지적과 같이 "다시 욕망할 수 있으려면, 그리고 이 욕망을 의식적이고 강렬하며 무한히 관심을 끌 정도로 고양시키려면, 방해물을 다시 만들어내야 한다." 방해물의 존재, 즉 우월한 속성을 지니고 있는 것처럼 보이면서 추종자로 하여금 그 속성에 접근하지 못하도록 막는 모델의 존재만이 욕망을 작동시킬 수 있다. 추종자에 대한 무관심의 가장, 즉 추종자가 욕망하는 것 정도는 자신에게는 대수롭지 않다는 태도야말로 욕망의 도화선으로 작용한다. 모방 욕망의 본질은 매개자의 존재에 있으며, 모방의 법칙은 그 자체로 매개자의 우월성―실제이건 가장된 것이건 간에―을 토대로 할 때에만 유효하다.

사실상 욕망의 숨김, 즉 "욕망 성취를 위한 고행은 삼각형 욕망의 필연적인 결과"이다. 실제로 욕망의 삼각형을 이야기하는 거의 모든 소설에서 이러한 메커니즘을 찾아볼 수 있다. 지라르는 특히 스탕달의 작품에서 볼 수 있는 '댄디즘'이라는 현상 역시 욕망의 성취를 위한 욕망 숨김의 전형적인 예라고 주장한다. 댄디는 철저하게 형이상학적 욕망의 산물이다. 흔히 무관심한 냉담함을 가장하는 것을 댄디의 특성으로 보는 견해는 이러한 점에서 합당한 시각이다. "댄디의 냉담함은 금욕주의적인 것이 아니라, 타인의 욕망을 불러일으키도록 계산된 냉담함이며, 타인들에게 끊임없이 '나 자신으로 충분하다'고 반복하는 냉담함이다. 댄디는 그가 스스로 느끼는 척 가장하는 욕망을 타인들이 복사하도록 만들고 싶어 한다. (중략) 그는 무관심을 표명하고 공공장소를 돌아다닌다. 그는 욕망을 위한 고행을 보편화시키고 산업화시킨다." (M.V., 188~189)

댄디즘이 욕망 숨김을 통한 우월성 확보의 한 양상이라고 할 때, 내적 매개의 문제를 다룬 어느 소설에서나 약간씩은 다른 형태의 댄디즘을 찾아볼 수 있다는 것이 지라르의 생각이다. 스탕달, 프루스트, 도스토예프스키의 작품들에서 우리는 쉽게 댄디즘의 모습을 찾아볼 수 있다. 특히 『악령』의 스타브로긴은 "소설 속 댄디즘 가운데에서도 가장 기괴하고 악마적인 화신"이다. 앞서 언급했던 대로 스타브로긴이라는 인물은 작품 속 모든 등장인물들의 욕망의 매개자로 자리 잡고 있다. 그가 이처럼 모든 인물들의 모델이 될 수 있기 위해서 댄디적인 성향은 필수적인 요소라고 할 수 있다. 어떤 사람의 욕망의 모델이 되기 위해서는 그보다 무엇이든 간에 우월한 속성을 가지고 있거나, 아니면 그런 것처럼 보여야만 한다. 그리고 우월성을 가장하는 데 있어서 가장 확실한 방법이 바로 무관심이다. 작품 속에서 스타브로긴은 다른 모든 사람들, 즉 그를 모델로 삼아 모방하는 사람들의 욕망 너머에 존재하는 듯이 그려진다. 스타브로긴이 공통된 무엇인가를 욕망하지 않는 것처럼 보인다는 사실만으로도 추종자들에게는 그의 존재가 더욱 우월한 것처럼 여겨진다. 그 자신은 특별한 매개자를 두고 있지 않는 까닭에 그만이 모든 인물들의 욕망과 증오의 대상이 된다. 『악령』의 인물들은 모두 노예들이다. 그들은 오직 스타브로긴의 주위를 맴돌기만 할 뿐이다. "그들은 그만을 위해서 존재하며, 그에 의해서만 욕망한다."

사디즘과 매저키즘

지라르는 매개자와 추종자의 관계를 상징하는 주인과 노예의 변증법에서 한 걸음 더 나아가 이것을 사디즘과 매저키즘의 도식에도 적용시킨다. 그에 따르면 사디즘과 매저키즘이란 정신 분석학적 문제나 성적 도착의 문제가 아니라 삼각형의 욕망에 따르는 결과와 같다. 사디즘은 매개자의 역할 놀이에 해당된다. 욕망의 주체가 매개자의 역할을 연기하기 시작할 때, 추종자가 아니라 타인보다 우월한 위치에서 내려다보기를 선택할 때 그는 학대의 주체인 사디스트가 된다. 즉 욕망 성취를 위한 무관심의 가장은 매개자로서의 우월성을 확보해주고, 그것은 매개자를 일종의 사디스트로 만들어주는 것이다.

매저키즘은 싫증을 느낀 주인의 욕망이라고 할 수 있다. 모방의 모델이 되는 주인은 자신의 연속적인 성공에 싫증을 느낀다. 지라르의 이론 체계에서 주인은 자신의 욕망을 적절히 숨기고, 무관심을 가장하여 대상을 사이에 둔 경쟁자와의 싸움에서 승리한 자, 그리고 우월하다고 여겨지는 매개자의 자리에 위치한 자를 의미한다. 하지만 주인의 성공은 곧 실망으로 이어진다. 대상을 소유한다고 해도 그 대상은 결코 그의 존재를 충족시켜주지 못한다. 연속되는 수많은 경쟁을 통해 주인은 자신이 소유할 수 있는 대상들이 그에게 가치가 없다는 사실, 즉 그의 욕망을 충족시켜줄 수 없다는 사실을 느끼게 된다. 따라서 그는 자기보다 훨씬 우월한 매개자가 가지고 있는 대상, 그리고 추종자에게는 금지되어 있는 대상에 흥미를 느낀다. 그는 극복할 수 없는 방해자를 추구하고, 그에 의해 금지된 대상을 욕망하고자 한다.

하지만 사디스트, 즉 매개자의 역할을 하는 주체가 실제로 진정한 주인의 위치에 자리한다거나, 진정한 우월성을 확보한 것은 아니다. 주인 역시 노예와 같은 메커니즘, 즉 삼각형의 욕망 도식에 지배당하고 있기 때문이다. 사디스트는 스스로 학대자의 역할을 수행하면서 우월한 존재의 가치를 획득했다는 환상에 빠지고 싶어 한다. 이러한 환상과 현실을 착각하면서 그는 매개자의 자리에 앉아 보다 높은 곳에서 세상과 타인들을 내려다보고자 한다. 결국 사디스트의 폭력도 또 다른 매개자를 향한 모방의 양상에 지나지 않는다. "그것은 신성을 획득하기 위한 또 하나의 새로운 노력"이다.

> 사디스트는 자신의 희생자를 또 하나의 자기 자신으로 변모시키지 않고서는 자기가 매개자가 되었다는 환상을 스스로 받아들일 수 없다. 가혹한 행위를 복사하는 순간마저도 고통 받는 타자에게서 자신의 모습을 보지 않을 수가 없다. 이것이 바로 자주 관찰되는 피해자와 가해자의 기이한 '일치'의 심오한 의미이다(M.V., 212~213).

사디스트는 어떠한 형태의 학대이던지 항상 타인이 고통 받는 모습에서 쾌감을 느낀다. 어찌 보면 사디스트는 타인을 학대하는 것보다는 그것을 바라보는 것에서 더 쾌감을 얻는다고 할 수 있다. 지라르는 사디즘이 순전히 매저키즘의 이면일 뿐이라고 주장한다. 매저키즘은 단순히 고통을 즐기는 도치된 성향이 아니라, 모방 욕망에 빠진 자들이 보여주는 또 하나의 속성인 자기 경멸의 감정과 일치한다. 즉 사디즘은 추종자가 느끼는 자기 경멸의 감정에서 매개자가 느끼는 우월감의 감정으로의 이행인 것이다. 사디즘은 "순교자 역할을 하는 데 지쳐버린 매저키스트가 학대자로 역할을 바꾼 것"이다. 따라서 사디스트는 언제나 희생자의 모습에서 자기 자신의 모습, 예전의 자기 모습을 확인하고, 그 모습을 통해 지금 자신이 우월한 입장에 있다는 확신을 가지게 된다. 고통 받는 타인을 바라보는 것은 바로 이러한 관계 역전의 확인 절차인 것이다.

　타인을 학대하려는 욕망을 갖기 위해서는 그보다 앞서 자신이 누군가에게 학대 받았다는 믿음이 필요하며, 그 학대자가 자신보다 우월한 존재의 영역을 확보하고 있다는 믿음이 전제되어야 한다. 따라서 사디스트의 광기가 아무리 무서운 것이라 해도, 그가 벌이는 행동의 의미는 이전의 더욱 평범한 욕망들의 의미와 동일하다. 사디즘 또한 모방 욕망의 한 양상, 조금 더 극단적인 양상일 뿐이며, 다시 한 번 매개자의 중요성을 드러내주는 예일 뿐이다.

　도스토예프스키의 '지하 생활자'는 자신이 한없이 모욕당했다고 느낀 파티가 끝나고 나서 자신의 수중에 들어온 불쌍한 창녀를 괴롭힌다. 그는 파티에서 즈베르코프 일당에게 당했던, 혹은 당했다고 생각하는 학대를 그대로 모방하여 이 창녀에게 쏟아 붓는다. 프루스트의 작품에 나오는 벵테이유 양은 '악인들'을 모방하려고 애쓴다. 하지만 그녀에게 "악은 외부적인 것일 뿐 아니라 아주 자연스럽게 여겨져서 자신과 구분되지 않는다." 다시 말해 그녀는 도덕적 세계, 항상 특정한 규율을 따라야 하고, 따라서 항상 무엇인가, 혹은 누군가를 추종해야 하는 세계에서 벗어나 쾌락이 가득한 비도덕적 세계로 도망쳤다는 환상을 맛보기 위해 "악인들의 역할"을 하려고 한다. "사디스트는 악을 행하면서도 끊임없이 자신을 피해자, 즉 학대 받는 무고한 사람과 동일시한다. 그는 선을 구현하며, 그의 매개자는 악을 구현한다. (중략) 마음속 깊이 스스로가 선을 행하도록 선고 받았다고 믿는 매저키스트는 이 선을 혐오하고 학대하는 악을 숭배하는데, 악은 곧 매개자이기 때문이다."(M.V., 214~215) 결국 사디스트가 모방하고자 하는 악의 세계는 매개자의 세계이며, 그것은 곧 자신이 가질 수 없었던 어떤 것, 가지고 있지 못한 어떤 것을 가지고 있는 사람들의 세계, 따라서 우월한 존재 영역을 확보한 사람들의 세계인 것이다. 특히 우월한 매개자에게 학대 받았다고 생각하는 사람들은 그만큼 더 이 세계를 열망하게 된다. 모델의 무관심이 욕망된 대상의 가치를 더욱 크게 만들기 때문이다. 지하 생활자가 그토록 열렬하게 자신을 무시하고 지나간 장교에게 편지를 쓰는 것도, 장 상퇴이유가 고등학교에서 자신을 놀림감으로 삼는 난폭한 학생들에게 우정을 얻고자 하는 것도 결국은 동일한 메커니즘에 기인한다.

여기에서 잊지 말아야 할 것은 주인이나 노예나 한결같이 모방 욕망의 메커니즘에 사로잡혀 있는 자들이라는 사실이다. 그리고 모방 메커니즘이 의미를 가지기 위해서는 항상 모방해야 할 누군가, 자기보다 우월하다고 여겨지는 매개자가 전제되어야 한다. 따라서 추종자가 끊임없이 매개자와 같은 본질을 소유하기 위해 애쓰는 반면, 정작 매개자 자신은 존재의 공허함을 느낄 수밖에 없다. 그 역시 모방할 만한 누군가를 필요로 하기 때문이다. 따라서 모방 경쟁에서의 승리를 통해 주인의 자리에 오른 자가 이내 자신의 실패를 바라게 되는 역설적인 상황이 연출된다. 단지 실패만이 그에게 진정한 모델, 즉 자신이 따를 수 있는 모델을 제시해줄 수 있기 때문이다. 형이상학적 욕망은 항상 노예 상태, 그리고 실패와 수치심으로 귀결되게 마련인 것이다.

자기 경멸

모방 욕망에 빠진 인물들이 보여주는 또 다른 특징으로 자기 경멸과 그것에서 유래하는 욕망 숨김의 메커니즘을 들 수 있다. 존경과 증오가 혼합된 감정이 매개자를 바라보는 관점에서 비롯된 것이라면, 자기 경멸은 욕망 주체가 자신을 바라보는 시각에 해당된다. 무관심이 스스로 모델, 즉 우월한 존재의 영역에 위치하고 있다는 환상에 빠지기 위한 수단이라면, 추종자의 욕망 숨김은 스스로 매개자보다 열등한 위치에 있다는 생각을 감추기 위한 수단이다. 흔히 욕망의 주체들은 모델과 같은 대상을 놓고 벌이는 경쟁에서 자신이 그를 모방하고 있다는 사실을 감추기 위해 욕망의 논리적인 순서나 시간적인 순서를 도치시키곤 한다. 즉 경쟁 관계의 책임이 자신에게 있는 것이 아니라 타인에게 있다고, 다시 말해 욕망의 모방을 먼저 시작한 것이 자기가 아니라고 주장한다.

　이러한 현상은 우리 주위에서도 쉽게 찾아볼 수 있다. 특히 오늘날과 같은 소비 사회에서 이러한 현상은 매우 빈번하게 나타난다. 예를 들어 나의 친구가 어떤 명품 가방을 산 경우, 나 역시 그것과 같은 가방, 혹은 그보다 더 값비싼 가방을 욕망하게 된다. 가방 자체가 필요해서가 아니라, 내 친구가 그것을 소유했기 때문에 욕망하는 것이다. 그리고 이러한 욕망의 기저에는 친구가 명품을 소유함으로 나보다 더 높은 존재 가치를 획득했다는 생각이 자리 잡고 있다. 반대로 생각하면 그 가방을 가지지 못한 나는 친구보다 열등한 위치에 있다고 여겨진다. 그런데 이러한 열등감은 친구를 모방해 같은 명품을 손에 넣고 난 뒤에도 사라지지 않는다. 내가 그를 모방했다는 사실 자체가 나에 대한 그의 우월성과 그에 대한 나의 열등성을 증명해주기 때문이다. 따라서 누군가를 모방해 명품을 구입한 주체는 결코 욕망의 진실을 밝히지 않는다. 주체는 억지로 그 대상의 필요 가치를 만들어내거나, 욕망의 순서를 도치시킨다. 흔히 같은 대상을 구입한 두 친구 사이에서 누가 그것을 먼저 샀느냐를 두고 유치한 다툼이 일어나는 것도 이러한 이유에서다.

　단순히 필요 가치만을 염두에 둔다면, 즉 주체가 대상을 직접적으로 욕망한 것이라면, 누가 먼저 대상을 소유했느냐는 전혀 중요한 문제가 아니다. 하지만 그것이 모방의 관계에 종속된 소유라면 사정이 전혀 달라진다. 모방 사실을 인정하는 것은 곧 자신의 열등성을 인정하는 것이며, 앞서 살펴본 바와 같이 노예의 상태로 전락함을 의미하기 때문이다. 따라서 친구를 모방하여 명품을 구입한 주체는 어떻게 해서든지 순서상 자신의 욕망이 앞서 있다는 것을 밝히려고 애쓰는 것이다.

매개자의 존재를 흡수하여 자기 것으로 만들기를 꿈꾸는 주체는 필연적으로 자기 자신의 '실체'에 대해 주체할 수 없는 혐오감을 느끼게 된다. 이러한 자기 혐오감은 자연스럽게 우월한 매개자에 대한 존경과 증오가 뒤섞인 감정으로 나타난다. 도스토예프스키가 그린 지하 생활자는 실제로 몸이 허약한 약골이다. 보바리 부인은 지방의 소시민 계급이다. 얼핏 보면 이와 같은 인물들이 자신들의 존재 위상을 변화시키려고 하는 이유를 쉽게 이해할 수 있을 것으로 보인다. 하지만 여기에서 눈여겨보아야 할 것은 이들 모두 자신들의 가장 근본적인 특권, 즉 그들 스스로 어떤 대상을 선택하여 욕망할 수 있는 특권을 포기하고 있다는 것이다. 그들은 자신이 아닌 타인의 것을 모방하기 위해 자신이 가진 모든 것을 내던진다. 즉 그들은 자신들의 현재 모습 전체를 부정하고, 매개자라는 우상을 전적으로 섬기고자 하는 것이다.

이러한 점에서 내적 매개의 추종자들은 항상 타인들에게 보이는 자신의 이미지에 대해 두려움을 가지고 있다. 그들은 항상 타인의 시선이 자신의 빈약한 존재를 적나라하게 폭로할지도 모른다는 두려움 속에서 살아간다. 그들에게 있어서 타인에게 보여진다는 가능성은 자신의 욕망의 진실이 밝혀질 수 있는 가능성, 즉 자신의 열등성이 드러날 수 있는 가능성으로 받아들여진다. 이러한 두려움에 사로잡혀 있는 사람들은 실제로 그들을 지켜보고 있는 타자의 시선이 없는 상황에서도 항상 그것을 의식한다. 즉 타인의 시선을 자기 내부에 내재화하고 있는 것이다. 이처럼 일단 타인의 시선이 내재화되면 그는 실제 자신을 둘러싸고 있는 상황과 상관없이 줄곧 타자의 '응시' 속에서 살아가게 된다. 그들은 내부에 있는 시선을 의식한 나머지 실제 자기 자신과의 진정한 관계를 정립하지 못하고, 타자의 눈에 비추어지는 자기의 이미지만을 걱정하게 되며, 자기 외부의 것에 자기 존재를 온전히 내어 맡기게 된다. 욕망의 모방 메커니즘에 완전히 사로잡히게 되는 것이다.

    매개자의 시선에 의해 마비된 주인공은 이 시선으로부터 벗어나고자 한다. 이후로 그의 모든 야심은 보여지지 않으면서 보는 것으로 한정된다. 이것이 바로 엿보는 자의 주제인데, 이것은 이미 프루스트와 도스토옙스키의 소설에서 매우 중요시되었을 뿐만 아니라, 이른바 '누보로망'이라고 불리는 현대 소설에서는 그 중요성이 더욱 증대되었다(M.V., 188).

타자의 시선이 내재화된 주체들은 끊임없이 그 시선으로부터 스스로를 숨기고자 한다. 하지만 적대적인 증인의 시선을 피하는 것은 거의 불가능에 가깝다. 그 시선이 감시당하는 주체의 내면에 자리 잡고 있기 때문이다. 일단 적대적인 시선이 내재화되면 주체는 결코 그것에서 벗어나지 못한다. 그 시선을 피하고자 하는 노력은 그만큼 주체가 내부에 자리 잡은 시선을 두려워하고 있다는 사실의 반증일 뿐이다. 나아가 그 시선으로부터 숨는 데 성공했다고 생각하는 순간에도 주체는 여전히 시선의 노예가 되어 있다. 따라서 내재화된 시선으로부터의 도피는 언제나 실패로 끝날 수밖에 없다. 스타로벵스키에 따르면 "증인의 시선을 피하는 것은 여러 가지 가능성 중 하나에 불과하다. 그것은 가장 충동적이지만 성공이 보장된 가능성이다. 하지만 증인은 결코 오랫동안 모습을 숨기지 않는다. 어떻게 해서라도 증인의 시선을 피하고자 하는 것은 예기치 못한 순간에 그 증인이 되돌아올 위험을 유발하는 것이기도 하다."[6]

스타로벵스키의 글에서 증인을 '매개자'로 대치시킨다면

내적 매개의 메커니즘에서 추종자에게 나타나는 현상을 보다 쉽게 이해할 수 있다. 추종자를 향한 모델의 시선은 끊임없이 "너는 나를 모방하고 있다"고 말한다. 실제로 모델이 그렇게 생각하는지 여부는 중요하지 않다. 이미 우월한 곳에 위치해 있는 모델의 시선이 추종자의 내면에 내재화되어 있기 때문이다. 이제 추종자는 모델에의 종속, 더 정확히 말해 모방 메커니즘에의 종속에서 벗어나기가 거의 불가능해진다. 타인의 시선을 피할 수도 없다. 추종자, 내적 매개의 모욕당한 추종자는 주위에 아무도 없는 상황에서도 항상 누군가의 시선을 의식한다.

그렇다고 타인의 시선이 자기를 향하지 않는 상황도 참을 수 없다. 타인의 무관심은 더욱 욕망을 배가시키며, 그만큼 자기의 열등성을 확인시키는 것으로 여겨지기 때문이다. 따라서 모델의 시선을 내재화하고 있는 추종자는 상황에 관계없이 타인들과의 비교 의식 속에서 살아가게 되며, 이러한 비교 의식은 무엇보다 타인의 눈에 비쳐지는 자기 모습에 대한 두려움의 형태로 표출된다. 타인의 시선에 대한 두려움에 사로잡혀 있는 인물들은 무엇을 하던지 자신이 '죄인'으로 비쳐질 수 있다고 생각한다. 그리고 이러한 죄책감은 자연스럽게 열등감과 자기 경멸로 이어진다.

지라르는 도스토예프스키의 『지하 생활자의 수기』를 통해 이러한 추종자의 심리를 설명하고 있다. 주인공의 옛 동창생들은 임용지로 떠나는 즈베르코프라는 친구를 위한 송별연을 계획한다. 주인공 역시 송별 파티를 준비하는 현장에 있지만, 아무도 그를 초대하려고 하지 않는다. 평소에 동창생들을 따분한 자들로 여기며 내심 경멸했던 주인공은 그들에게 초대 받지 못했다는 사실에 모욕감을 느낀다. 그리고 모욕감으로 인해 그는 "자신이 전혀 필요로 하지 않을 뿐만 아니라 진심으로 경멸해 마지않는 이들을 '짓밟고 무찌르고 매혹하려는' 병적인 열정, 격렬한 욕망에 사로잡힌다."(M.V., 85)

온갖 비굴한 행동을 보인 끝에 초대를 받기에 이른 지하 생활자는 송별회장에서 끊임없이 친구들의 시선을 의식하며 스스로 생각하기에도 우스꽝스러운 행동을 한다. 그는 친구들에게 경멸의 미소를 지으며 방 안을 왔다 갔다 한다. 이때 주인공의 입가에서 떠나지 않는 미소는 물론 추종자가 자기의 열등감을 감추기 위해 짓는 억지 미소다. 그는 애초에 송별회에 초대 받기를 바라지도 않았고, 송별회에 참석한 순간에도 경쟁자들을 별로 신경 쓰고 있지 않다는 욕망 숨김의 표현인 것이다. 주인공에게 있어서 송별회에 초대 받기를 바라는 욕망이 드러난다는 것은 곧 송별회를 준비한 동창생들에 비해 그 자신이 열등하다는 사실, 그렇기 때문에 그들의 모임에 반드시 합류하길 바란다는 사실을 인정하는 것이나 마찬가지다. 이러한 점에서 그 스스로 경멸하고 있다고 믿는 동창생들은 실제로는 그의 모델이라고 할 수 있다.

이처럼 모델의 시선을 의식하며 어색한 행동을 하던 주인공은 송별회장에서도 모델에 대한 거짓 경멸을 가장하며 진실의 폭로를 피하고자 한다. 친구들의 무관심으로 인해 송별회라는 대상에 더욱 강한 욕망을 느끼게 된 그는 이미 송별회에 초대 받기 위해 비굴한 태도를 보여줌으로써 자신의 열등함을 드러냈다고 생각한다. 따라서 그는 송별회장에서 자신이 이 파티에 참석하기를 그다지 욕망하지 않았다는 사실을 어떻게든 친구들에게 인식시켜야 한다. 그 자신 역시 무관심을 가장함으로써 우월감을 나타내 보이고자 하는 것이다. 하지만 이러한 시도는 허사로 끝나고 만다. 다시 한 번 모델들의 무관심이 그를 엄습해오는 것이다. 모델들보다 자기가 우월하다는 사실을 보여주기 위해 가장한 무관심에 모델들 역시 무관심으로 응대한다. 결국 추종자는 진퇴양난의 어려움에 빠지게 된다. 자신에게 관심이 없는 모델들 앞에서 그는 무력감을 느낀다. 그는 모델들의 무관심도 참을 수 없으며, 그렇다고 자신이 그들의 추종자라는 사실을 밝힐 수도 없다. 결국 그가 할 수 있는 일은 테이블에서 페치카로, 페치카에서 테이블로 그들의 눈앞에서 왔다 갔다 하기를 반복하는 것뿐이다.

마침내 즈베르코프와 그의 친구들이 테이블에서 일어난

다. 그들은 여자들이 있는 곳에서 파티를 끝내고자 한다. 주인공의 무관심을 가장한 왕복 보행은 결국 그 누구의 관심도 끌지 못한 채 허사로 끝나고 만다. 이제 그는 어떻게 할 것인가? 친구들의 곁을 떠나서 자기 방으로 돌아와 지하 생활자의 삶, 몽상의 삶 속에 빠져들 것인가? 하지만 그의 무관심의 가장은 이미 실패로 끝나고 말았다. 이러한 상태에서 모델들의 곁을 떠난다는 것은 자신의 패배를 인정하는 것이며, 또다시 노예의 삶으로 되돌아가는 것이다. 결국 그가 할 수 있는 선택은 단 한 가지다. 그는 서둘러 모델들을 뒤쫓는다. "매개자가 움직이지 않는 한 '차분한 주시'를 가장하기란 어려운 일이 아니지만, 우상이 멀어지기 시작하면 무관심의 가면은 땅에 떨어지고 만다."(M.V., 300)

하지만 지하 생활자의 이와 같은 선택 역시 또 다른 실패를 예고할 뿐이다. 이미 내적 매개의 메커니즘이 그를 지배하고 있으며 타자, 특히 적대적인 모델의 시선이 그의 내면에 자리 잡고 있기 때문이다. 그는 자신에게 무관심한, 심지어 자기의 무관심에도 무관심한 모델들을 외면할 수 없다. 모델의 무관심은 그의 욕망을 더욱 강화시킬 뿐이다. 하지만 자기의 무관심을 포기하고 매개자들의 뒤를 따라가는 순간 그는 자신의 욕망을 더 이상 감출 수 없게 된다. 주인공은 자신의 '실수'에 대해 가혹하게 스스로를 나무라지만, 그의 싸움은 처음부터 패배할 수밖에 없는 것이었다.

상상의 세계로의 도피

모델의 시선을 내재화하여 자기 경멸에 빠진 인물들의 특징적인 행동 양식으로 우리는 스스로를 외부 세계에 대하여 폐쇄적으로 만들어 외부와의 직접적인 접촉이 필요 없는 상상의 세계로 도피하는 모습을 볼 수 있다. 내적 매개의 메커니즘 속에서 추종자는 모델의 우월성을 인정하고 그에 대한 강한 질투심을 느낀다. 그만큼 모델의 세계가 가까이 있기 때문이다. 하지만 모델이 보이는 무관심의 태도는 추종자로 하여금 모델과의 거리가 한없이 멀어지는 것처럼 느끼게 한다. 거기에 자기 경멸감마저 더해져 추종자는 이도 저도 할 수 없는 지경에 이르게 된다. 이때 가장 손쉽게 선택할 수 있는 수단이 바로 상상의 세계로 도피하는 것이다. 상상 속에서만큼은 모델과의 거리를 일거에 따라잡을 수 있다. 모델보다 더 우월한 자리에 위치하여 오히려 그 모델을 노예로 만들어 지배하는 상상은 주체가 자유롭게 사용할 수 있는 거의 유일한 수단이다. 애초에 모델이 되는 타자에게서 욕망을 빌려온 추종자들은 상상 속에서는 오히려 자기의 욕망을 모델에게 투사시킨다. 즉 모델 역시 자기와 똑같은 욕망을 가지고 있다고 상상하면서, 은밀하게 모델과 자기의 위치를 역전시키는 것이다. 상상의 세계는 모델의 무관심에 부딪치지 않아도 되고, 타인의 비난을 피할 수 있을 뿐만 아니라, 은밀한 욕망과 지배욕을 누릴 수 있는 세계다. 상상의 세계에 의지하는 것은 실제 세계에서 맛본 실패를 보상 받고자 하는 것이다.

다시 도스토예프스키의 세계로 돌아가보자. 자하 생활자는 자신에게 무례를 범한 장교에 대해 어떤 반응을 보여야 하는지 고민한다. 그는 당구장에서 모르는 장교에게 어깨를 떼밀리자 즉시 복수에 대한 극심한 갈망을 느낀다. 사실 도스토예프스키의 주인공을 괴롭히는 것은 장교의 무례함 그 자체보다는 이러한 행동 이후에 그가 보인 무관심한 태도이다. 타인의 적대적인 시선을 내재화하고 있는 지하 생활자에게 있어서 모델, 즉 우월한 자의 무관심은 자연스레 자기 경멸감을 불러일으킨다. 그는 어떠한 식으로든 모델과 자기 사이의 거리를 좁히고 싶어 한다. 그러면 어떻게 해야 할 것인가? 용감하게 장교에게 결투를 신청해야 할까? 아니면 아무 일도 없었던 것처럼 잊어버릴 것인가? 두 가지 경우 모두 그에게는 불가능하다. 결투 신청은 결국 그의 패배로 끝나게 될 것이다. 실제로 그가 장교를 쓰러뜨릴 가능성은 거의 없으며, 기껏해야 죽음에 이르는 싸움을 벌이기 전에 그가 먼저 패배를 시인하고 헤겔의 주인과 노예의 변증법에서처럼 노예, 즉 존재론적 패배자의 멍에를 쓰게 될 것이다. 그렇다면 잊어버리는 것은 어떤가? 그 역시 지하 생활자에게는 불가능한 일이다. 장교의 무례함에 무대응으로 넘어간다는 것 역시 자신의 일방적인 패배를 인정하는 것이기 때문이다.

결국 지하 생활자는 스스로 가장 합리적이라고 생각하는 선택을 하기에 이른다. 그는 자기를 모욕한 자를 제압하고 유혹하기 위해서 편지를 쓰기로 작정한다. 편지를 쓴다는 것은 실제의 대결을 회피하면서도 모델과 동등한 위치에 이르고자 하는 욕망의 표현이다. 그의 편지에 장교가 반응을 보인다면, 그 순간 모델의 무관심으로 벌어졌던 거리는 단번에 좁혀질 것이다. 장교의 반응은 모델 역시 추종자와 동일한 수준의 욕망을 가지고 있다는 증거가 될 것이기 때문이다. 반면 이 편지에 장교가 무관심으로 대응할 경우에도 대비해야 할 것이다. 즉 장교가 편지에 반응하지 않는 것이 자기를 무시해서가 아니라 자기를 무서워하기 때문이라고 여길 수 있는 근거를 마련해야 하는 것이다. 이러한 이유로 지하 생활자는 장교에게 거의 애원하는 어조로 사과를 요구하면서도 만약 자신의 청을 그가 거절할 경우에 남는 것은 결투라는 사실을 명시하고자 노력한다. 장교가 자신의 요구에 응하여 정중히 사과하는 감동적인 장면이 연출되던지, 아니면 이번에도 반응을 하지 않던지 간에 자신은 승리자가 될 것이라고 그는 생각한다.

여기서 잊지 말아야 할 것은 이러한 모든 과정이 실제 모델인 장교와의 어떤 교감을 통해 이루어지는 것이 아니라, 오직 모욕당한 자인 지하 생활자의 내면에서만 이루어지고 있다는 사실이다. 실제로 그는 자신을 모욕한 장교가 어떤 사람인지 알지 못하며, 그와 직접적인 대화를 나누어본 적도 없다. 단지 그의 상상의 세계 속에서 이 모든 파노라마가 펼쳐지는 것이다. 자신의 편지에 만족한 지하 생활자는 편지를 받아 본 장교가 자신에게 달려와 목을 껴안고 사과하는 장면을 상상한다. 그렇게 되면 이후로 장교는 그를 적들로부터 보호해줄 것이고, 그는 총명함과 사상으로 장교를 기품 있게 만들어줄 수 있을 것이다.

중요한 것은 매개자의 존재다. 추종자는 언제나 매개자의 우월한 존재를 흡수하여 자기의 것으로 만들고자 한다. 지하 생활자는 매개자의 힘과 자신이 가진 총명함의 완벽한 종합을 상상한다. 즉 그는 "자기 자신인 채로 타인이 되기를 원하고 있는" 것이다. 그가 편지를 쓴 것은 자기보다 분명 우월해 보이는 장교에 대한 모방 욕망에서 비롯되었다. 실질적으로 그가 장교를 모방하여 이룰 수 있는 일이나 소유할 수 있는 대상은 없다. 아무리 노력을 기울여도 그는 장교의 풍채나 힘을 소유하지는 못할 것이다. 그렇기 때문에 그는 모델과의 직접적인 만남보다는 편지라는 간접적인 수단을 사용하기로 선택한 것이다. 모델로 하여금 자기에게 달려오도록 유도함으로써 그는 주인과 노예의 관계가 역전되기를 기대한다. 실제로 장교에게 보내는 편지와 이어지는 상상의 부분은 온통 지하 생활자의 열등감과 자기 경멸감을 숨기고자 하는 장치들로 가득하다. 엄격히 말해 이 편지는 "매개자에게 보내는 위장된 호소"이다. "주인공은 자신의 신에게 구원을 청하는 신자처럼 '숭배하는 박해자'에게 구원을 청하면서도, 자신이 그를 혐오하여 등을 돌릴 수 있다고 스스로를 설득시키려 한다." 편지에 모욕적인 말들이 가득 담겨 있는 이유도 타인에게 '호소'한다는 굴욕감에서 벗어나기 위한 장치라고 할 수 있다. 이어지는 상상에서 지하 생활자는 장교의 힘과 자신의 총명함이 하나의 훌륭한 짝을 이루는 미래를 상상한다. 이것은 곧 모델인 장교와 추종자인 자기 자신을 교묘하게 동일한 존재의 위상에 위치시키는 작업이다. 그의 상상 속에서는 장교가 가진 특징과 자신이 가진 특징이 대등한 것처럼 제시된다. 그리고 자기 역시 장교가 욕망할 만한 우월한 속성을 가지고 있다는 것을 암시하고 있는 것이다.

모방의 결과

　서두에서도 언급했듯이 『낭만적 거짓과 소설적 진실』에서 분석되고 있는 '모방 욕망'은 단순히 인간 욕망의 근원과 그 양상을 다루는 인문학적 차원의 논의에서 벗어나 인간 사회의 구성과 유지에 직접적으로 연결된다. 특히 지라르가 『낭만적 거짓과 소설적 진실』 이후 평생에 걸쳐 구축하고자 하는 새로운 인류학, 혹은 인간학의 토대와 관련하여 모방 욕망은 핵심적인 요소로 작용한다. 『폭력과 성스러움』의 분석을 통해 살펴보겠지만, 모든 것은 모방 욕망에서 시작된다. 끊임없이 인간 사회를 괴롭히는 크고 작은 폭력과 갈등 그리고 여러 공동체들의 흥망성쇠의 기원에는 인간의 욕망이 가진 '모방적 속성'이 자리하고 있다.[7] 앞서 살펴보았던 논의들이 모방 욕망과 그것의 삼각형 구조 자체에 대한 분석들이었다면, 이제는 그 욕망이 어떠한 파급 효과를 나타내는지 살펴보아야 할 것이다. 그리고 이 파급 효과에 대한 논의야말로 앞으로의 모든 논의를 가능하게 해주는 기반이 될 것이다. 아울러 우리는 지금 지라르의 사상 체계 전반을 가로지르는 중요한 길목에 이르렀음을 밝혀두고자 한다.

모방 욕망의 결과와 파급 효과를 논하는 데 있어서 가장 핵심적인 사실은 바로 이 욕망이 강한 '전염성'을 가지고 있다는 사실이다. 모방 욕망은 예기치 않은 방식으로 한 사람에게서 다른 사람에게로 퍼져 나간다. 어찌 보면 이것은 너무나 당연한 결과이다. 우리의 욕망의 근본적 속성이 '모방'이라면 그 결과는 자연히 주체와 모델 사이의 차이 소멸로 나타난다. 앞서 우리는 주체와 매개자를 특징짓는 주인과 노예의 단계가 '역전 가능하다'는 사실을 살펴본 바 있다. 자신의 욕망을 숨기고 무관심을 가장하는 자는 주인의 자리에 오른다. 즉 자신이 뭔가 우월한 속성을 가지고 있는 것처럼 가장함으로써 자신을 바라보는 타인으로 하여금 자신의 욕망을 모방하도록 하는 것이다. 이 과정이 반복됨에 따라 주인과 노예의 경계는 점차 모호해지고, 이른바 '이중 매개' 현상이 일어난다. 주체와 매개자가 서로 자리를 뒤바꾸며, 상대방을 모방하는 것이다. 그리고 이러한 상호 모방이 진행될수록 이들 사이의 차이는 점차 소멸된다.

이와 같은 욕망의 전염성은 추종자와 매개자가 가까워질수록 더욱 강해진다. 전염과 근접은 결국 동일한 하나의 현상인 것이다. 내적 매개의 세계에서 전염성은 누구든지 매개자 역할을 할 수 있다는 사실, 그것도 자신도 모르는 가운데 이웃의 매개자가 될 수 있다는 사실로도 증명된다. 이 경우 매개자가 된 개인은 다름 아닌 자기의 욕망을 타인에게서 모방하려는 모순된 상황에 빠지게 된다. 그가 타인을 모방하고자 하는 욕망은 사실상 자기도 모르는 사이에 그 타인이 자기를 모방하여 가진 욕망인 것이다. 이렇게 해서 동일한 두 개의 삼각형이 서로 겹치게 되고, 두 당사자는 더욱 격렬한 모방 경쟁에 빠지게 된다. 주체나 매개자나 할 것 없이 자신의 욕망이 누군가에 의해 공유되고 있다는 사실을 알게 되면 더욱 그 욕망에 집착하게 되기 때문이다.

욕망 전염의 결과는 매우 명백하다. 마주한 이웃은 서로의 욕망을 모방하면서 서로가 서로에게 모델, 즉 매개자가 된다. 이때 각자는 자기 욕망의 우선권과 선행성을 주장한다. 자신이 먼저 그 대상을 욕망했으며, 따라서 자신이 그 대상에 대한 우선권을 가지고 있다고 주장하는 것이다. 그리고 이 둘 사이의 대립과 갈등의 골은 점점 깊어진다. 두 주체가 서로 가까워질수록, 그리고 그들의 욕망이 강렬해질수록 둘 사이의 차이는 그에 비례하여 줄어들게 되고, 서로 닮은 한 쌍의 원수들만 남게 된다. 이들 사이의 대립은 더욱 지독해지지만 동시에 더욱 공허해진다. 애초의 욕망 대상은 더 이상 문제되지 않으며, 단지 경쟁자를 물리치는 것만이 각자의 목표가 되기 때문이다. 무엇을 위한 싸움인가? 이들에게 이 문제는 전혀 중요치 않다. 단지 나와 닮은, 나와 같은 대상을 욕망하는 상대방을 이기면 되는 것이다. 전쟁에 승리한다 해도 얻을 수 있는 전리품은 아무것도 없다. 단지 전쟁 자체에 의미를 둘 뿐이다. 지라르는 이 과정을 『희생양』에서 다음과 같이 정의하고 있다.

> 내 형제의 욕망을 모방하면서 나는 그가 욕망하는 것을 욕망하게 되며, 우리는 서로 간에 공통된 욕망을 충족시키지 못하도록 방해한다. 저항이 커질수록 욕망도 더욱 강화된다. 모델이 방해물이 될수록 이 방해물은 더욱더 매력적인 모델로 보인다. 결국 욕망은 자신을 방해하는 것에만 관심을 기울이게 된다.[8]

동일한 대상으로 인한 갈등이 심화될수록 경쟁 관계를 형성하고 있는 주체들은 더 이상 욕망의 대상이 아닌 욕망의 모델, 즉 경쟁자에게만 집중하게 된다. 대상을 차지하는 것보다도 경쟁자를 제압하는 것을 더욱 중요하게 여기는 것이다. 더욱 문제가 되는 것은 욕망의 주체와 매개자 사이의 상호적 갈등이 항상 삼중, 사중, 다중의 매개로 전염될 수 있으며, 마침내 한 집단 전체로 파급될 수 있다는 것이다.

도스토예프스키의 『악령』에서 우리는 작은 도시 전체가 점점 더 격렬해지는 혼란으로 흔들리다가 마침내 파멸에 가까운 상태에 빠지는 것을 볼 수 있다. 앞서 살펴보았듯이 악령에 들린다는 것, 악령과 공모한다는 것은 모방 욕망에 빠지는 것을 의미한다. 『악령』에 등장하는 인물들은 한결같이 스타브로긴의 욕망을 모방한다. 그리고 스타브로긴에 대한 집단 전체의 모방 현상은 곧 집단 구성원 전체의 차이 소멸로 이어진다. 모든 사람들이 각자의 정체성과 개성을 제쳐두고 모방에 빠져들면서 자신들도 모르는 사이에 같은 대상을 욕망하게 되고, 결국 이 과정이 확산됨에 따라 구성원 전체가 무한 경쟁 상태에 돌입하게 된다.

주체는 자신의 욕망이 미화시킨 매개자의 매력에서 벗어나기가 어렵다. 자신의 존재 확립의 근거를 오직 그 매개자로부터 빌려왔기 때문이다. 모방 욕망의 추종자는 매개자의 존재를 욕망함으로써 자신의 존재 가치를 상승시키고, 자신의 개별성을 획득한다고 믿지만, 실제로는 모방에 빠져들수록 존재의 의미와 개별성을 상실하게 된다. 그럴수록 추종자는 더욱 매개자의 존재에 집착하게 된다. 이처럼 자신의 존재를 집요하게 욕망하는 추종자에 맞서서 매개자 역시 자신이 소유하고 있는 속성, 즉 추종자가 욕망하는 대상을 지키려고 한다. 이 과정에서 둘은 같은 대상을 사이에 둔 상호 매개에 빠지게 되고, 둘 사이의 차이는 소멸하게 된다. 결과적으로 모방에 빠져든 당사자들 모두의 존재 개별성이 상실되고, 모두가 존재의 위기를 겪게 되는 것이다. 게다가 한 집단 내의 구성원들이 이런 식으로 상호 매개에 빠져들게 된다면 과정의 길고 짧음만 다를 뿐 궁극적으로는 모든 구성원들이 모방의 메커니즘으로 연결되어 전체적인 차이 소멸과 위기의 상황이 이어지게 된다. 구성원 중 누구도 존재의 개별성을 확립하지 못한 채 타인의 존재를 욕망하게 되고, 경쟁은 집단 전체로 확산된다. 앞서 우리는 상호 매개의 주인공들이 한결같이 모방과 경쟁의 진실을 파악하지 못한 채 모든 갈등의 책임을 상대방에게 전가한다는 사실을 살펴본 바 있다. 서로 상대방에게 책임을 전가하면서 이들 사이에는 증오와 원한만이 남게 되고, 이러한 상황이 집단 전체의 차원에서 일어날 경우 그 집단의 존립 자체가 위협 받게 될 것이다.

여기에서 중요한 문제는 모방 욕망이라는 속성이 어떤 한 개인, 혹은 한 집단의 문제에 국한되지 않는다는 것이다. 지라르는 모방의 속성이 모든 학습과 문화의 초석적인 역할을 담당하고 있으며, 인간의 가장 기본적인 속성 중 하나라고 주장한다. 모방의 결과가 경쟁과 갈등이라고 할 때 이 문제는 인류의 어떤 공동체이던지 피할 수 없는 문제라고 할 수 있다. 그렇다면 각 사회나 공동체, 국가는 거의 필연적이라고 할 수 있는 이 문제를 어떻게 해결할 수 있는가? 더 정확히 말하면 지금까지 이 문제를 어떻게 해결해왔는가?

의문의 고리는 이런 식으로 끝없이 이어져 나갈 수 있다. 그도 그럴 것이 지라르가 제시하고 있는 문제는 인간 존재와 인류 공동체의 가장 근본적인 면과 연관되어 있기 때문이다. 그렇기 때문에 이 문제에 대한 해답을 찾기 위해서는 끊임없이 인류의 역사를 소급해 들어갈 수밖에 없다. 그리고 그 과정에서 각각의 문화와 공동체에서 나타나는 수많은 예들과 만나게 된다. 실제로 지라르는 여러 대담을 통해 같은 문제를 언급한 바 있다. 지라르 역시 이 세상에 존재하는, 혹은 존재했던 모든 공동체의 예를 분석한다는 것은 애초부터 불가능하다는 사실을 인정하고 있다. 따라서 여러 집단과 문화권에서 나타나는 다양한 현상들의 기저에 자리 잡고 있는 공통된 원인을 찾아내고 그것과 모방 이론 사이의 연관성을 분석해내는 것이 그와 우리의 몫으로 남게 된다.

2부

『폭력과 성스러움』

Rene Girard

'성스러움'은 이로운 것과 해로운 것을 동시에 포함하고 있다. 성스러움 속에는 좋은 폭력과 나쁜 폭력이 동시에 들어 있다. 폭력과 성스러움의 비밀이 여기에 있다. 희생물에 대한 만장일치의 폭력 이후에 찾아오는 집단의 화해와 단결의 공을 바로 그 희생양에게 돌리는 것, 그럼으로써 집단에 위기를 불러왔던 장본인을 그 위기 극복의 주인공으로 높여 신성화하는 것, 바로 여기에 폭력과 성스러움의 비밀, 성스러움의 이중적 의미가 존재한다.

지라르가 '진실'을 밝히는 위대한 작가들을 통해 드러낸 모방 관념은 이후 계속되는 그의 저술 활동 속에서 더욱 깊은 분석의 대상이 된다. 『낭만적 거짓과 소설적 진실』 이후 거의 10년이 지나고 나서 그는 자신의 학문적 여정에서 또 하나의 굵직한 획을 긋는 저서를 발표하는데, 그것이 바로 『폭력과 성스러움』이다. 이 책을 처음 접한 독자들, 특히 앞선 저서에 깊은 인상을 받았던 독자들은 우선 두 가지 의문을 품게 될 것이다. 그 하나는 이 책과 앞선 책 사이의 연관성 문제이며, 다른 하나는 이 책의 제목에 나타나는 두 가지 상반되는 요소 사이의 연관성 문제다. 우선 지라르는 앞선 저작에서 철저하게 '문학 비평가'를 자처한 바 있다. 비록 그가 인간 존재를 움직이는 근간으로서의 모방 개념을 분석하면서 다소 형이상학적인 목표를 제시하긴 했지만, 적어도 이 목표에 도달하기 위해 그가 사용한 방법은 위대한 작가들의 문학 작품 분석에 집중되었던 것이 사실이다.

그런데 10년이 지난 후 지라르는 더 이상 문학 비평가로서가 아니라 문화 비평가 혹은 문화 인류학자의 모습으로 다시 모습을 드러낸다. 새로운 저서에서 지라르는 더 이상 문학 작품의 분석에 매달리지 않는다. 그렇다고 문학 작품을 통해 발견한 여러 징후들의 심도 있는 분석을 위해 형이상학 쪽으로 고개를 돌린 것도 아니다. 이 저서에서 그는 민족학, 혹은 인류학적 연구와 신화 및 그리스 비극 연구에 천착한다. 또한 그는 '희생양 메커니즘'이라는 다소 낯선 주제와 함께 이 새로운 저서의 첫 페이지를 열고 있다. 자연히 이 책은 독자들의 의구심을 증폭시킴과 동시에 뜨거운 논쟁의 한복판에 위치하게 된다. 실제로 많은 독자들은 『낭만적 거짓과 소설적 진실』과 『폭력과 성스러움』 사이의 연관성을 보지 못한 채, 그가 문학을 버리고 무책임하게 다른 분야로 전향했다고 비판하기도 했다. 한편 인류학계에서도 이 책에 대해 그리 곱지 않은 시선을 보낸 것이 사실이다. 그도 그럴 것이 이 신참자가 말리노프스티, 레비스트로스 등과 같은 대가들의 이론을 서슴없이 비판하고 있기 때문이다.

두 책 사이에 놓인 이러한 단절은 지라르의 세계를 탐색하고 있는 우리에게도 적지 않은 부담을 가져다주는 것이 사실이다. 하지만 이 글을 읽고 있는 독자들에게 우선 안심하라는 말을 전하고 싶다. 이제 막 복잡한 숲을 헤치고 나온 우리 앞에 전혀 다른 숲이 놓여 있는 것은 아니기 때문이다. 비록 이전보다 조금 더 길이 복잡하고, 우리의 눈길을 사로잡는 희귀한 꽃과 나무들이 많은 것은 사실이지만, 우리가 이미 걸어온 길에서 벗어나지 않는다면 우리는 이 숲도 큰 어려움 없이 헤쳐 나갈 수 있을 것이다. 간략하게 말하자면, 지라르는 『낭만적 거짓과 소설적 진실』과 『폭력과 성스러움』에서 한결같은 주장을 펼치고 있다. 단지 그의 성찰의 출발점인 욕망의 모방적 속성에 대한 분석이 조금 더 넓은 영역에 적용되고 있을 뿐이다.

물론 지라르가 새로운 책의 구성에 있어서 이전 책과의 연관성을 조금 더 고려했더라면 하는 아쉬움이 없는 것은 아니다. 그랬다면 독자들의 혼란도 그만큼 줄어들었을 것이기 때문이다. 실제로 지라르 역시 책의 구성 문제에 대해 자신의 부주의를 인정하고 있는 듯이 보인다. 어쩌면 다소 고의적인 부주의일 수도 있지만 말이다. 어쨌든 지라르는 이 책의 의미를 모방 이론을 모든 문화 공동체로 확대 적용한 데에서 찾고 있다. 이에 대해 대담집 『문화의 기원』에서 지라르는 이렇게 설명한다.

> 『폭력과 성스러움』은 모방 욕망 이론이라는 테마를 고대 종교의 영역에까지 확장시키고 있습니다. 첫 번째 책(『낭만적 거짓과 소설적 진실』)이 문학 작품에 나타난 모방 욕망과 경쟁을 다루었던 것과 마찬가지로, 두 번째 책(『폭력과 성스러움』)도 같은 주제를 다루고 있습니다. 다만 이 욕망에 대한 정의를 6장에 가서야 언급했던 것이지요. (중략) 『폭력과 성스러움』에서 저는 희생에 대한 장을 제일 처음에 위치시켰는데, 이 주제야말로 이 책의 가장 핵심이기 때문입니다. 사실상 저는 첫 번째 책에서 했던 이야기를 반복한다는 소리를 듣고 싶지 않았습니다. 그래서 저는 이 책의 6장에 가서야 모방 욕망에 대해 언급했던 것입니다. 하지만 이 두 책의 연속성을 보지 못한 비평가들이 적지 않았습니다. (중략) 모방 이론을 모든 문화로 확대 적용하는 것이 이 책의 목적이라는 사실을 이해하지 못했던 것이지요.[9]

그렇다면 문제는 훨씬 수월해진다. 앞서 살펴본 모방의 주요 개념들만 잊지 않는다면 새로운 숲의 탐험도 그리 어렵지 않을 것이다. 그렇다고 아예 마음을 놓아서도 안 된다. 우리 앞에 평탄한 대로만 놓여 있는 것은 아니기 때문이다. 우선 우리는 이 책에서 지라르가 모방 이론의 증명을 위해 들고 있는 수많은 예들과 만나게 될 것이다. 특히 이번 경우에 그가 들고 있는 예들은 민족학 자료, 신화, 고전 비극, 나아가 성서에 이르기까지 실로 다양하고 광범위한 영역에 걸쳐 있다. 앞 장의 마지막 부분에서 언급했던 대로 모방에서 경쟁에 이르는 동일한 메커니즘이 작동한다 할지라도 각 시대와 문화, 민족에 따라 드러나는 현상은 매우 다양하다. 따라서 기본 줄기를 놓치지 않은 채 다양한 색깔의 열매를 관찰하는 일이 그리 쉽지만은 않을 것이다.

게다가 지라르 스스로 밝히고 있듯이 『폭력과 성스러움』은 원인에서 결과에 이르는 인과적 순서에 따라 구성되어 있는 것이 아니다. 어떻게 보면 결과에 해당하는 희생의 문제가 제일 앞서 제시되고, 역으로 그 원인을 찾아들어가는 방식으로 구성되어 있다. 게다가 그 역행적 순서마저도 순차적이지 않다. 전체 12장으로 구성되어 있는 이 책에서 인과적 순서상 가장 앞에 위치해야 할 모방 욕망에 대한 장은 제일 처음도, 제일 마지막도 아닌 정확히 중간 지점인 6장에 위치해 있다. 따라서 우리는 지라르가 이야기하고자 하는 바를 놓치지 않으면서도 이 책의 순서를 다시 정리하면서 독서에 임할 필요가 있다.

『폭력과 성스러움』을 이해하는 데 있어서 또 다른 어려운 문제는 실제로 일어났던 사건과 그 사건의 의도적인 반복 그리고 이 두 가지 현상에 대한 검증 과정에서 드러난다. 최초의 어느 순간에 실제로 욕망과 차이 소멸로 인한 커다란 위기가 집단을 위협했고, 집단이 최악의 상황을 막기 위한 방법을 발견해냈다. 그리고 이 방법은 여러 가지 형태를 통해 후대에 전해져 내려왔다. 즉 실제로 일어났던 갈등과 그것을 해소하기 위해 적용되었던 방법 그리고 이와 같은 위기를 반복해서 겪지 않기 위한 예방책으로 사용되는 최초의 갈등 해결 방법의 반복이라는 두 가지 상황이 우리 앞에 제시되는 것이다. 얼핏 보면 동일한 것 같지만 꼭 그런 것만은 아니다. 우선 최초의 실제 상황에서는 집단의 위기에 이르는 실제 차이 소멸과 갈등이 존재했었다고 할 수 있다. 하지만 이후의 예방적 방법은 집단을 위기로 몰아넣을 수 있는 요소들이 실제로 그 힘을 행사하지 못하도록 하는 데 그 목적이 있다. 따라서 최초의 상황에서 결정적인 역할을 했던 요소들이 이후의 예방적 방법에서는 금기시되어 있거나 적어도 감추어지고 왜곡된 형태로 나타나게 되는 것이다.

유감스럽게도 『폭력과 성스러움』에서는 이 두 가지 상황이 다소 무질서하게 제시되고 있다. 어찌 보면 인과적 순서가 흐트러져 있는 것도 같은 이유에서라고 할 수 있다. 이것은 우리에게도 숙제로 주어진다. 우리 역시 두 가지 서로 다른 층위의 순서를 모두 만족시키며 분석을 진행할 수는 없을 것이기 때문이다. 따라서 본격적인 논의에 들어가기에 앞서 지라르가 말하고자 하는 핵심 주제들을 현상의 순서에 따라 간략히 정리하고, 다시 구체적인 주제들로 접근하고자 한다.

모방에서 차이 소멸로

모방, 그 원초적 욕망 그리고 폭력

『낭만적 거짓과 소설적 진실』을 통해서 보았듯이 지라르는 모방 욕망을 인간의 기본적 속성으로 제시하고 있다. 간단히 말해 인간은 모방 욕망에서 벗어날 수 없다. 사실상 모방은 고등 포유류와 함께 인류에게 있어서도 소멸될 수 없는 특성이기 때문이다. 지라르는 이러한 특성이 포유류와 인간의 뇌조직과 관련되어 있을 것이라고 가정한다. 그 뇌조직으로 인해 동종의 모든 개체들이 자기 패거리들을 모방하게 된다는 것이다. 어찌 보면 모방은 인간과 동물 모두에게 있어서 자기들 사이의 연속성을 확립하는 행동이다.

한편 인간에게 있어서 모방 경향은 문화의 구성, 보존과 유지에 필수적인 요소이기도 하다. 모방은 모든 학습과 교육의 기초이기 때문이다. 즉 모방은 인간과 동물 사이의 공통적인 특성이기도 하지만, 한편으로는 인간으로 하여금 "인습에 사로잡힌 동물적 본능에서 벗어나게 해주고…… 정체성을 형성할 수 있게" 해주는 요소다. 나아가 인간으로 하여금 공동체적 상황이나 환경적 상황, 특히 주변 상황의 변화에 '적응'할 수 있게 해주는 원동력도 욕망의 모방적 성격에서 찾을 수 있다. 이러한 "적응 능력은 인간에게 자신의 문화에 참여하기 위해 알아야 할 모든 것을 배울 수 있는 능력을 부여해준다. 인간은 문화를 창조하는 것이 아니라, 모방하는 것이다."(O.C., 63~64)

한편 모방은 문화 구성이나 학습과 같은 긍정적 결과와 함께 폭력과 갈등이라는 부정적 결과를 동반한다. 어찌 보면 모방 욕망과 폭력은 철저하게 인과적 관계로 연결되어 있다고 할 수 있다. 모방에는 항상 폭력이 뒤따른다. 인간의 욕망에 있어서 모방적 경향이 가장 본질적인 것이라면, 모든 인간관계도 바로 이 욕망을 근간으로 형성되게 마련이고, 결국 모든 인간관계에는 폭력의 씨가 내재되어 있다. 앞서 자세히 살펴보았던 대로 모방 욕망은 종종 타인에 의해 촉발되거나 강화된다. 대상은 다양할지라도 이 욕망이 지향하는 바는 한 가지다. 곧 우월한 존재의 본질이 그것이다. 따라서 지라르는 이 욕망을 '형이상학적'이라고 부른다. 욕망 주체는 이 '타인'이 자신의 결핍을 채워줄 수 있는 존재를 획득하기 위해 무엇을 욕망해야 하는지 지시해주기를 기대한다. 이때 타인, 즉 모델은 어떤 말을 통해서가 아니라, 자기 자신의 욕망을 통해 추종자에게 욕망할 만한 대상을 지시한다. 특히 모델이 이미 뛰어난 존재를 부여 받은 자일 경우에, 혹은 그렇다고 여겨질 경우에 이 모델의 욕망은 더욱 모방할 만한 것으로 여겨진다.

자유로운 모방은 결정적 욕망의 방해물을 향하여 맹목적으로 달려든다. 모방적 성격으로 인해 욕망은 언제나 '이중 명령(double bind)'[10]의 곤경으로 나아가게 된다. 이때 모방의 주체는 욕망의 실패를 경험하게 되지만, 오히려 그 실패로 인해 그의 모방 경향은 더욱 강화된다. 여기에는 항상 그 자신을 자양분으로 삼아갈수록 단순해지고 강화되는 하나의 과정이 있다. 자기가 지향하는 존재를 발견했다고 생각할 때 욕망의 추종자는 타자가 욕망하는 것을 욕망함으로써 그 존재에 도달하려고 애쓴다. 그리고 그때마다 그는 상대방 욕망의 폭력에 직면한다. 추종자는 논리적인 동시에 무분별한 방식으로 상황을 단순화시키고, 이를 통해 항상 자신을 피하는 그 존재의 가장 확실한 징후는 곧 폭력이라고 확신하게 된다. 이때부터 폭력과 욕망은 서로 결합된다. 욕망 주체는 상대방의 폭력에 직면할 때마다 반드시

욕망이 깨어나는 것을 경험하게 된다.[11]

이러한 모방 경쟁의 폭력은 본질적으로 제3자에게로 전달 가능하다. 그 이유는 폭력 자체가 모방적이기 때문이다. 모델이 방해물이 되고, 방해물이 모델이 되는 과정에서 경쟁의 당사자들 사이에는 차이가 없어진다. 그리고 차이의 상실은 더 큰 폭력을 불러온다. 차이는 모든 자연적, 문화적 질서의 원칙이기 때문이다. 모든 사람들이 서로에 대한 관계 속에서 자리 잡을 수 있도록 해주고, 조직화되고 위계질서를 갖춘 총체 가운데에서 사물들이 의미를 갖도록 해주는 것, 그것이 바로 차이다. 공동체를 구성하고 있는 개인들의 정체성은 곧 그들이 가진 차이에서 비롯된다. 마치 두 명의 테니스 선수들이 서로 주고받는 공처럼 경쟁자들 사이에는 똑같은 비난이 오고간다. 같은 비난을 주고받는다는 것도 이들 사이의 차이가 소멸되었다는 사실을 증명해준다. 경쟁자들 사이의 갈등이 지속되고 더욱 심화되는 것 자체가 그들 사이에 아무런 차이가 없기 때문이다. 그것은 폭력이 모든 차이들을 지워버렸기 때문이다. 경쟁 상태가 지속되고 확대됨에 따라 폭력의 모방 효과는 더욱 강화되고, 이러한 상태는 경쟁자들 사이의 이른바 '거울 효과'를 증대시킨다.[12]

하나의 문화 공동체에 있어서 그 존립을 이어나가기 위해 무엇보다 필요한 것은 구성원들 사이의 모방 경쟁에서 비롯된 차이 소멸과 그것의 전염 그리고 집단 전체의 위기로 이어지는 폭력의 메커니즘을 예방하는 것이라고 할 수 있다. 이 문제는 집단 자체의 존립과 관련된다는 점에서 그 무엇보다 중요하다. 어떠한 공동체이던지 이러한 경쟁과 차이 소멸의 문제를 겪지 않는 공동체는 없으며, 이 문제로 인해 붕괴되지 않은 한에는 폭력의 메커니즘이 집단 전체를 삼켜버리지 못하도록 막는 예방책을 가지고 있다고 본다. 특히 모방이 인간의 본질적 속성이며, 그로 인한 경쟁과 무차별화가 인류 공동체의 유지와 관련해 중요한 문제로 제기된다는 점에서 지라르는 원시 사회에 대한 여러 민족학적 자료들과 신화에 의존하고 있다. 실제로 지라르는 자료가 남아 있는 모든 원시 사회와 신화에서 차이 소멸과 그로 인한 위기를 상징하는 테마들을 발견할 수 있으며, 나아가 집단 전체를 그 위기에서 지켜내기 위한 방법의 지표를 찾아낼 수 있다고 주장한다. 『폭력과 성스러움』의 거의 절반 이상을 여기에 할애할 정도로 지라르는 이 문제를 비중 있게 다루고 있다. 그만큼 인간 존재와 공동체 유지의 감추어져 있는, 그러나 핵심적인 진리를 탐구하는 그의 이론 체계에서 이 문제가 중요하기 때문이다.

차이 소멸의 검증 작업

피의 금기

개인들 사이의 차이 소멸과 집단의 위기라는 테마의 보편적 특성을 드러내기 위해 지라르는 여러 원시 부족 사회에 존재했던 '금기'들에 주목한다. 사실상 금기의 발생은 모든 문화적인 것의 발생과 함께 생각해야 한다. 다시 말해 폭력이 기승을 부렸던 곳에는 항상 금기가 생겨난다. 한번 상호적 폭력을 경험한 사람들은 다시는 그러한 폭력에 빠지지 않기 위해 모든 수단을 강구하게 되는데, 그 과정에서 생겨나는 것이 바로 금기다. 따라서 금기는 그 원리나 양상에 있어서 결코 '무익한 것'이 아니다. 그것은 아무 이유나 근거 없는 미신에 속하는 것이 아니라 매우 실질적인 기능을 가지고 있다. 바로 가까운 자들, 유사성을 가진 자들이 상호적 폭력 모방에 빠지는 것을 막아주는 것이다. "금기란 결국 과거와 같은 폭력의 재발을 막기 위해 도처에 세워진 성벽, 문자 그대로 그 자리에서 응고된 모든 폭력 혹은 폭력 그 자체에 다름 아니다." (V.S., 321) 바타이유는 금기가 "평온한 질서를 파괴하는 폭력 충동(특히 성적 자극에 의한 폭력 충동)과 폭력을 몰아낸다"[13]고 주장한다. 바로 이러한 점에서 성적인 금기들도 다른 모든 금기와 같은 의미를 지닌다고 할 수 있다. 여성의 월경 피에 대한 금기나 근친상간의 금기 혹은 공동체 내부의 모든 살해와 제의적 희생에 근거한 금기는 같은 기원과 같은 기능을 가지고 있다. 합법적인 성(性)의 주위에는 성적인 금기들이 이루는 진짜 금지 구역이 펼쳐진다. 이 금지 구역 안에서는 일탈적인 행위는 물론이거니와 일반적인 성적 행위나 자극, 심지어는 성적인 암시조차 모두 금지된다. 이롭고 생산성이 풍부하지만 언제나 위험한 성은 그렇기 때문에 항상 규제의 대상이 된다. 마음대로 퍼져 나가게 했다가는 더욱 파괴적인 결과를 가져올 수 있기 때문이다.

모든 금기는 항상 근본적인 관계를 드러내며 역으로 모든 생물학적 근본 관계는 언제나 금기에서 생겨난다. 이러한 점에서 지라르는 구조주의 인류학의 선구자인 레비스트로스를 공격의 대상으로 삼는다. 지라르는 금기와 규칙이 동일한 대상의 상반된 두 면을 이루고 있을 때 어떤 것이 더 본질적인지에 대한 문제에서 레비스트로스는 길을 잘못 들어섰다고 말한다. 바로 규칙을 더욱 본질적인 것으로 간주한 것이다. 레비스트로스는 이족결혼 제도가 근친결혼보다 우세한 이유를 단지 전자가 더 긍정적인 의미를 가지고 있기 때문이라고 설명한다. 근친결혼이 생물학적 위험이 있어서가 아니라 이족결혼이 사회적으로 더욱 이롭기 때문이라는 것이다. 나아가 그는 금기를 어떤 실제적인 의무의 이면이나 그것의 반대급부에 불과한 것이라고 주장한다. 레비스트로스가 보기에 결혼의 금기들은 부차적이고 파생된 금기들일 뿐이다. 근친상간은 어머니나 누이, 혹은 딸과 결혼하는 것을 금지하는 규칙이라기보다는 그들을 다른 사람에게 주도록 강요하는 규칙이라는 것이다.

지라르는 이러한 생각에 정면으로 반대한다. 그가 보기에 모든 제도나 규칙은 오히려 기본적인 금기들에서 파생된 것이다. 따라서 "가족과의 관계 속에서 금기를 생각하는 것이 아니라, 금기와의 관련하에서 가족을 생각해야 한다."(V.S., 354) 레비스트로스가 이야기하는 긍정적인 교환이란 사실 금기의 이면에 불과하다. 즉 남성들 사이의 경쟁을 피하기 위한 '기피 터부(avoidance taboos)'의 조작된 결과인 것이다. 또한 동족결혼의 나쁜 상호성에 두려움을 느낀 사람들이 그것을 금기시함과 동시에 이족결혼의 이로운 상호성 쪽으로 나아가는 것이다. 모든 금기의 이면에는 차이 소멸과 폭력적 상호성의 가능성이 자리 잡고 있다. 주지의 사실이듯이 폭력의 상호성과 그것의 전염은 집단의 존립을 위협하는 요소로 작용할 수 있다. 즉 금기는 공동체의 입장에서 존립의 가능성 자체와 연결되는 가장 핵심적인 원리인 것이다. 지라르는 이러한 금기, 집단을 파멸의 위기에서 막을 수 있는 기본 규칙, 혹은 예방책으로부터 모든 제도와 규칙들이 파생되었다고 생각하는 것이 옳다고 주장한다.

여러 가지 금기 중에서 지라르는 우선 피와 관련된 금기들을 분석한다. 예를 들어 척치(Chukchi)족과 같은 원시 부족에서는 두 사람이 서로 싸우다가 누군가가 피를 흘릴 경우 싸움을 벌인 두 당사자는 '불순한 자'로 여겨진다. 이들이 불순한 이유는 전염성이 있기 때문이다. 싸움으로 인해 피를 흘린 자들 곁에 있으면 누구든지 그 싸움에 말려들 가능성이 있다고 본다. 즉 싸움으로 흘린 피는 폭력의 전염성을 상징하는 것으로, 폭력의 전염을 피하기 위한 단 하나의 방법이 있다면 바로 그곳에서 멀리 떨어지는 것이다.

또한 원시 사회의 여러 금기들 중에서 가장 많이 알려져 있는 것들 중 하나인 여성의 월경 피에 대한 금기도 같은 맥락에서 해석될 수 있다. 많은 원시 부족들이 여성의 월경 피를 '불순한' 것으로 간주하며, 생리 중인 여자를 공동체에서 격리시키기도 했다. 심지어 생리 중인 여자는 일상 용품이나 음식도 다른 구성원들과 따로 이용해야 했다. 생리 중인 여자의 손길이 닿는 것만으로도 불순함이 전염된다고 여겼기 때문이다.

월경의 피가 금기의 대상이 되었던 이유에 대해 지라르는 이 현상을 보다 광범위한 틀 속에서 바라보아야 한다고 주장한다. 즉 월경이라는 생리적 작용이 문제가 아니라, 피를 흘린다는 사실, 출혈이라는 사실이 가지는 의미 작용 속에서 이 금기 현상도 해석되어야 한다는 것이다.

> 대부분의 원시인들은 피와 접촉하는 것을 피하기 위해 기이한 예방책들을 사용했다. 제의의 희생물에서 흘러나오는 피 말고도 예를 들어 사고나 폭력 행위 속에서 흘러나오는 피는 모두 불순한 것으로 여겨졌다. (중략) 평화와 안전이 지속되는 한 피는 보이지 않는다. 그러다가 폭력이 나타나면 피도 모습을 드러낸다. 피가 흐르기 시작하면 누구도 그것을 멈출 수 없다. 피는 어디든지 침투하여 퍼져 나가며, 무질서한 방식으로 확산된다. 피의 유동성은 폭력의 전염성을 구현하고 있다(V.S., 55).

어떠한 원인에 의한 것이든 인간의 몸에서 흘러나온 피는 본질적으로 폭력을 상징한다. 그리고 이처럼 폭력을 상징하는 피는 예상치 못한 방향으로 흘러가며 어디로든지 침투하는 경향을 가지고 있다. 다시 말해 피는 개인들과 집단을 위기로 몰아넣을 수 있는 폭력의 전염성을 나타내고 있다. 또한 흘러나온 피에 접촉된 자는 모두 불순한 자가 된다는 생각 속에는 피, 즉 폭력의 전염성으로 인해 생겨나는 무차별화 현상에 대한 우려가 내포되어 있다.

출혈은 또한 집단 전체를 더럽히는 폭력을 상징한다. 따라서 월경 피에 대한 금기도 출혈이 가지는 이와 같은 보편적 상징 속에서 이해되어야 한다. 월경 피의 불순함은 그것이 성과 관련되어 있다는 사실에서도 비롯된다. 지라르는 "인간이 그것을 이용한다고 여길수록 더 쉽게 인간을 농락하고 있는 힘들 중의 하나"(V.S., 56)가 곧 '성'이라고 주장한다. 원시 사회에서 성은 항상 폭력과 연관된다. 성이 불순하다고 여겨지는 것도 그것이 폭력과 연관되어 있기 때문이다. 유괴나 강간 등과 같은 일탈의 결과들을 언급하지 않더라도, 성은 여러 면에서 폭력과 연관되어 있다. 어찌 보면 성과 폭력 사이의 밀접한 관계는 거의 모든 종교에서 나타나는 의미 작용이라고 할 수 있다. 성은 실제적이거나 상상적인 다양한 병을 유발할 뿐만 아니라, 출산의 고통과 직접적으로 연결된다. 주지의 사실이듯이 출산, 특히 원시 사회에서의 출산은 산모나 태아 혹은 둘 모두를 죽음에 이르게 할 수도 있는 위험을 항상 내포하고 있다. 모든 결혼 규칙과 제의의 틀 안에서도 성은 폭력을 동반하고 있는 것으로 해석된다. 거기에 간음, 근친상간 등의 일탈 현상이 일어나게 되면 폭력과 불순함은 더욱 강력해진다. "성은 수많은 갈등, 질투, 원한이나 분쟁을 일으킬 수 있다는 점에서"(V.S., 57) 어느 사회에서든지 폭력과 혼란의 잠재적 원인으로 여겨진다.

쌍둥이, 원수 형제의 테마

　많은 원시 사회에서 '쌍둥이'는 특별한 두려움을 불러일으키곤 한다. 쌍둥이가 태어날 경우 둘 중의 하나를 죽이거나 아니면 둘 모두를 차례로 죽이는 일이 종종 일어났던 것도 이러한 두려움에서 기인한다. 쌍둥이에 대한 두려움 역시 폭력의 전염과 관련된 의미에서 해석되어야 한다. 특히 쌍둥이라는 존재는 그 자체로 차이 소멸의 직접적인 구현체라는 점에서 그 의미는 더욱 명백해진다. 쌍둥이는 문화적 질서의 측면에서뿐만 아니라, 육체적인 면에서도 차이를 거의 찾아보기 힘든 한 쌍이다. 어떠한 측면에서든지 차이가 없다는 것은 항상 폭력의 잠재적 가능성을 동반한다.

　차이의 소멸이 일어나는 곳에는 언제나 폭력의 위협이 존재한다. 뒤에서 자세히 살펴보겠지만 차이 소멸의 직접적인 결과는 바로 '사회적 쌍둥이', 즉 '짝패'의 출현으로 나타난다. 짝패의 출현은 곧 폭력이 걷잡을 수 없이 번져 나갈 수 있는 가능성으로 연결된다. 이러한 점에서 쌍둥이의 출현은 특별한 두려움을 불러일으킨다. 쌍둥이는 모든 원시 공동체가 내포하고 있는 위험, 즉 무차별적인 폭력과 그로 인한 집단 존립의 위기를 예고하는 징조로 여겨졌기 때문이다. 실질적인 위험이 거의 없다고 할 수 있는 신체적, 생물학적 쌍둥이에 대한 폭력은 바로 이러한 문화적 맥락에서 이해되어야 한다. 원시 사회는 생물학적 쌍둥이의 탄생을 문화적 쌍둥이, 즉 상호적 폭력을 구현하는 짝패의 탄생과 연관 지어 해석했다. 이러한 폭력의 쌍둥이는 일단 발생하게 되면 급속도로 주위에 폭력을 전파한다. 따라서 이 전염을 미리 막는 것, 즉 폭력의 쌍둥이에 대한 전조를 제거하는 일이 무엇보다 중요했다. 거의 모든 원시 사회에서 쌍둥이를 살려두는 게 위험하다고 판단했던 것은 바로 이러한 이유에서다.

한편 차이 소멸과 폭력 전파의 예방책의 일환으로 쌍둥이를 공동체 밖으로 버리는 행위에도 조심성이 요구된다. 피와 관련된 금기에서도 살펴보았듯이 '불순한 자'와의 접촉 자체가 전염을 유발할 수 있기 때문이다. 따라서 불순한 자에 대한 직접적인 폭력 행사는 신중하게 삼가야 한다. "쌍둥이에 대해 폭력을 행사하는 것, 그것은 끝없는 복수의 악순환 속으로 들어가는 것이며, 해로운 폭력이 쌍둥이들의 탄생을 불러일으킴으로써 공동체에 처놓은 함정에 빠지는 일이기"(V.S., 89) 때문이다. 따라서 쌍둥이의 존재 자체만큼이나 그들을 공동체로부터 격리시키는 일도 매우 신중한 태도를 요구한다. 경우에 따라서는 아주 엄숙한 제의적 형태로 이들에 대한 폭력을 행사하는 것도 같은 맥락에서다.

나아가 쌍둥이들뿐만 아니라 그들을 낳은 부모까지도 불순한 존재로 여기는 부족도 존재한다. 예를 들어 니아큐사

(Nyakyusa)족은 쌍둥이의 부모들 역시 처음부터 해로운 폭력에 오염되어 있다고 생각한다. 다시 말해 부모들 스스로가 해로운 폭력을 낳았다는 것이다. 니아큐사족과 같은 공동체에서는 쌍둥이를 낳은 부모와의 접촉도 금기시했다. 이들은 전염을 피하기 위해 일정 기간 동안 공동체로부터 격리되어 순화 제의를 거치고 난 뒤에야 다시 공동체로 편입될 수 있었다. 더 나아가 쌍둥이를 낳은 가정의 부계 혈족들과 인척들, 그들과 가까운 이웃들도 전염의 위험이 있는 존재로 여겨지기도 했는데, 이 역시 해로운 폭력이 행사하는 힘, 차이 소멸이라는 메커니즘을 통해 주위의 모든 것을 침식해 들어가는 힘에 대한 두려움에서 비롯된 것이다.

쌍둥이에 대한 두려움이 다른 모든 금기들과 같은 맥락에서 해석되어야 한다는 사실은 원시 사회가 흔히 쌍둥이의 존재에 어떤 형태의 사회적, 혹은 자연적 불행을 결부시키고 있는지를 살펴보는 것만으로도 충분히 증명될 수 있다. 쌍둥이는 몹시 두려운 전염병, 여성들과 동물들의 생식 불능을 가져올 수 있는 이상한 질병을 야기할 위험이 있다고 간주된다. 여기에서 주목해야 할 점은 원시 공동체가 자연적 재앙이나 질병, 실질적인 폭력에 기인한 혼란을 따로 구별하고 있지 않다는 점이다. 이것들은 모두 공동체의 평화를 위협할 수 있는 위기로 여겨진다. 따라서 이것들과 관련된 모든 요소는 항상 경계와 금기의 대상이 된다. 그리고 이처럼 금기의 대상이 되는 것들은 항상 급속히 번져 나갈 수 있는 힘이나 집단 전체를 아우르는 막대한 파급효과를 가진 것으로 여겨진다.

쌍둥이가 위협적인 존재로 여겨진다면 일반적인 형제 관계는 어떠한가? 쌍둥이에 대한 금기가 실질적인 생물학적 위험에서 비롯된 것이 아니라, 차이 소멸의 결정적 전조로서의 문화적 차원에서 형성된 것이라면 그 여파는 일반적인 형제, 자매 관계에도 파급될 수 있다는 것이 지라르의 생각이다. 사실상 형제자매들 사이의 유사성은 아주 흔한 것이고, 이들의 유사성이 사회에 특별한 해를 끼치거나 사회의 기능에 문제를 불러오는 일은 거의 없다. 또한 쌍둥이의 경우와는 달리 형제자매 사이의 유사성을 금기시하는 사회도 없다. 구성원 전체를 버림받은 자들로 만들 수는 없기 때문이다. 하지만 우리는 거의 대부분의 원시 사회에 대한 기록들에서, 또는 고대인들의 지혜가 묻어 있는 여러 저작들에서 적대적인 형제나 원수 형제에 대한 이야기를 쉽게 찾아볼 수 있다. 나아가 원수 형제라는 테마는 한 국가의 건국 신화에도 자주 등장한다. 이 사실만으로도 우리는 형제자매 사이의 유사성 역시 원시 사회나 고대 사회에서 차이 소멸의 한 징후로 여겨졌음을 알 수 있다.

지라르는 말리노프스키(Malinowski)의 『원시 심리학에 있어서의 아버지』에서 기술하고 있는 트로브리앙(Trobriand) 군도의 예를 들어 이 테마를 설명하고 있다. 전형적인 모계 사회에 속하는 트로브리앙 군도에서 모계 친척들은 모두 똑같은 하나의 육체에 속한다고 여겨지는 반면, 아버지는 오히려 이방인으로 여겨진다. 그런데 말리노프스키는 여기에서 한 가지 흥미로운 사실을 보여준다. 육체적, 생물학적인 측면에서는 분명 유사성들로 구성되어 있고, 실제로 '하나의 육체'에 속한다고 여겨지는 이 부족의 모계 친척들에게는 이와 정반대의 의미를 가지는 관습이 자리 잡고 있다. 이 부족의 아이들은 한결같이 어머니의 형제자매들이나 나아가 모계의 친척들과 전혀 닮지 않았다고 여기는데, 이것은 거의 관습적인 교리처럼 보일 정도다. 심지어 이들에게 친척과의 유사성을 암시하는 말을 하는 것은 심각한 모욕으로 받아들여지기도 한다. 이에 대해 지라르는 유사성에 대한 암시가 모욕이 되는 것은 오직 차이 소멸의 위협이라는 문화적 맥락에서만 이해할 수 있다고 주장한다. "두 형제에게 유사성을 부여하는 것은 결국 그들 안에서 공동체 전체에 대한 위협을 보는 것이며, 그들이 해로운 전염병을 퍼뜨린다고 비난하는 것이다."(V.S., 94)

굳이 쌍둥이가 아니더라도 형제지간은 모든 인간관계 중에서도 가장 차이가 적은 관계다. 형제들은 동일한 부모를 두고 있으며, 다른 모든 친척들에 대한 상대적 지위도 동일하다. 형제들 사이에는 수많은 공통된 권리와 의무들이 존재한다. 나아가 형제들은 생김새나 성격에 있어서도 종종 공통된 모습을 보여준다. 어떤 의미에서 쌍둥이는 보다 응축된 형제 관계라고 할 수 있다.

카인은 동생 아벨을 질투한 나머지 결국 인류 역사상 첫 번째 살인자라는 오명을 쓰게 된다. 태어날 때부터 형의 발뒤꿈치를 붙잡고 나올 만큼 강한 경쟁심을 가졌던 야곱은 형과 아버지를 속이고 장자로서의 축복을 가로챈 다음 형의 보복을 피해 먼 타향길에 오른다. 오이디푸스와 이오카스테의 근친상간에 의해 태어난 에테오클레스와 폴리니스는 교대로 테베를 다스리기로 했으나, 형인 에테오클레스가 자신의 통치 기간이 끝난 뒤에도 권력을 동생에게 넘겨주기를 거부하자 결국 이 둘은 서로를 죽이는 비참한 결말을 맞게 된다. 로마의 건국 신화에 등장하는 로물루스와 레무스 형제도 동생의 죽음으로 끝나는 비극적 이야기의 주인공들이다.

쌍둥이에 대한 공포와 마찬가지로 형제 갈등에서 문제가 되는 것은 바로 차이의 소멸과 그로 인해 생겨날 수 있는 해로운 폭력의 전염이다. 원수 형제의 테마는 그 자체로 갈등과 폭력을 포함하고 있으며, 전염성이 강한 특징을 가지고 있다. 형제 사이에는 실제로 아주 작은 차이만 존재하기 때문에 대부분의 사회에서 이들은 무차별한 폭력의 전염을 일으킬 수 있는 잠재적인 위험 요소로 간주된다. 왕의 권력이나 아버지가 남긴 유산과 같이 형제들이 공히 욕망하지만, 서로 나누어 가지기를 원하지 않고, 또 그럴 수도 없는 대상이 문제가 되는 한 형제의 관계는 언제나 폭력과 갈등을 양산할 수 있다. 많은 사회에서 왕의 죽음은 아들들을 '원수 형제'로 만들어 왕위 계승을 둘러싼 갈등을 낳는다.

근친상간의 금기

차이의 소멸과 관련하여 눈여겨보아야 할 또 한 가지 테마가 있다면 바로 근친상간의 테마일 것이다. 근친상간의 테마, 더 정확히 말해 근친상간자를 공동체로부터 추방시키는 테마는 앞선 두 가지 경우에 비해 그리 보편적이라고 할 수는 없지만, 서로 다른 독립적 문화 공동체에서 종종 나타나곤 한다. 특히 근친상간의 문제는 생물학적, 자연적 경계를 넘어서는 현상으로, 그것이 가져오는 문화적 파급효과는 매우 크다.

우선 근친상간은 차이 소멸의 극단적인 양상이다. 그것은 한 가족 내에서의 중대한 차이, 즉 어머니와 아들 사이의 차이를 파괴한다. 이는 곧 인류 공동체가 토대를 두고 있는 가장 기초적인 차이 체계의 파괴를 의미한다. 따라서 근친상간으로 인한 극단적인 차이의 소멸은 극단적 폭력을 양산할 가능성이 높다. 거기에는 어떠한 차이의 가능성도 남아 있지 않기 때문이다.

또한 근친상간, 특히 어머니와 아들 사이의 근친상간은 또 다른 직접적인 폭력을 유발할 수도 있다. 그것은 곧 아버지와 아들 사이의 경쟁을 낳게 된다. 어머니와 아들의 근친상간이 이루어지는 순간 아버지와 아들 사이의 수직적 관계가 평행적 관계로 대치된다. 어머니와 아들의 근친상간 테마가 대부분 친부살해의 테마로 이어지는 것도 이러한 이유 때문이다.

근친상간과 친부살해의 테마가 결합되어 있는 전형적인 예를 찾자면 바로 오이디푸스 왕의 이야기일 것이다. 오이디푸스 왕의 비극은 가족이라는 기본적 관계 내에서 일어나는 극단적인 차이 소멸과 이로 인한 폭력의 발생 그리고 이 폭력의 집단 전체로의 확산 과정을 자세히 보여주고 있다. 잘 알려진 바와 같이 오이디푸스의 비극은 처음부터 아버지와 아들 사이의 경쟁 관계에서 시작된다. 신탁의 계시를 받은 테베의 왕 라이오스는 아들이 자신의 왕좌를 빼앗고 이오카스테의 남편 자리를 차지할 것을 두려워한 나머지 오이디푸스를 제거하려고 한다. 아들을 죽이려는 아버지의 폭력에는 이미 심각한 차이 소멸의 징후가 내포되어 있다. 라이오스는 갓 태어난 아들을 자신의 잠재적 경쟁자로 인식한 것이다. 즉 오이디푸스는 출생과 동시에 부자관계를 특징짓는 기본적 차이와 위계질서의 파괴자로 인식된 것이다.

이후의 상황은 비극의 구체적인 내용을 알지 못하더라도 충분히 예측할 수 있다. 부자 사이의 차이 소멸과 그로 인한 폭력은 반드시 복수를 불러오고, 폭력의 악순환을 불러오게 된다. 일단 차이에 근거한 기본적 질서가 무너지고 나면 이후에 진행되는 갈등과 폭력의 확산은 그 어느 것으로도 막을 수 없다. 결국 오이디푸스는 아버지인 라이오스를 죽이고 그 자리를 차지함으로써—물론 그 사실을 알고 있었던 것은 아니지만—자신이 받았던 폭력을 그대로 되돌려준다. 이어서 그는 자신의 어머니를 아내로 맞이하게 된다. 근친상간과 친부살해의 금기가 하나의 고리로 엮인 채 일순간에 무너지고 마는 것이다.

오이디푸스는 자신의 의지와는 상관없이 친부살해와 근친상간의 죄인이 된다. 도시 국가의 차원에서 친부 살해범은 시역죄인과 같은 의미를 가진다. 이 죄인은 가장 본질적이고 기본적이며 영원불멸한 엄격한 차이를 위반한 것이다. 다시 말해 오이디푸스에게 주어지는 궁극적인 죄명은 '차이의 살해범'이라는 것이다. 친부살해는 아버지와 아들 사이에 상호적 폭력이 자리 잡는 것이며, 부자 관계가 경쟁적이고 대립적인 '형제 관계'로 환원되는 것이다. 앞서 언급했듯이 오이디푸스의 비극 속에는 처음부터 이와 같은 '상호성'이 전제되어 있다. 라이오스와 오이디푸스는 '서로'에게 동일한 폭력을 행사하는 것이다.

이처럼 상호적 폭력이 부자 관계의 질서마저 소멸시키고 나면, 그다음에는 더 이상 아무것도 남지 않게 된다. 그리고 이것은 어머니에 대해서, 즉 절대적으로 아버지만이 가질 수 있는 대상이며, 그렇기 때문에 아들에게는 가장 엄격하게 금지되어 있는 대상인 어머니에 대해서도 부자를 경쟁 관계로 변화시키면서 상호적 폭력을 극대화한다. 이처럼 하나의 연쇄적 고리로 연결된 친부살해와 근친상간은 폭력의 무차별화 과정을 그 극단에까지 이르게 하는 사건이 된다.

문제는 차이의 소멸로 인해 생겨난 폭력이 항상 급속도로 전염된다는 것이다. 오이디푸스가 저지른 친부살해와 근친상간은 모든 차이의 종말을 의미하고 이것은 한 개인의 문제가 아니라, 집단 전체의 문제로 확대된다. 오이디푸스의 이야기에서 차이 소멸로 인한 집단 전체의 위기를 상징하고 있는 것이 바로 테베에 몰아닥친 페스트다. 소포클레스의 비극 속에 나오는 페스트는 분명 세균성 질병 이상의 의미를 함축한다. 도시의 모든 기능을 무력화시키는 이 전염병은 차이 소멸과 폭력의 전염인 것이다. 비극 속에서 신탁이 이 사실을 분명히 보여주고 있는데, 신탁은 이 재난을 전염성이 강한 '암살자' 때문이라고 전한다. 비극은 암살자의 폭력과 전염병을 같은 맥락에서 해석하고 있다. 다시 말해 오이디푸스가 범한 금기의 위반에서 이 전염병이 비롯되었다고 보는 것이다.

오이디푸스 콤플렉스의 재해석

지라르는 욕망의 모방 개념에서 시작한 자신의 이론 체계를 구축해 나가는 과정에서 프로이트의 사상과 대결하게 된다.[14] 무엇보다도 '욕망' 개념의 획기적인 전환점을 이루었던 프로이트와의 대결은 어쩌면 피할 수 없는 것이었을지도 모른다. 지라르는 『지하실의 비평』『폭력과 성스러움』『세상의 처음부터 감추어져온 것들』 등에서 연속적으로 프로이트 이론에 대한 비판을 시도한다. 특히 이 비판은 『폭력과 성스러움』에서 그 절정에 달한다. 이 책에서 지라르는 프로이트의 이론 체계 자체를, 다시 말해 이론의 근간을 문제시하며, 상당한 분량의 지면을 할애하고 있다.[15]

지라르에 따르면 『집단심리학과 자아분석 *Psychologie collective et analyse du moi*』의 몇몇 구절이 프로이트 역시 애초에는 욕망의 모방적 성격, 즉 삼각형의 구조를 직감하고 있었음을 보여준다. 특히 이 책의 '동일시(identification)'와 관련된 장에서 볼 수 있는 오이디푸스 콤플렉스에 대한 설명은 이러한 사실을 더욱 확실히 보여준다. 여기에서 프로이트는 아들이 아버지를 자신의 이상으로 삼는 현상에서 오이디푸스 콤플렉스가 시작된다고 본다. 아들은 아버지에게 큰 관심을 나타내는데, 모든 점에서 그는 아버지처럼 되고 싶어 하며, 아버지를 대신하고 싶어 한다. 아버지에 대한 아들의 이와 같은 '동일시'는 곧 모방 욕망의 전형적인 예가 될 수 있다는 것이 지라르의 주장이다. 아들에게 있어서 아버지는 최초의 모델이다. 특히 가부장 사회에서 아버지의 모습은 그 자체로 가장 강력하고, 권위 있는 모델의 모습으로 나타난다. 아들은 아버지를 모델로 삼아 그와 같은 존재가 되고 싶어 하며, 자연히 아버지의 욕망을 모방하게 된다. 그리고 이것은 모든 대상 선택에 선행한다.

> 모델은 스스로 욕망함으로써 추종자에게 욕망의 대상을 가리킨다. 이러한 이유로 모방 욕망은 욕망의 주체나 욕망의 대상에 뿌리박은 것이 아니라, 욕망하는 제3자, 주체가 욕망을 모방하는 제3자에게 뿌리박고 있는 것이라고 할 수 있다. (중략) (프로이트가 말하는) 동일시는 어떤 것을 가지는 것, 다시 말해 아버지가 욕망하는 대상을 소유함으로써 자연스럽게 자아실현에 이르는 존재의 욕망이다. 아들은 모든 점에서 아버지를 대신하려 한다고 프로이트는 말한다. 따라서 아들은 욕망에 있어서도 아버지를 대신하려 한다고 할 수 있다. 즉 아버지가 욕망하는 것을 욕망하는 것이다(V.S., 251).

프로이트의 생각을 따라가다 보면 언제나 아버지를 욕망의 모델로 삼는 아들의 모방 욕망에 이르게 된다. 스스로 무엇을 욕망함으로써 아들에게 욕망할 만한 대상을 알려주는 것은 바로 아버지, 즉 모델의 몫이다. 이러한 점에서 아버지는 다른 대상들뿐만 아니라 어머니도 가리킬 수밖에 없다. 아버지의 모든 것, 즉 아버지가 욕망하는 모든 대상을 욕망하는 아들에게 있어서 어머니 역시 모델-아버지의 욕망이 지향하는 중요한 대상으로 여겨질 수밖에 없다.

지라르는 안타깝게도 프로이트가 자기 앞에 열려 있는 명백한 해석의 길로 들어서지 못하고 방향을 잘못 설정했다고 주장한다. 실제로 프로이트는 대상에 뿌리박고 있는 욕망, 즉 어머니로의 리비도적인 집착에 근거하는 욕망의 방향으로 나아간다. 일례로 프로이트는 『자아와 이드』에서 더 이상 아버지에 대한 동일시를 강조하지 않고, 아이가 일찍부터 자신의 리비도를 어머니에게로 집중시킨다는 주장을 펼치고 있다. 즉 프로이트는 욕망의 모방적 성격을 예감은 했지만, 그 직관을 끝까지 밀고 나가지는 못했다는 것이다.

이와 관련하여 지라르는 『집단심리학과 자아분석』에 나오는 한 구절을 들어 자신의 입장을 증명하고자 한다. 즉 "어린 아들은 어머니에게 향하는 자신의 길을 아버지가 막고 있다고 느끼며, 이 때문에 아버지에 대한 아들의 동일시는 적대적인 뉘앙스를 띠게 된다. 아들은 마침내 어머니에 대해서조차 아버지를 대신하려는 욕망을 갖게 된다"는 구절이 그것이다. 얼핏 보기에도 이 구절은 지라르가 주장하는 욕망의 모방 이론에 그대로 부합하는 듯이 보인다. 아버지와 아들, 어머니 사이에 욕망의 삼각형을 그려본다면 더욱 쉽게 이해할 수 있다. 우선 욕망 주체의 자리에는 아들이 있으며, 대상의 자리에는 어머니가 위치한다. 그리고 주체-아들이 대상-어머니를 욕망하기 위해서는 삼각형의 제3의 항, 즉 모델-아버지에 대한 모방이 필수적이다. 자연히 같은 대상을 사이에 둔 주체와 모델 사이에는 일종의 경쟁 관계가 형성된다. 우월한 위치에 있는 아버지-모델은 아들-주체가 자신의 욕망 대상을 욕망하는 것을 달갑게 여기지 않고, 경우에 따라서는 적극적으로 방해하고자 한다. 또한 방해에 직면한 아들-주체의 욕망은 이제 모델에 대해 적대적인 양상을 띠게 된다.

    지라르는 특히 "어머니에 대해서조차"라는 구절에 주목한다. '대해서조차'라는 양보적 의미의 구절을 어떻게 이해해야 하는가? 프로이트의 단순한 실수라고 해야 하는가? 프로이트가 오이디푸스 콤플렉스를 정의하는 데 있어서 문제가 되는 대상은 분명 '어머니'다. 아들의 어머니에 대한 욕망, 그것도 어머니라는 한 대상에 애초에 뿌리내리고 있는 리비도적 욕망이 문제되는 것이다. 따라서 논리적인 맥락에 따른다면 위의 구절에서도 '조차'라는 양보적 표현은 없는 것이 자연스럽다. "어머니에 대해서조차"라는 표현은 아들이 욕망하는 대상이 어머니 외에도 많다는 것을 의미한다. 여러 가지 대상들 중에서 '심지어 어머니까지도' 욕망한다는 것이 이 구절의 논리적 해석일 것이다.

그렇다면 조그마한 실수처럼 보이는 이 구절이 지닌 의미는 매우 중요해진다. 어쩌면 이 한 구절은 프로이트의 이론 체계 전반을 뒤바꿀 수도 있는 파급효과를 가질 수 있다는 것이 지라르의 생각이다. 그도 그럴 것이 "어머니에 대해서조차"라는 구절의 의미를 위와 같이 해석할 수 있다면, 혹은 그렇게 해석하는 것이 마땅하다면, 아들의 욕망이 리비도적 경향에 의해 어머니라는 대상에 뿌리박고 있다는 프로이트의 주장은 틀린 것이 되기 때문이다. 지라르는 바로 이 지점에서 모방 욕망에 대한 자신의 이론적 우월함을 입증하고자 한다. "어머니에 대해서조차"라는 구절은 모방 욕망 이론에 비추어 해석했을 때 그 논리적 연관성이 입증될 수 있다. 나아가 이 구절과 오이디푸스 콤플렉스 전체의 연관성도 모방 이론의 매개를 통해서만 완성될 수 있다.

앞서 "아들이 모든 점에서 아버지를 대신하기를 욕망한다"는 구절을 인용한 바 있다. 지라르는 이 구절과 "어머니에 대해서조차"라는 구절을 연관시킨다. 이 두 구절은 얼핏 보기에도 완벽히 들어맞는다. 아들이 '모든 점에서' 아버지의 욕망을 모방한다면 그 안에는 자연히 '어머니'라는 대상도 포함될 수 있다. 아버지의 욕망을 '모든 점에서' 모방하는 아들은 '심지어 어머니까지도' 욕망의 대상으로 삼게 되는 것이다. 그리고 이러한 해석이 가능하기 위해서는 이것이 단순하게 어머니에 대한 리비도적 욕망이 아니라 아버지에 대한 아들의 모방 욕망이라는 것을 인정해야만 한다.

프로이트의 말대로 아들의 욕망이 어머니라는 대상에 애초부터 뿌리박고 있다면 그는 오직 '어머니'만을 욕망할 것이다. 그렇다면 아들은 '모든 점에서'가 아니라 '어머니라는 대상에 있어서만' 아버지의 자리를 대신하고자 한다고 해야 옳다. 또한 "어머니에 대해서조차"라는 표현도 사용해서는 안 될 것이다. 반대로 지라르의 이론대로 아들-주체가 아버지-모델을 모방한다고 하면, 이 두 구절은 모두 타당해진다. 주체가 모델을 모방하는 것은 단지 어떤 하나의 대상을 소유하는 것을 목적으로 하지 않는다. 앞서 살펴보았듯이 모방 욕망은 형이상학적 욕망이다. 즉 주체는 모델의 욕망을 모방함으로써 그가 가진 존재의 위상을 차지하고자 한다. 따라서 모델을 모방하는 주체의 욕망은 어느 한 가지 대상에만 집중되지 않는다. 주체는 모델이 욕망하는 '모든 것'을 욕망한다. 모델의 말투와 행동, 모델이 소유한 대상 등 그와 관련된, 그의 존재를 구성하고 있는 '모든 점에 있어서' 그를 모방하려고 한다. 그리고 주체가 욕망하는 대상 중에는 도저히 그의 것이 될 수 없어 보이는 것도 포함되어 있다. 즉 주체는 자신이 가질 수 없어 보이는, 혹은 가져서는 안 되는 대상 '조차'도 욕망하는 것이다.

지라르는 친부 살해의 욕망 역시 이러한 맥락에서 더욱 자연스럽게 해석할 수 있다고 주장한다. 아들과 아버지 사이의 경쟁 관계를 더욱 명확히 밝히기 위해 지라르는 『자아와 이드』에 나오는 '초자아'와 '이상적 자아'에 대한 정의를 언급한다. 그러면서 그는 프로이트가 설명하고 있는 자아와 초자아의 관계를 추종자와 모델의 관계에 대입시킨다. 이 관계는 "네 아버지처럼 되라"와 "네 아버지처럼 되지 말라"는 이중 명령에 근거한다. 애초에 욕망의 매개자는 추종자에게 자신의 욕망을 모방하라는 무언의 암시를 제공한다. 하지만 이 암시에 따라 추종자가 본격적으로 자신의 욕망을 모방할 경우, 그의 태도는 정반대로 바뀌게 된다. 모델은 추종자가 자기만의 영역에 침입하는 것을 용납하지 못한다. 따라서 모델은 이제 또 다른 명령, 즉 "나를 모방하지 말라. 그 대상은 오직 나에게만 속한 것이다"라는 명령을 내리는 것이다.

지라르는 이와 같은 모델의 이중 명령이 오이디푸스 콤플렉스 이론에 정확히 적용될 수 있다고 주장한다. 즉 아이로

하여금 어머니에 대한 욕망을 포기하게 만드는 초자아의 역할은 모델-아버지의 이중 명령에 해당된다. 이러한 점에서 초자아에 대한 정의는 모방 경쟁의 산물인 모델과 방해물의 일치에 근거한다고 할 수 있다. "초자아는 오이디푸스 콤플렉스 이전이 아니라, 그 이후'에 일어나는 아버지에 대한 '동일시'의 반복에 불과하다."(V.S., 263)

그렇다면 프로이트는 무엇 때문에 더욱 논리적으로 보이는 동일시 개념을 뒷전으로 하고, 어머니에 대한 아들의 리비도적 경향을 강조한 것일까? 이에 대한 지라르의 대답은 비교적 간단하다. 프로이트는 콤플렉스 이론, 특히 '오이디푸스 콤플렉스'를 버릴 수 없었던 것이다. 만약 모방 욕망 이론을 따랐다면, 자연히 오이디푸스 콤플렉스는 모방의 결과로 나타나는 하나의 현상이라는 지위밖에 차지할 수 없었을 것이다. 1921년의 『집단심리학과 자아분석』과 1923년의 『자아와 이드』에 이르는 기간 동안 프로이트는 동일시 이론과 콤플렉스 이론 사이에서 주저했던 것으로 보인다. "모방 개념은 모든 대상에서 욕망을 분리시킨다. 반면 오이디푸스 콤플렉스는 욕망을 오직 어머니라는 대상에 뿌리박게 한다." (V.S., 264) 결국 이와 같은 두 갈래 길 앞에서 프로이트는 콤플렉스를 향한 길로 접어들기로 결정한다. 리비도 경향의 고착이라는 개념이 등장한 것도 이러한 이유 때문이다.

요컨대 프로이트는 우선 절반은 대상적이며 절반은 모방적인 욕망이라는 기반 위에서 오이디푸스 콤플렉스를 전개시키려고 했다. 바로 여기에서 오이디푸스에 대한 첫 번째 해석과 두 번째 해석 사이의 이중성, 즉 아버지에 대한 동일시와 어머니에 대한 리비도적 경향이라는 기이한 이중성이 생겨난다. 프로이트가 오이디푸스를 순전히 대상적 욕망 위에 정립시키고, 모방 효과는 또 다른 심리 구성체인 초자아의 전유물로 삼은 것은, 이 이중성 사이의 절충이 실패했기 때문이다(V.S., 265).

모방 욕망과 콤플렉스 이론 사이에서 프로이트는 단호하게 후자를 선택했다. 그가 동일시 이론을 우선순위에서 뒤로 미룬 것은 여기서 생겨날지도 모르는 콤플렉스 이론에 대한 해석의 혼란을 피하기 위해서였던 것으로 보인다. 프로이트는 어디까지나 오이디푸스 콤플렉스의 역할을 강조하고자 했으며, 그러기 위해서는 아들의 어머니에 대한 욕망을 다른 모든 욕망보다 더욱 우선시할 필요가 있었다. 그럼에도 불구하고 프로이트의 사고는 언제나 모방에 관한 직관에 영향을 받았다는 것이 지라르의 생각이다. 모방 욕망의 메커니즘에서는 모방과 대상 선택 그리고 경쟁 관계가 완전히 분리될 수 없는 하나의 연속체를 구성한다. 마찬가지로 프로이트에게 있어서도 세 가지 요소 중 하나가 언급될 때 항상 다른 두 가지 요소도 암시되고 있다. 예를 들어 '초자아'의 경우가 여기에 해당된다. 억압하면서 동시에 억압 받는 노력, 그리고 '모든 노력'을 기울인 후에야 생겨난다는 이 초자아의 존재는 분명 모방 욕망과의 많은 유사성을 암시하고 있다. 사실상 초자아의 탄생을 가져올 수 있는 것은 아버지에 대한 '동일시'다. 그리고 이 동일시는 즉시 오이디푸스 콤플렉스라고 명명된 삼각형의 구조를 만들어낸다.

오이디푸스 콤플렉스의 이면에 모방 욕망이 자리 잡고 있다는 사실을 밝혀주는 또 한 가지 예로 지라르는 동일시의 양면성에 대한 프로이트의 언급을 인용하고 있다. 프로이트는 앞서 언급한 두 저서에서 공히 '양가성(ambivalence)'이라는 표현을 사용하고 있다. "아버지에 대한 동일시는 애초부터 양가적이다" "아버지에 대한 태도는 양가성을 지니게 된다. 본래부터 동일시 속에 내포되어 있던 양가성이 표면에 나타난 것이다." 프로이트가 이처럼 '양가성'이라는 특성을 동일시에 부여한 이유는 바로 모방에 빠진 주체가 모델에 대해 갖게 되는 이중적 감정을 표현한 것이라고 지라르는 주장한다. 처음 동일시에서 나타나는 긍정적인 감정들, 즉 모델에 대한 존경과 숭배의 감정이 모델의 방해에 부딪치고 나면 절망, 죄의식, 원한 등의 부정적인 감정으로 바뀌게 마련이라는 것이다. 실제로 프로이트의 저서 속에 나타나는 모든 '양가성'의 예들은 한결같이 '모델-방해자'의 도식으로 환원될 수 있다. 문제는 프로이트가 그러한 양가적 감정이 어디에서 비롯되는지를 알지 못했다는 것, 다시 말해 그가 욕망의 진정한 모방 개념에 도달하지 못했다는 데에 있다.

프로이트 이론에 대한 지라르의 생각을 정리해보자. 프로이트는 분명 오이디푸스의 비극에 나타나는 테마 속에 인류 문화의 본질적인 어떤 것이 내포되어 있다는 사실을 예감했었다. 원시 신화와 여러 부족의 제의들에 근친상간을 암시하는 테마들이 내포되어 있다는 사실이 프로이트의 이러한 직관을 더욱 강화시켜주었을 것이다. 하지만 정신분석학은 어떤 문화 공동체에서는 근친상간의 테마가 나타나지 않는다는 사실, 그리고 이 사실이 결국에는 근친상간의 테마가 존재하는 문화 공동체와 같은 무엇을 내포하고 있다는 사실을 밝혀내는 데에는 실패했다. 그 이유는 정신분석학이 문화 공동체를 분석하는 보다 근본적인 원인을 발견하지 못했다는 데에 있다. 다시 말해 정신분석학은 오이디푸스 콤플렉스를 불러오는 보다 근본적인 요소를 보지 못하고, 근친상간의 테마를 가장 근원적이고 원초적인 테마로 간주했던 것이다.

하지만 근친상간이나 친부살해의 욕망이 그 자체로 문화의 기원을 이루는 궁극 요인은 아니다. 그것은 모방 욕망이라는 보다 근본적인 원인과 차이 소멸로 인한 집단의 위기라는 결과 사이를 이어주는 가교에 불과하다. 근친상간과 친부살해는 모두 아버지에 대한 아들의 욕망에서 비롯되는 결과이다. 그리고 이 테마들은 그 자체로 한 공동체 구성원들 사이의 기본적인 차이 체계를 해체시키는 원인이 될 수 있는 점에서 철저한 금기의 대상이 되어왔다. "근친상간은 친부살해, 모든 죄악, 모든 퇴폐 그리고 신화를 가득 채우고 있는 모든 형태의 잔인함이나 괴상함과 같은 다른 어떤 것에 대한 해석 가능한 암시라고 보아야 한다."(V.S., 176)

축제와 반 축제

원시 사회에서는 왕의 즉위식과 같은 거대한 제의나 축제 시에 근친상간을 포함한 공동체의 각종 금기들의 위반이 허용되는 모습을 보여준다. 물론 이때 금기의 위반은 실제적인 위기의 촉발이라기보다는 일종의 제의적 성격을 가지고 있는 것으로, 과거에 있었던 위기의 상황을 예방적인 차원에서 반복하는 것이다.

제의는 건국의 메커니즘, 혹은 위기 극복의 메커니즘을 반복하는 것이다. 차이 소멸로 인해 무너진 사회의 질서를 바로 잡고 폭력적 혼란으로부터 구성원들을 화해시키기 위해 작동하는 것이 바로 제의다. 이것은 돌려서 생각하면 모든 제의에는 실제로 집단의 존립을 위협했던 위기 상황의 요소들이 포함되어 있다는 사실을 보여준다. 다시 말해 구성원들의 차이를 다시 정립하고 화해를 이루어내는 수단은 항상 그들의 차이를 소멸하고 사회를 혼란스럽게 만드는 위기 이후에 나타나는 것이다. 즉 제의는 해로운 폭력에서 질서와 평화로의 이행 과정을 압축적으로 담고 있다. 제의는 언제든지 닥쳐올 수 있는 실제적 위기에 대한 '모의 훈련'과 같은 것이다.

단지 왕의 즉위식뿐만 아니라 거의 모든 사회에는 제의적 성격을 지닌 축제가 존재한다. 그리고 이러한 축제에는 거의 예외 없이 금기의 위반이 동반된다. 경우에 따라서는 축제 기간 동안 성적인 혼란이 허용되기도 하며, 심지어 그것이 요구되기도 한다. 나아가 어떤 사회에서는 근친상간이라는 극단적 형태의 금기 위반까지 허용되기도 한다.

축제, 특히 제의적 성격의 축제에 동반되는 금기의 위반은 철저하게 차이 소멸과 갈등의 확산이라는 틀 속에서 해석되어야 한다는 것이 지라르의 입장이다. 축제가 진행되는 동안 일시적으로나마 공동체와 가족 내의 위계질서가 전도된다. 아이들은 부모에게, 하인은 주인에게, 신하는 군주에게 복종하지 않는다. 또한 이 기간에는 관습에 어긋나는 만남이 용인되거나 때로는 조장되기도 한다. 여기에 더해 축제의 분위기를 더욱 고조시키는 광대들의 갖가지 색깔의 옷이나 변장술 등도 모두 같은 의미를 가지고 있다. 즉 차이의 소멸 혹은 전도가 그것이다.

> 엄밀히 말하자면 축제는 그 절정과 결말을 특징짓는 희생의 준비 작업이다. (중략) 차이의 위기와 상호적 폭력이 즐거운 기념이 될 수 있는 이유는, 그것들이 모두 축제가 궁극적으로 지향하는 바인 갈등의 카타르시스적 해결에 필수적인 선행 조건으로 보이기 때문이다(V.S., 180).

희생제의와 마찬가지로 축제 역시 실제로 존재했던 위기의 요소들을 이용하여 오히려 집단의 단결을 도모하고자 하는 목적을 가지고 있다. 이 과정에서 해로운 요소들은 점점 미화되고, 결국 폭력의 무차별 현상이 하나의 축제로 고착된다. 축제는 공동체의 초석적인 경험을 되풀이하고, 이를 통해 문화 질서를 되살리기 위한 수단이다. 실제로 집단의 단결력이 가장 공고해지면서 폭력에 대한 불안이 가장 고조되는 순간도 바로 이때다.

아프리카 왕들의 즉위식과 회춘 제의들 중에는 축제와 유사한 성격을 가지고 있는 것들이 많다. 어떠한 경우에는 즉위하는 왕이 직접 근친상간과 같은 기본적 금기의 위반을 요구받기도 한다. 혹은 진짜 왕이 직접적으로 금기 위반에 연루되지 않는 축제의 경우 종종 그를 대신하는 일시적인 왕, 즉

'광인들의 왕(roi du fou)'이 있었다. 그 이름에서 느낄 수 있 듯이 이 왕은 모든 차이 소멸과 비정상적인 것의 수렴자로, 희생제의에 쓰일 희생물 역할을 담당한다. 대부분의 경우 축제의 끝에 가서 이 일시적 왕은 처형되는데, 그 처형이 실제적이든 그렇지 않든 간에 금기 위반과 차이 소멸 그리고 그 주범의 처형에 이르는 모든 과정이 끝나고 난 후에야 왕의 권력과 공동체의 단결이 확고해진다. 그렇다고 금기의 위반과 차이의 소멸이 공동체에 이로운 요소라고 착각해서는 안 된다. 그것은 분명 집단의 존립 자체를 위협할 수 있는 가장 무서운 위험 요소이며, 바로 그렇기 때문에 안전장치를 갖춘 제의나 축제의 틀 속에서만 재현되는 것이다.

이와 관련하여 주목해야 할 것은 바로 금기 위반이 동반된 축제에 항상 뒤따르는 '반(反) 축제(anti-fête)'의 존재다. 축제가 일시적으로 각종 금기의 위반을 허용한다면, 반 축제는 이러한 금기 위반과 차이 소멸이 실제적 위험으로 연결되지 않도록 막아주는 안전장치 역할을 한다. 어떤 사회는 축제와 아주 유사하면서도 동시에 아주 다른 제의를 가지고 있는데, 대부분의 경우 이 반 축제에서는 사회적 금기들이 평상시보다 더욱 강화된다. 예를 들어 스와질랜드의 인쿠알라 제의 기간에는 합법적인 성관계도 금지되며, 아침에 음식을 먹는 것이나, 심지어는 다른 구성원들과의 육체적 접촉도 금지된다. 나아가 자기 자신과의 접촉, 즉 세수를 하거나 머리를 긁적이는 것도 금지된다. 노래와 고함 소리, 아이들이 놀면서 내는 소리도 금지된다. 다시 말해 불순한 것의 전염을 막기 위한 모든 조치들이 강구되는 것이다.

『황금가지』에서 프레이저가 들고 있는 케이프 코스트(Cape Coast)의 예 역시 전형적인 반 축제의 모습을 보여준다. 이곳에서는 4주 동안 시끄러운 소음이 모두 금지된다. 총소리와 같이 공동체를 위협할 수 있는 소리는 물론이거니와 단순히 높은 언성도 금지된다. 심지어 언성을 높인 사람들은 추장 앞에 끌려와 벌금을 부과 받기도 한다. 가축으로 인해 생길 수 있는 분쟁을 피하기 위해 버려졌거나 잃어버린 동물은 누구든지 먼저 발견한 사람의 소유가 되며, 이에 대해 원래의 주인은 고소할 수 없다.

물론 이 모든 조치의 이유는 명백하다. 비록 프레이저는 명확한 해석을 하고 있지 않지만, 지라르는 이 모든 조치들이 폭력과 갈등의 확산을 막기 위한 것이라고 단정한다. 축제가 위기와 그것의 극복 과정을 압축적으로, 혹은 상징적으로 재현하는 과정에서 차이 소멸을 불러올 수 있는 행위들을 일시적으로 허용한다면, 반 축제는 차이 소멸의 조그마한 가능성이라도 억압하고 금지한다. 아무리 재현에 그치는 것이라 할지라도 금기를 위반하는 것, 즉 구성원들 사이의 차이 소멸을 가능케 하는 것은 언제든지 실제적인 위험으로 돌변할 수 있다. 따라서 집단은 축제가 내포하고 있는 위기의 안전장치로 반 축제의 시기를 정하고, 그 기간 동안에는 가장 극미한 차이 소멸의 가능성도 방지하고자 한다.

축제와 제의와 차이 소멸의 연관성에 관련하여 지라르는 제의 관습 중의 하나인 '가면'의 관습을 언급한다. 지라르는 실제로 가면이 여러 사회의 제의나 축제에 있어서 필수적인 도구로 자리 잡고 있지만, 지금까지 그 의미를 명확히 밝혀준 해석은 없었다고 생각한다.

우리는 보통 가면을 어떤 '미학적인' 욕망에 부합하는 것으로 생각한다. 하지만 지라르는 가면의 존재를 종교적인 목적과 관련지어 설명한다. 가면은 문화와 공동체에 따라 분명 다른 형태를 가지지만, 그 본질적인 특징만큼은 하나의 보편적인 모델에서 비롯되었다. 가면이 인간의 얼굴을 표현한다고 말할 수는 없다. 왜냐하면 가면은 인간의 얼굴뿐만 아니라 동물의 얼굴이나 신의 모습, 나아가 이 세상에서는 찾아볼 수 없는 이상한 괴물의 모습을 형상화하고 있기 때문이다. 그렇다고 해서 가면이 인간의 얼굴과 아무 상관이 없다고도 말할 수 없다. 기본적으로 가면은 인간의 얼굴을 덮고, 대신하게끔 만들어졌기 때문이다. 따라서 가면은 인간의 얼굴을 그대로 표현하는 것은 아니지만 언제나 인간의 얼굴과 직, 간접적으로 연결되어 있다고 할 수 있다.

지라르에 따르면 가면은 그것을 도구로 사용하는 축제와 같은 의미를 가지고 있다. 즉 "가면은 자연의 질서는 아니지만, 문화 그 자체의 질서와 같은 차별화된 질서와 양립할 수 없는 형태와 색깔의 조합을 표현하고 있다."(V.S., 247) 가면은 사람과 동물, 신과 무생물을 서로 결합시킨다. 가면은 차이에 의해 분리된 사람과 사물들을 병치시키고, 혼합시킨다. 이러한 점에서 가면은 분명 차이의 소멸과 관련되어 있다. 나아가 그것은 기존의 차이 체계를 위반하는 데 그치지 않고, 그것을 재구성하기에 이른다. 축제나 제의에서 가면을 쓰는 참가자들은 매우 중요한 역할을 담당하며, 그들은 주로 절정의 순간에 가면을 착용한다. 차이 소멸에서 비롯된 위기를 상징하는 모의 전투와 대칭을 이루어 진행되는 춤 속에서 참가자들은 하나 둘씩 가면 뒤로 모습을 감추며 정체성, 즉 차이의 완전한 소멸과 혼란을 상징적으로 재현한다. 가면은 적대자들의 정상적인 모습을 변형시킨다. 제의나 축제의 어떤 순간에 공동체 구성원들의 진짜 얼굴을 감추기 위하여 가면이 만들어진 것이라면, 그것은 애초에 마치 구성원들이 가면을 쓴 것 같은 상황이 벌어졌다는 사실을 암시하는 것이다.

가면과 관련하여 살펴볼 수 있는 또 다른 흥미로운 요소로 지라르는 샤머니즘을 비롯한 여러 제의나 축제들에서 사용되는 담배나 '신비로운' 효과를 가지고 있는 것으로 간주되는 약물의 예를 든다. 담배의 효과는 위기 상황의 현기증을 상징한다. 특히 담배 연기는 이러한 상징을 더욱 강화시킨다. 약물 역시 마찬가지다. 약물은 그것을 대하는 사람의 정신을 혼미하게 만들어 자신의 정체성을 망각하게 하며, 거의 무차별적으로 혼란스러운 폭력에 가담하게 만든다. 즉 가면과 마찬가지로 담배와 약물 역시 폭력적인 차이 소멸과 무분별한 성적 혼합, 의미의 상실, 총체적인 무차별화를 상징하고 있다.

통과제의

모든 축제와 제의는 공동체의 안정과 단결을 도모하기 위한 인위적인 장치라고 할 수 있다. 여기에는 일견 지라르의 이론과는 상관이 없어 보이는 제의들도 포함된다. 지라르는 자신의 이론이 가진 보편성을 확증하기 위해 이처럼 차이 소멸과 상관없어 보이는 제의들을 언급하기도 한다. 그 한 가지 예가 바로 '통과제의'다. 일종의 '입문 의식'이라고 할 수 있는 이 제의는 외면적으로는 당사자들의 사회 적응과 결부되어 있는 것으로 보인다. 하지만 이처럼 단순해 보이는 입문 의식에도 다른 제의들에서 찾아볼 수 있는 핵심적인 요소들, 특히 차이 소멸과 위기 극복이라는 테마와 관련된 요소들이 내포되어 있다는 것이 지라르의 생각이다.

지라르는 통과제의를 다룬 프랑스의 인류학자 반 게넵(Van Gennep)의 분석을 빌려 자신의 이론을 입증하고자 한다. 반 게넵에 따르면 통과제의는 크게 두 가지 단계, 즉 입문자들이 이전까지 지니고 있던 신분을 상실하는 단계와 새로운 신분을 획득하는 단계로 구분될 수 있다. 지라르는 특히 '신분의 소멸'과 관련된 첫 번째 단계에 주목한다. 신분의 소멸은 곧 차이의 소멸을 의미한다. 신분이란 한 공동체 내에서 한 개인의 위치, 타인과 구별되는 그만의 위치를 정립시켜주는 지표이기 때문이다. 이에 대한 반증으로 지라르는 보통의 경우 통과 의식을 치르게 될 개인이 일정한 기간 동안 마치 전염병에 걸린 자나 폭력을 퍼뜨릴 수 있는 자와 동일시된다는 사실을 든다. 이는 곧 통과제의의 첫 단계인 신분 소멸이 집단을 위기로 몰아넣을 수 있는 차이 소멸과 연관되어 있다는 사실을 보여준다. 예전의 신분이 소멸된 젊은이에게 새로운 신분, 즉 차이에 근거한 정체성을 부여하기 전까지 그들을 특별히 관리하는 것도 이러한 이유 때문이다. 아무리 지엽적이고 사소한 차이 상실이라 해도 공동체 전체가 걷잡을 수 없는 위기에 빠질 수 있다.

따라서 공동체는 통과제의에 앞서 입문자들을 따로 고립시킨다. 신분의 소멸이 가져올 수 있는 작은 혼란이라도 미연에 방지하고자 하는 것이다. 더 정확히 말하자면 이들과 다른 구성원들 사이의 접촉을 금지시킴으로써 갈등과 폭력의 전염을 예방하고자 하는 것이다. 입문자들은 공동체의 외곽이나, 아니면 멀리 떨어진 숲이나 사막으로 추방된다. 이들이 이런 곳으로 추방되는 이유는 신분의 상실, 즉 차이의 상실 때문이다. 어떤 공동체에서는 곧 통과 의식을 치를 입문자들이 이름도, 과거도, 혈연관계도 가지지 못한다. 즉 그들 자신을 타인과 구분해줄 수 있는 장치, 그들의 정체성을 드러내줄 수 있는 차이의 기제 자체가 소멸되는 것이다. 따라서 그들은 일정 기간 동안 마치 사물과 같은 상태로 존재하게 된다. 동일한 연령대의 청년 집단이 통과 의식을 치러야 하는 경우, 그들은 서로 간에 어떠한 기준으로도 구분되지 않는다. 그들은 의식에 참여하기 전까지 완전한 평등과 혼합 상태에서, 즉 차이의 소멸 상태에서 살게 된다. 따라서 그들은 공동체에서 종종 괴물과 같은 존재로 간주되기도 한다. 통과제의가 항상 아주 엄숙하고도 까다로운 방식으로 진행되는 이유도 여기에 있다. 괴물과 같은 폭력을 만들어낼 수 있는 차이의 전적인 소멸이 전제되어 있기 때문이다.

  통과제의의 입문자들은 차이 소멸이 상징하는 위기의 한복판에서 완전히 그 속에 빠져들어야 한다. 상호적 폭력의 고통스럽고 무시무시한 결과들로부터 도망가는 대신에 그들은 그것들을 하나씩 감내해야 한다. 입문자들에게서 최소한의 권리와 편의마저 빼앗고, 심지어 그들을 학대하기까지 하는 이유는 '맨 처음에 그런 식으로 그런 일들이 일어났기 때문'이다. 어떤 경우에는 외부에서 주어지는 폭력을 감내하는 것으로 충분치 않아 입문자 스스로 폭력을 행사해야 하기도 한다. 또한 '축제'의 경우와 마찬가지로 상징적이거나 실제적인 성적 금기의 위반, 절도, 금지된 음식물의 섭취 등이 요구되기도 한다. 이러한 모든 정황을 따져볼 때 통과제의 역시 차이 소멸과 위기를 재현하는 일반 제의와 그 의미와 목적을 공유하고 있음을 짐작할 수 있다.

통과제의의 목표는 차이 소멸에 의해 야기될 수 있는 모든 잠재적 위기를 원초적 위기의 모델에 따라 구조화하는 것이다. 즉 전염성이 강한 폭력이 나타날 때마다 생겨나는 불안을 안정으로 변형시키고자 하는 것이다. 제의적 행위는 완전한 안정 혹은 최소한의 변화라는 목적을 가지고 있다. 그것은 결국 원초적 해결책의 반복과 새로운 차별적 질서의 생산으로 이어진다. 통과제의 역시 마찬가지다. 통과제의는 입문자들에게 그들이 금기를 위반하고 종교적 제의를 게을리할 때, 즉 차이 소멸의 방어 장치를 무시할 때, 어떤 결과가 올 수 있는지를 미리 맛보게 하는 과정이라고 할 수 있다. 물론 통과제의의 경우에도 위기의 인위적 재현이라는 점에서 입문자들의 차이 소멸은 철저히 외면화되고, 제한되어야 한다. 자칫 그것이 실제적 위기로 이어질 수도 있기 때문이다. 그리고 제의의 끝은 항상 위기의 극복과 회복으로 이어진다. 입문자들은 두 번째 단계에 이르러 새로운 신분을 획득하게 되며, 새로운 차이 체계 속에 편입되어 정체성을 얻게 된다.

경쟁, 짝패

 차이의 소멸은 경쟁적 폭력을 가져온다. 그리고 경쟁자들 사이의 폭력은 더 큰 범위에서 차이 소멸의 확대를 낳는다. 욕망, 폭력, 전략뿐만 아니라, 교대되는 승리와 패배, 흥분과 절망 모두 쌍방에게 동일하게 나타난다. 단 경쟁에 빠져 있는 이들은 서로가 '쌍둥이'와 같은 존재가 된다는 사실, 즉 차이 소멸과 경쟁의 동일한 희생자라는 사실을 인식하지 못한다.

 차이의 소멸이 일어나고 있는 관계의 내부에서 보면 역설적이게도 차이들밖에 보이지 않는다. 서로 남은 가지고 있지만 자기는 가지고 있지 못한 것만을 바라보기 때문이다. 그러나 관계의 바깥에서 보면 이들 사이에 차이는 찾아볼 수 없다. 동질성만이 이들의 관계를 지배하고 있다. 안에서는 동질성이 보이지 않지만, 밖에서는 차이가 보이지 않는다. 그렇다고 이 두 관점이 모두 옳다거나 대등한 것은 아니다. 내부의 관점은 언제나 외부의 관점에 통합될 수 있지만, 외부의 관점은 내부의 관점에 통합될 수 없다. 내부의 관점은 경쟁 관계 자체에 의해 이미 왜곡되어 있다. 따라서 우리는 외부의 관점, 즉 모방 경쟁에 빠진 적대자들의 상호성과 동질성을 바라볼 수 있는 관점, 이들 사이의 차이 소멸의 과정을 직시할 수 있는 관점을 통해 모방 갈등의 메커니즘을 있는 그대로 발견할 수 있다.

갈등과 위기가 격렬해질수록 적대자들을 분리시키는 차이는 더욱 빠르고 강하게 동요한다. 일정한 한계를 넘어서면 비상호적 순간들이 빠르게 교차되어 나타난다. '높은 것'과 '낮은 것', 이전까지 서로 대립하며 교대로 나타나던 모든 '극단적인 것들'이 서로 뒤섞여 혼합된 이미지를 만들어낸다. 이러한 메커니즘은 가족적, 문화적, 생물학적, 자연적인 모든 차이들에 파급될 수 있다.

여러 비극과 신화들에서 우리는 이와 같은 상호적 폭력의 확산 과정을 살펴볼 수 있다. 지라르는 "비극이라는 예술을 한마디로 정의하면, 대칭 요소들의 대립이라는 하나의 사실로 환원시킬 수 있다"고 주장한다. 실제로 비극의 플롯, 형식, 언어 등 거의 모든 요소에서 대칭이 중요한 역할을 담당하고 있다. 특히 형식적인 면에서 비극적 갈등의 완전한 대칭은 두 주인공, 즉 경쟁자들이 한 구절씩 서로 주고받는 '문답체 시(stichomytrie)'에 잘 나타나 있다. 이것은 결투의 칼을 말로 대체한 것이다. 물리적인 폭력이든 말로 하는 폭력이든 그 효과는 동일하다. 차이 소멸의 주역들은 폭력 전염의 주범이면서 동시에 상호적 폭력의 희생양이다. 차이 소멸에 곧바로 뒤따르는 상호적 폭력은 위기의 결정적 신호이다. 비극 시인들은 이러한 갈등과 폭력에 대해 특별한 통찰력을 가지고 있었던 것으로 보인다. 비극에 등장하는 두 명의 적수들 사이에서 알 수 있는 한 가지 확실한 사실은 차이 소멸과 상호성을 상징하는 대칭이 극단에까지 이른다는 것이다.

예를 들어 『페니키아의 여인들(*Les Phéniciennes*)』에 등장하는 에테오클레스(Etéocle)와 폴리니스(Polynice) 사이의 일대일 결투는 비극적 갈등의 대칭을 극명하게 보여주고 있다. 이 비극에서 그려지는 모든 것은 이 두 형제에게 동일하게 적용된다. 모든 것이 결투가 끝날 때까지 두 형제에게서 동일하게 되풀이된다. 폴리니스가 창을 떨어뜨리면 에테오클레스도 자기 창을 떨어뜨린다. 한 명이 부상을 당하면 다른 한 명도 똑같이 부상당한다. 공격과 방어의 일시적인 불균형만 있을 뿐, 외부에서 바라보면 모든 행동이 정확한 대칭을 이루고 있다. 심지어는 이러한 일시적 불균형도 대칭 속으로 사라져버린다. 이들은 동시에 손에서 창을 떨어뜨린다. 그러자 칼을 뽑아 드는 것도 동시에 이루어지며, 몸에 두르고 있는 방패를 부딪치면서 동일한 순간에 상대에게 공격을 가한다. 죽음조차도 이 두 형제의 상호성을 깨뜨리지 못한다. 서로를 죽인 이들은 각자 입안 가득히 먼지를 물고 나란히 누워 있는 것으로 묘사된다. 결국 이들 사이의 결투는 끝나지 못한 것이다. 오히려 죽음은 이들이 벌인 결투의 대칭을 영속시킨다.

문제는 바로 여기에 있다. 비극적 갈등의 상호성이 단지 한 쌍의 적수들 사이에 일어나는 결투로 끝나는 것이 아니라 더욱 넓은 범위로 확장되며, 갈등 자체는 어떠한 식으로든 지속된다. 위의 비극에서도 마찬가지의 상황이 나타난다. 애초에 결투를 벌인 두 형제는 두 진영의 대표자들이었다. 이들이 결투의 승부를 가리지 못하고 죽자 이번에는 각 진영의 군대가 대칭적 갈등에 돌입한다.

첫 번째 갈등이 자연스럽게 일반 대중들에게로 확대되어 두 번째 갈등, 보다 심각한 갈등으로 이어진다. 문제는 이러한 비극적 갈등, 차이 소멸과 폭력의 상호성에 기반한 갈등에는 해결책이 없어 보인다는 것이다. 두 적수 모두에게 언제나 똑같은 욕망, 똑같은 논리, 똑같은 무게가 존재한다. 이들은 모두 완전한 평형을 이루고 있다. 비극은 폭력이라는 저울의 평형 상태다. 한쪽 저울판 위에 아무것도 없으면 다른 쪽에도 아무것도 나타나지 않는다. 동일한 비난과 욕설이 상호 교환된다. 이처럼 갈등이 해결책 없이 지속되는 것은 적수들을 완전한 상호성이 지배하고 있기 때문이다. 다시 말해 이들 사이에 아무런 차이가 없기 때문이다.

흔히 그리스의 위대한 비극 작가들에게는 일정한 공통점이 존재한다. 형식과 주제에 있어서 분명 일정한 규칙과 유형을 분류할 수 있다. 많은 작가들이 창조해낸 다양한 인물들 사이에도 공통점이 존재한다. 대부분의 사람들은 이러한 공통점을 문학의 기본 원칙들과 결부시키거나 시대적 맥락 속에서 이해하려고 한다. 하지만 지라르는 그 이유를 조금 다르게 보고 있다. 그는 그리스 비극에서 볼 수 있는 '공통점'은 어떤 본질적인 것을 폭로하고 있다고 생각한다. 동질적인 것이 나타난다는 사실은 모든 비극의 근간에 어떤 동일한 원인이 자리 잡고 있음을 의미한다.

비극의 적대자들 사이에 거의 완벽한 상호성이 자리 잡고 있는 것은 폭력이 그들 사이의 모든 차이를 지워버렸기 때문이다. 차이가 없다는 사실은 오히려 적수들의 폭력을 더욱 강화시킨다. 서로 간에 차이가 생겨날 수 없다는 사실로 인해 에테오클레스와 폴리니스의 분노는 더욱 증폭된다. 비극적 경쟁 상태가 확대되면서 폭력의 모방을 더욱 촉진시키고, 그럴수록 적수들은 걷잡을 수 없는 폭력적 상호성 속에 빠져들게 된다.

흔히 비극의 줄거리, 즉 내용을 특징짓는 요소 중에서 보복의 테마를 볼 수 있다. 어떤 작품을 막론하고 복수와 원수 갚음의 테마는 모든 갈등의 핵심을 이루고 있다. 이러한 보복의 테마는 폭력 모방의 자연스러운 결과라는 것이 지라르의 생각이다. 보복의 테마는 항상 상호적 폭력을 동반한다. 또한 이 테마가 등장하는 곳에서 우리는 항상 극단적인 차이 소멸 현상을 찾아볼 수 있다. 예를 들어 유리피데스의 『알세스트(Alceste)』에서 아버지와 아들은 비극적 갈등 속에서 서로 대치한다. 이 둘은 각자 자신의 목숨을 지키기 위해 여주인공을 죽음으로 내몰았다는 이유로 서로를 비난한다. 작품 속에서 대칭은 거의 완벽하게 자리 잡는다. 중재에 나서는 합창대 역시 간접적으로 이 대칭을 강조하고 있다.

『오이디푸스 대왕』에서도 우리는 수많은 대칭을 찾아볼 수 있다. 소포클레스는 오이디푸스의 입을 통해 그 자신의 욕망과 그가 시도하는 행동들이 어떤 점에서 그의 아버지의 것과 동일한지 보여준다. 결국에는 오이디푸스가 라이오스를 죽이지만, 그보다 앞서 오이디푸스를 죽이려고 했던 사람은 바로 라이오스였으며, 친부살해의 현장에서 오이디푸스를 향해 먼저 팔을 들어 올린 사람도 바로 라이오스였다. 이러한 점에서 볼 때 오이디푸스의 친부살해는 일방적인 폭력이 아닌 상호적 폭력의 결과로 볼 수 있다. 오이디푸스의 입장에서 그것은 하나의 보복인 것이다. 이후 오이디푸스가 자신의 파멸을 초래하게 될 '수사'에 뛰어드는 것도 왕국의 어딘가에 테베의 왕권을 노리는 한 남자가 숨어 있다는 경고에 대해 예전에 자기 아버지가 했던 것과 같은 반응을 보였기 때문이다.

비극 속의 이러한 폭력들, 상호적 폭력들은 개인이나 가족뿐만 아니라, 도시 국가 전체의 차이 소멸로 확대된다. 오이디푸스와 티레시아스의 논쟁이 그 좋은 예를 보여준다. 분노한 오이디푸스는 자신의 경쟁자를 탈신비화하려고 노력한다. 그는 티레시아스가 가짜 예언자에 불과하다는 것을 증명하려고 한다. 이에 대해 티레시아스 역시 적수의 권위를 공격하며 응수한다. 언쟁을 벌이고 있는 두 사람은 모두 상대방과 똑같은 전략과 방법을 사용하며, 결과적으로 똑같이 파멸을 향해 나아간다. 이들의 언쟁은 각기 상대방을 겨냥하고 있지만, 결국에는 국가의 제도 자체가 침해 받는다. 사실상 오이디푸스와 티레시아스는 국가를 지탱하는 두 개의 축, 즉 왕권과 종교를 대표하는 인물들이다. 따라서 이들이 주고받는 공격, 특히 서로의 권위를 무너뜨리기 위한 공격은 국가의 제도 자체에 대한 공격으로 이어진다. 이들은 각자 국가의 권력과 권위를 공고히 한다고 주장하지만, 결과적으로 그 질서의 파괴에 공헌하는 셈이다. 이들의 언쟁 속에서 국가의 모든 합법적인 권력들이 그 근간부터 흔들린다. 합창대가 외치는 신앙심의 부족이나 신탁의 망각, 종교적 타락 등은 모두 가족의 가치와 종교, 사회적 위계질서의 붕괴를 암시하고 있다.

이처럼 경쟁자들 사이의 차이가 전혀 없을 때, 모든 차이가 사라지고 오직 동질성만이 그들 사이의 관계를 지배할 때, 이들은 완벽한 '짝패(double)'가 된다. 집단의 결정적인 위기를 가져오는 것은 바로 구성원들 사이의 이와 같은 완벽한 상호호환성이다. 여기에 더해 지라르는 차이 소멸로 인해 생겨난 짝패는 항상 '괴물'의 존재와 연결된다는 점을 강조한다. 대부분의 신화에서 '괴물'의 존재가 강조되는데, 이것은 어떤 초자연적인 존재에 대한 묘사이기보다는 차이 소멸과 짝패에 대한 상징이라고 할 수 있다. 짝패와 괴물은 하나다.[16] 모든 괴물은 짝으로 갈라지려는 경향이 있으며, 모든 짝패는 은밀히 괴물 같은 성질을 내포하고 있다. '괴물 같은 짝패(double monstrueux)'의 집단적 경험 속에서 차이들은 서로 뒤섞이고 혼합된다. '짝패들'은 언제나 서로 교환될 수 있다.

차이 소멸과 경쟁의 테마를 이야기하고 있는 곳에서는 언제나 괴물 같은 짝패의 존재가 언급된다. 실제로 고대와 현대를 막론하고 많은 문학 텍스트들 속에는 짝패, 짝패화, 짝패 관계에 대한 무수한 암시가 담겨 있다. 예를 들어 유리피데스의 『바쿠스의 여사제들』의 경우 괴물 같은 짝패가 자주 등장한다. 디오니소스(Dionysos) 신화와 관련된 이 비극은 그 자체로 차이의 소멸과 짝패화 현상의 보고서다. 디오니소스라는 신은 극단의 무질서, 즉 차이 소멸을 상징하고 있다. 그가 가는 곳마다 공동체의 모든 질서가 그 토대부터 무너지며, 나이와 성, 빈부, 나아가 신과 인간 사이의 모든 차이의 체계가 무너진다. 특히 이 비극에서 펜테우스의 살해 직전, 다시 말해 극이 절정을 향해 나아가는 시점에서 우리는 디오니소스의 마력에 사로잡힌 펜테우스의 입을 통해 흥미로운 이야기를 들을 수 있다.

> 펜테우스 : 어쩐지 해가 두 개로 보이는 것 같구나. 테베와 일곱 문이 있는 성벽도 두 개로 보이는구나. 내 앞에 있는 네 모습도 마치 머리에 두 개의 뿔이 솟아난 황소의 모습 같구나.
> 디오니소스 : 이제 당신도 사물을 바로 볼 수 있게 된 것이지 (V.S., 239).

디오니소스의 마력, 즉 극단적인 차이 소멸의 메커니즘에 사로잡힌 펜테우스에게 나타나는 현상은 대상이 둘로 보이는 것이다. 이는 곧 펜테우스가 다스리는 나라 전체가 폭력적 상호성에 빠져 있음을 암시한다. 또한 짝패화 현상, 즉 폭력적 상호성의 위기를 불러온 장본인인 디오니소스는 마치 괴물과 같은 모습으로 나타난다. 그리고 괴물 디오니소스도 짝패 현상과 결합된다. 디오니소스는 동시에 인간이자 신이며, 또 동물이다. 머리에 두 개의 뿔이 달린 황소는 디오니소스와 짝패 현상의 연관성을 암시하고 있다.

지라르는 특히 디오니소스의 한마디, 즉 "이제야 당신도 사물을 바로 볼 수 있게 되었다"는 말에 주목한다. 디오니소스, 즉 차이 소멸의 위기를 가져온 폭력의 입장에서는 모든 대상이 두 개로 보이는 현상이야말로 지극히 당연하다. 짝패 현상이야말로 차이 소멸이 집단의 위기로 이어진다는 결정적 증거이기 때문이다. 사물을 두 개로 봄으로써, 나아가 디오니소스를 이중적 특징을 지닌 괴물로 봄으로써, 펜테우스는 자신을 사로잡고 있는 메커니즘의 규칙을 엄격히 따르고 있다. 이 메커니즘을 주도하는 폭력, 즉 디오니소스는 모든 것이 자신의 계획에 적합하게 진행되는지를 확인한다. 이 계획이란 바로 '괴물 같은 짝패'의 출현인 것이다.

> 펜테우스 : 내가 어떤 모습으로 보이는가? 이노를 닮았는가, 아니면 어머니인 아가베를 닮았는가?
> 디오니소스 : 정말이지 자네는 그 두 사람과 똑같이 닮았다네 (V.S., 243).

이 구절은 짝패의 출현과 차이 소멸의 연관성을 더욱 명백히 보여주고 있다. 짝패들, 즉 모방과 차이 소멸의 경쟁자들은 외적인 관점에서 보았을 때 모두 닮은 자들이다. 모든 '짝패들'은 극단적인 경쟁과 적대 관계를 형성하지만, 이들은 모두 닮아 있다. 이들이 극단적인 경쟁 관계에 돌입한 것 자체가 이들의 동질성, 즉 차이 소멸에서 비롯된 것이다. 폭력을 행사하는 자와 당하는 자도 닮았다. 짝패 관계에 사로잡힌 공동체에서는 모든 차이들이 소멸된다.

위기의 절정의 순간, 폭력적 상호성에 의해 유발되는 모든 환각 현상들도 '괴물 같은 짝패'와 연관 지어 생각할 수 있다. 자아와 타자 사이의 차이가 소멸된 바로 그 자리에서 괴물 같은 짝패가 생겨난다. 모든 것은 대칭을 이루고 있으며, 그로부터 걷잡을 수 없는 폭력의 상호성이 발생한다. 여기에서 또 한 가지 주목해야 할 점은 짝패 관계에 빠진 주체는 스스로가 적대자와 동일한 모습의 짝패라는 것을 알지 못하며, 항상 적대자가 자기의 '외부'에 있다고 여긴다는 사실이다. 우선 주체는 짝패 현상에 다름 아닌 두 가지 종류의 모습을 모두 자신과는 무관한 것이라고 생각한다. 이어서 그는 둘 중의 하나는 '자아'로, 다른 하나는 '비자아'로 인식한다.

차이 소멸의 위기에 직면한 주체는 항상 자기 내부와 외부에서 이 괴물성이 동시에 나타나는 것을 체험하게 된다. 이처럼 뜻하지 않은 일, 하지만 짝패의 관점에서 보면 지극히 당연한 일을 해석하기 위해 그는 이 현상의 원인을 자기 외부에 있는 어떤 존재의 탓으로 돌린다. 괴물을 경험하는 주체나 공동체는 모두 괴물의 근본적인 '이타성'에 의지하게 된다. 그리고 이로부터 생겨나는 것이 이른바 '신들림' 현상이다.

지라르에 따르면 '신들림' 현상은 '괴물 같은 짝패'가 생겨난 본질적인 원인을 알지 못하는 주체나 공동체가 이 특이하고 위험한 현상을 해석하기 위해 마련한 하나의 장치다. 짝패화 현상에 빠진 주체는 그 자신이 짝패, 즉 괴물의 일부를 이루고 있다고는 생각하지 못한다. 모방 경쟁의 당사자들은 항상 자신의 욕망이 먼저이고, 따라서 모든 경쟁의 책임이 타인에게 있다고 믿기 때문이다. 마찬가지로 짝패의 일부를 이루는 주체는 어떤 초자연적인 존재가 외부에서 자기의 내면을 뚫고 들어왔다고 여기게 된다. 신들림의 체험이 종종 미스터리적인 '모방' 현상으로 나타나는 것도 이러한 이유에서다. 다시 말해 신들림은 "타자의 욕망에 대한 소외의 극단적인 형태"(V.S., 244)인 것이다.

원시 종교의 거의 모든 것이 그러하듯이 신들림 현상도 제의적 성격을 가지고 있다. 제의적 신들림이 존재한다는 사실은 분명 '애초에' 집단적 신들림과 같은 어떤 현상이 집단 내에서 일어났었다는 사실을 암시한다. 종교 예식은 이 '애초의' 사건을 재현하려고 하는 것이다. 이러한 점에서 신들림 역시 각종 제의나 축제들과 마찬가지로 차이 소멸과 위기 상황을 상징하고 있는 것이다. 나아가 그것은 금기의 위반과 차이 소멸의 결과물인 '짝패' 현상을 상징한다. 이와 관련해 앞서 살펴본 '가면'의 예도 그 의미를 더욱 공고히 할 수 있다.

희생양 메커니즘

정의와 목적

지라르 이론 체계의 전반부를 '모방 욕망'과 '경쟁'이라는 두 단어로 집약할 수 있다면, 나머지 절반은 바로 '희생양'이라는 단어로 요약할 수 있을 것이다. 실제로 지라르는 『낭만적 거짓과 소설적 진실』 이후의 거의 모든 저작을 '희생양 메커니즘'에 할애하고 있다고 해도 과언이 아니다.

차이 소멸이 절정에 이르렀을 때 모든 것을 파괴해버리는 욕망, 즉 상호적 폭력에 의해 존립 자체가 위험해진 집단과 그 구성원들을 구할 수 있는 단 하나의 가능성은 구성원들 모두의 폭력을 단 하나의 대상에게로 집중시키는 것이다. 지라르에게 있어서 희생은 단지 제물을 바치는 자와 신 사이의 매개체가 아니다. 희생의 진정한 성격은 사회적이다. 그것은 폭력의 집단 전이를 의미한다. 희생은 폭력을 일정한 방향으로 배출시키는 일종의 "대체 폭력(violence de rechange)"이다. 그것의 기능은 위기에 빠진 집단을 내적 폭력으로부터 '정화'하는 것이다.

바로 여기에서 폭력의 이중적 기능이 드러난다. 우선 폭력은 인간이 공동체 안에 살면서 마주칠 수 있는, 또 그럴 수밖에 없는 근본 조건이라고 할 수 있다. 왜냐하면 인간의 근본적 속성인 모방 욕망은 필연적으로 갈등과 폭력으로 귀결되기 때문이다. 한편 폭력은 이 근본 조건을 극복하기 위한 수단이기도 하다. 즉 희생의 폭력, 대체하는 폭력이 그것이다. 전자가 무질서와 위기를 발생시키는 폭력이라면, 후자는 위기를 극복하고 질서를 회복하는 폭력이다. 모방으로 인해 생겨나는 폭력은 공동체를 분열시키지만, 희생의 폭력은 공동체를 화해시킨다.

모방이라는 인간의 근본적 속성과 그 안에서 발생하는 상호적 폭력으로 인해 어떤 집단이든지 한 번은 큰 위기에 직면하게 된다. 이때 이 집단을 위기에서 구해줄 수 있는 방법은 바로 구성원들 내부의 폭력을 단 하나의 대상, 즉 희생양에게 집중시키는 것이다. 희생양에 대한 이러한 폭력을 통해 집단은 위기에서 해방되어 옛 질서를 회복하거나 새로운 질서를 구축할 수 있게 된다. 따라서 희생양에 대한 집단 전체의 폭력은 한 공동체가 파멸에 이르지 않고 번영해 나가는 데 있어서 필수적인 하나의 단계를 이룬다고 할 수 있다. 이러한 의미에서 지라르는 희생양에 대한 폭력을 '초석적 폭력(violence fondatrice)'이라고 부르기도 한다. 또한 공동체는 위기의 재발을 막기 위해 처음의 위기를 극복한 수단이었던 희생양 메커니즘을 일정한 형식을 통해 반복하는데, 이렇게 해서 '희생제의'가 생겨나는 것이다.

> 혈우병 환자의 조그만 출혈과 같이 최소한의 갈등이 재앙으로 확대될 수 있는 세계에서는 희생제의를 통해 구성원들의 공격적인 성향을 희생물에게로 집중시킨다. 이때 희생물은 실재하는 것일 수도 있고, 관념적인 것일 수도 있으며, 생명이 있는 것일 수도 있고, 그렇지 않은 것일 수도 있다. 중요한 것은 어떠한 경우를 막론하고 희생물은 복수할 능력이 없어야 한다는 것, 중립적이고 복수의 측면에 있어서 무용한 존재여야 한다는 것이다. 희생은 단순히 금욕 의지만으로는 이겨낼 수 없는 폭력적 성향에 배출구를 제공한다. 물론 이 배출구가 부분적이고 일시적인 것이기는 하지만, 무한히 갱신될 수 있다는 특징을 가지고 있다. 그리고 그것의 효과에 대해서는 무시할 수 없을 만큼 많은 증거들이 일치하고 있다. 희생제의는 폭력의 싹이 자라나는

것을 막는다. 즉 사람들이 함부로 복수하지 못하게 하는 것이다(V.S., 32~33).

원시 사회는 위기의 상황이 다가올 때마다 희생제의에 도움을 청했다. 특히 사법제도가 없는 사회에서 희생제의는 예방적 기능까지 갖고 있었다. 물론 희생물에 대한 폭력이 그 기능을 온전히 다하기 위해서는 폭력을 행사하는 공동체의 구성원들은 희생의 진정한 성격에 대해 알지 못해야 한다. 그들은 실제로 집단에 갈등과 폭력이 만연하게 된 원인이 희생물에게 있다고 생각한다. 그렇게 해서 자신들이 행사하는 폭력을 정당화하는 것이다. 테베의 시민들은 자신들의 도시에 닥쳐온 페스트가 오이디푸스의 범죄 때문이라고 믿는다. 그들에게는 오이디푸스가 친부살해와 근친상간의 의지를 가지고 있었는지는 중요하지 않다. 오이디푸스가 이 같은 범죄를 저질렀다는 사실, 그리고 페스트가 찾아왔다는 사실만이 중요하다. 여기에서 우리는 모든 사회질서가 죄 없는 희생물에 대한 폭력에 기초해 있다는 사실을 알 수 있다. 다시 말해 문화의 역사란 일련의 무고한 자에 대한 린치의 역사와 같은 것이다. 희생물의 무고함과 이에 대한 박해자들의 무지는 지라르의 이론 체계, 즉 희생양 메커니즘과 관련된 부분에서 가장 핵심적인 요소로 우리는 조금 뒤에서 이것을 자세히 살펴볼

것이다.[17]

그렇다면 희생양이란 정확히 무엇인가? 먼저 유대, 기독교적인 전통에서 볼 때 희생양이란 유대 민족의 속죄 의식 때 사용된 제의적 희생물을 말한다. 이것은 이스라엘의 모든 죄를 한 마리 양에게 실어서 집단에게서 추방시키는 의식으로, 의식 때 대제사장이 양의 머리에 손을 얹는데, 이는 공동체를 이루고 있는 구성원들 사이의 관계를 악화시킬 수 있는 모든 것을 그 짐승에게 떠넘기는 것을 상징한다.[18]

또한 고대 그리스에서도 유사한 형태의 희생제의가 있었는데, 그리스어로 희생물을 '파르마코스(pharmakos)'라고 불렀고, 따라서 이 제의는 흔히 '파르마코스 제의'라고 칭해진다. 실제로 5세기경 아테네에서는 재난의 순간에 바치기 위해 제물을 자신의 비용으로 부양하기도 했다. 파르마코스 제의는 유대 민족의 그것과는 달리 주로 인간을 희생물로 바치는 훨씬 잔인한 양상을 보였다. 그러나 그 기능은 집단 전체를 위기에서 구출하여, 새로운 조화와 질서를 부여한다는 점에서 크게 다르지 않다. 아가멤논의 딸 이피게네이아는 의례를 위한 희생물이었다. 테베 사람들을 둘러싸고 있는 해로운 힘의 보유자로서 도시를 뒤덮은 페스트에 대한 책임을 지게 된 오이디푸스 역시 전형적인 의미의 희생양이다. 이외에도 여러 원시 부족과 아프리카의 왕국들에서도 이와 유사한 희생이나 제의의 형태가 발견된다. 즉 시간과 공간을 막론하고 인간이 공동체를 이루어 삶을 영유하는 곳에는 근본적으로 유사한 형태의 갈등이 존재하고, 이를 해결하기 위한 유사한 방법이 사용되었음을 알 수 있다.

어느 사회, 어느 공동체에서나 희생제의는 실제적 기능을 가지고 있으며, 희생 대체는 집단 전체의 차원에서 이루어진다. 희생물은 단순히 어떤 한 개인을 대신하는 것도 아니고, 특별히 피를 좋아하는 누군가에게 바쳐지는 것도 아니다. 그것은 그 사회 구성원 전체에 의해 전체를 대체하고 전체에게 바쳐지는 것이다. 즉 희생제의는 공동체 전체를 상호적 폭력에서 보호하며, 폭력의 방향을 외부의 한 대상으로 돌리는 것이다. "희생제의는 무엇보다 가까운 구성원들 사이의 갈등, 경쟁, 질투심, 언쟁 등을 제거하고, 이를 통해 공동체의 조화와 단결을 다시 세우는 것을 목적으로 한다."(V.S., 19)

모방 갈등으로 인해 구성원들 사이에 생겨난 폭력의 씨앗들은 계속 축적되었다가 마침내는 그 누구도 막을 수 없는 위기를 가져온다. 모방 갈등의 상태에서는 당사자들 중 어느 누구도 완전히 만족할 수 없다. 계속되는 악순환만 있을 뿐이다. 이처럼 충족되지 못한 폭력의 씨앗, 어느 순간 큰 재앙을 불러올 수 있는 갈등의 씨앗을 대체 작용을 통해 '좋은' 방향으로 나아가도록 하는 것이 희생제의다. 이와 같은 희생의

'정화 작용(purification)'은 근본적으로 폭력의 무한정한 파급, 즉 '전염'을 막는 것을 목표로 한다.

앞서 우리는 '불순한 피'에 대한 원시 사회의 두려움과 그와 관련된 금기들에 대해 살펴본 바 있다. 피에 대한 두려움과 금기는 무엇보다 그것이 폭력과 그것의 전염성을 상징한다는 사실에서 기인한다. 여기에서 우리는 희생양 메커니즘의 근본적인 의미와 상징 작용을 엿볼 수 있다. 불순한 피의 오염에 저항하여 그것을 순화시킬 수 있는 수단은 무엇인가? 놀랍게도 원시 공동체는 불순한 피에 대한 예방책, 혹은 해결책으로 다른 어떤 것이 아닌 '피'를 제시하고 있다. 물론 이때의 피는 희생물이 흘린 피, 즉 '순수한 피'를 말한다.

'희생 대체'란 바로 이것을 의미한다. 즉 '좋은' 폭력, '순화시키는' 폭력을 통해 '나쁜' 폭력을 가로막는 것이다. '폭력을 통해 폭력을 제어하는 것', 희생양 메커니즘의 이러한 정의를 기억해둘 필요가 있다. 이것은 우선 폭력의 이중성을 우리에게 가르쳐주며, 희생양 메커니즘이 본질적인 해결책이 될 수 없다는 사실을 암시하고 있기 때문이다. 좋은 폭력이든, 나쁜 폭력이든 항상 주도권을 쥐고 있는 것은 폭력이다. 아무리 좋은 폭력이라고 해도 그 본질적 속성은 변하지 않는다. 좋은 폭력 역시 누군가의 피를 전제하기 때문이다.

이러한 점에서 대체 폭력, 즉 희생양 메커니즘도 항상 또 다른 위기를 내포하고 있다. 희생제의를 통해 집단 내에 실재하는 위기가 일시적으로 해소되는 것은 사실이지만, 그렇다고 안심할 수는 없다. 폭력 자체는 그대로 남아 있기 때문이다. 희생양에 대한 폭력을 통해 회복된 질서와 차이 체계는 언제든지 다시 무너질 수 있다. 바로 이러한 상황, 즉 상호적인 폭력이 재발하는 상황, 나아가 희생 대체 작용이 제대로 기능하지 못하게 되는 상황을 지라르는 '희생 위기'라고 부른다. 희생제의는 최상의 경우에 있어서 '순화적 폭력'으로 규정될 수 있을 뿐이다. 하지만 진정으로 순수한, 혹은 의로운 폭력은 없다. 폭력은 어디까지나 폭력일 뿐이다. 흔히 희생제의가 끝난 뒤 제의를 주도했던 제사장들이 스스로를 순화시켜야 했던 것도 이러한 이유 때문이다. '순수한 피'도 결국은 피인 것이다. 최악의 경우 좋은 폭력이 나쁜 폭력에 흡수되어 걷잡을 수 없는 폭력의 난무함만 남게 될 수도 있다. 지라르는 이것을 원자력 발전소의 오염 방지 시스템에 비유한다. 아무리 능숙한 전문가라 할지라도 원자력 시설에서 작업을 마친 후에는 자기 자신의 오염을 방지해야만 한다. 하지만 아무리 조심해도 사고의 가능성은 항상 열려 있다. 따라서 지라르는 '폭력' 자체를 극복할 수 있는 근본적인 해결책을 찾아야 할 필요성, 정확히 말해 우리에게 이미 주어져 있는 해결책을 다시 발견할 필요성을 암시하고 있으며, 이는 곧 기

독교 사상과 관련된 논의의 핵심 주제가 될 것이다.[19]

희생의 예들

프랑스의 작가이자 철학자였던 조셉 드 메스트르(Joseph de Maistre)는 『희생론(*Eclaircissement sur les sacrifices*)』에서 동물 희생에 대해 이렇게 이야기하고 있다. "사람들은 동물 중에서도 그 유용성에 있어서 가장 귀중한 것, 그 본능과 습성에 있어서 가장 온순하고 순결하며, 인간과 가장 가까운 것을 선택한다."(V.S., 12에서 재인용) 실제로 희생 제물로 쓰이는 동물은 항상 '인간적인' 면모를 가지고 있거나, 여러 가지 면에서 인간과 가까운 특징을 가지고 있다. 이것의 의미는 명백하다. 제의의 동물 희생물은 어떤 '죄인'을 대신해야 한다는 점에서, 다시 말해 인간 집단의 문제를 대신 떠안아야 한다는 점에서 인간적인 특징을 가지고 있어야 한다. 그리고 희생물에 대한 폭력은 '순화하는' 폭력이다. 희생물이 흘리는 피는 갈등과 폭력의 전염을 막을 수 있는 순수한 피다. 그렇기 때문에 제물로 쓰이는 동물은 "그 본능과 습성에 있어서 온순하고 순결한" 것이어야 한다.

원시 부족들의 예에서뿐만 아니라 구약 성서나 그리스 신화에서도 수많은 희생 대체의 예를 찾아볼 수 있다. 예를 들어 성서나 그리스 신화에서 우리는 적대적인 형제의 이야기를 많이 볼 수 있다. 이러한 적대적인 형제, 원수 형제 사이에 거의 숙명적으로 자리 잡은 갈등과 폭력은 반드시 적절한 대체물, 제3의 희생물을 매개로 해서만 사라지는 것을 볼 수 있다.

이와 관련하여 지라르는 구약성서 「창세기」에 나오는 야곱의 일화, 즉 동생 야곱이 형 에서가 받을 축복을 아버지에게서 가로채는 장면에 주목한다. 늙어서 기력이 쇠한 아버지 이삭은 큰 아들 에서에게 장자의 축복을 주기 위해 사냥을 가서 '별미'를 준비해오라고 명령한다. 하지만 평소에 작은 아들 야곱에게 더욱 많은 애정을 가지고 있던 어머니 리브가[20]가 이 사실을 알고, 스스로 새끼 양 두 마리를 골라 이삭이 즐겨 먹는 별미를 만들어 야곱에게 준다. 야곱은 어머니가 해준 음식을 가지고 마치 자신이 형 에서인 것처럼 가장해 아버지에게로 나아간다.

성서에서는 에서가 매우 남성적인 성격을 가지고 있고, 사냥을 즐기고, 몸에 털이 덥수룩하며, 아버지의 총애를 받는 아들이었던 반면, 동생 야곱은 여성적인 성격을 가지고 있으며, 여러 가지 계략에 능한 자로 묘사되고 있다. 야곱은 나이 많아 눈이 먼 아버지 이삭을 속이기 위해 자신의 매끈한 몸에 양의 털을 뒤덮는다. 야곱의 손과 목을 만져본 이삭은 둘째 아들에게 축복을 내려준다.

여기에서 지라르는 아버지를 속이기 위해 사용된 양의 두 가지 기능에 주목한다. 아버지에게서 저주를 받지 않고 형에게 돌아갈 축복을 가로채기 위해서 동생 야곱은 새끼 양을 두 가지 방법으로 사용한다. 먼저 그는 아버지께 드릴 음식, 축복을 받기에 앞서 아버지를 흡족하게 해드릴 음식을 이 짐승을 이용해 마련한다. 그리고 그는 문자 그대로 이처럼 제물로 바쳐진 짐승의 털 뒤에 숨는다. 여기에서 우리는 야곱과 그의 형 에서가 쌍둥이 형제였다는 사실, 그것도 어머니의 뱃속에서부터 서로 다투고, 태어날 때에도 동생이 형의 발뒤꿈치를 잡고 나올 만큼 경쟁심이 강한 쌍둥이 형제였다는 사실을 잊어서는 안 된다.

양의 털 뒤에 숨은 야곱의 이야기는 『오디세이』에 나오는 외눈박이 거인 시클로프의 이야기, 정확히 말해 오디세우스 일행이 이 괴물을 피해 도망치기 위해 사용한 계책과 비교될 수 있다. 오디세우스와 동료들은 전쟁을 끝내고 고향으로 돌아가던 길에 외눈박이 거인의 동굴에 갇히게 된다. 하루에 한 사람씩 잡아먹는 괴물의 동굴에서 벗어나기 위해 오디세우스 일행은 불타는 말뚝으로 괴물의 눈을 멀게 한다. 이에 광분한 거인은 동굴 입구를 막아서고, 풀을 뜯어 먹어야 하는 양들만 밖으로 내보낸다. 눈이 먼 괴물은 자기의 양을 확인하기 위해 동굴 입구로 지나가는 양의 등을 만진다. 여기에서 힌트를 얻은 오디세우스 일행은 양의 배 밑에 매달려서 동굴로부터 무사히 빠져나온다.

「창세기」와 『오디세이』의 이 두 대목은 희생제의적인 해석을 더욱 그럴듯하게 만들어준다. 두 일화에서 모두 결정적인 순간에 동물이 중간에 위치하여 위기의 상황을 벗어나게 해준다. 또한 이 두 이야기는 서로 상보적인 특징을 담고 있다. 「창세기」에서는 주인공을 위협하는 위험이 그리 두드러지게 나타나 있지 않다. 아버지 이삭이 야곱보다는 에서를 더 좋아했다는 것, 그리고 야곱이 아버지를 속이기 위해 술수를 사용한다는 것 정도만이 이 상황의 위기감을 간접적으로 전달해줄 뿐이다. 하지만 『오디세이』에 나오는 외눈박이 거인은 「창세기」에 희미하게 나타나 있는 위험을 확실히 보여주고 있다. 또한 「창세기」에서 새끼 양으로 아버지께 드릴 별미를 준비하는 대목, 즉 새끼 양의 희생적 성격을 보여주는 대목은 『오디세이』의 일화에서 그냥 지나치기 쉬운 양의 희생적 성격을 보충해주고 있다.

희생 대체는 구성원들 각자의 폭력에서 공동체 전체를 보호하는데, 그것은 언제나 희생양의 중개를 통해서 가능하다. 이러한 점에서 인간 희생과 동물 희생 사이에는 큰 차이가 없다고 할 수 있다. 희생양 메커니즘의 보편적 원칙만을 고려한다면, 이 두 가지 희생은 결국 같은 지평에 있는 것으로 간주될 수 있다. 중요한 것은 인간이든 동물이든 그 희생물을 통해 공동체가 위기에서 벗어날 가능성이다. 그럴 수 있다면 그 희생은 얼마든지 정당화될 수 있다. 다만 인간 희생의 경우 희생물 선택의 필수 조건인 복수의 가능성과 관련하여 동물 희생보다 더욱 어려운 점을 가지고 있다는 사실을 기억해둘 필요가 있다.

만장일치의 폭력

희생제의와 관련해 조금 더 구체적인 예들을 살펴보기에 앞서 우리는 모든 희생양 메커니즘에 있어서 공통적인 하나의 특징을 살펴보아야 한다. 그것은 바로 위기에 빠진 공동체 구성원 전체가 단 하나의 희생물로 대치되어야 한다는 것, 그러기 위해서 집단 전체가 희생양에 대한 폭력에 참여해야 한다는 것이다. 실제로 우리는 거의 모든 종교나 제의적 관습, 신화에서 '만장일치'의 테마를 찾아볼 수 있다. 오디세우스와 그의 동료들은 '모두 함께' 외눈박이 거인의 눈에 말뚝을 박는다. 많은 창조 신화에서 신성한 공모자들은 자신들 중의 한 명을 '모두 함께' 희생시킨다. 바쿠스 제의 '스파라그모스(sparagmos)', 즉 여사제들이 황소나 송아지와 같이 살아 있는 희생물에 달려드는 행위에서도 만장일치적 폭력이 전개된다.

모든 희생제의에 공통적이라고 할 수 있는 이 특성은 제의의 근본적 기능 자체와 연결되어 있다. 공동체 구성원 전체, 즉 상호적 폭력에 물들어 있는 당사자들 전체의 가담이 없으면 희생제의는 그 기능을 다할 수 없다. 구성원 중 한 사람만이라도 폭력에 가담하지 않으면 희생제의는 효력을 잃게 될 뿐만 아니라, 더 나쁘고 위험한 상황을 초래할 수 있다.

> 신화의 고착은 만장일치의 현상으로 규정되어야 한다. 둘, 셋 또는 수많은 대칭적이고 상반된 비난이 교차하는 그곳에서, 단 하나의 비난만이 득세하고 주위의 모든 것은 침묵하게 된다. 각 개인들 사이의 적대 관계가 일인에 대항하는 만인의 단합으로 대체되는 것이다(V.S., 120).

모방 갈등에서 시작된 위기 상황에서 공동체의 단합은 완전히 해체된 것으로 보인다. 각 개인들 사이의 차이는 소멸되었지만, 그것으로 인해 오히려 적대 관계가 심화된다. 이처럼 누구도 제어할 수 없는 상황에서 공동체의 단합이 기적적으로 회복된다. 이 모순적인 상황은 바로 폭력의 만장일치적 성격으로 설명될 수 있다. 모든 것이 상실된 것처럼 보이는, 즉 집단의 근간 자체가 흔들리는 순간 바로 그 집단을 구해줄 수 있는 해결책은 아주 가까이에 자리 잡고 있다.

위기 상황에서 개인들은 서로를 적대시하며, 큰 차이에 의해 서로 단절되어 있다고 믿는다. 하지만 실제로 이들 사이의 차이는 조금씩 소멸되어, 결국에는 모든 구성원들이 '짝패화' 되기에 이른다. 어느 곳에서나 동일한 욕망, 동일한 증오가 득세한다. 또한 서로 완벽한 일치 상태에 있으면서도 엄청난 차이가 있다고 믿는 동일한 환상이 존재한다. 위기가 심해질수록 공동체의 구성원들은 모두 폭력의 쌍둥이가 되는 것이다.

바로 여기에 신비로운 위기의 극복, 만장일치의 비밀이 감추어져 있다. 폭력이 집단의 구성원들을 획일화하고, 모두가 짝패가 되어 상호적 대립 속에 빠진다면, 이 집단 내에서는 누구나 언제든지 모든 사람들의 짝패, 즉 타인들의 매력과 증오의 대상, 모델이 될 수 있는 가능성이 생긴다. 이렇게 되면 모든 잠재적 희생물들, 서로 적대시하는 원수 형제들, 즉 공동체의 모든 구성원들 사이의 차이는 완전히 사라지며, 그들 모두는 같은 폭력과 적대심에 사로잡힌다. 바로 이러한 점에서 이 공동체의 모든 구성원들은 단 하나의 희생물로 대체될 수 있다. 서로에 대한 서로의 적대심이 한순간 단 하나의 희생물로 집중된다. 이를 위해 필요한 것은 실제로 거의 아무것도 없다. 구성원들이 자신들을 사로잡고 있는 모든 갈등이 그 희생물에게서 비롯되었다고 믿기만 하면 된다. 실제로 이 과정은 매우 간단하게 이루어진다. 아주 사소한 징후나 별 볼일 없는 추측만으로도 이 희생물에게 갈등의 책임이 있다는 확신이 빠른 속도로 전파되어 부인할 수 없는 증거로 변하게 될 것이다.

여기에서 우리는 다시 한 번 '모방'의 역할과 만나게 된다. 애초에 구성원들 사이를 적대 관계로 변화시킨 원인이 '모방 욕망'에 있다는 사실을 우리는 알고 있다. 따라서 위기를 하나의 희생물에 전이시키는 과정에서도 모방이 개입하게 된다. 다른 장치가 없어도 거의 즉각적으로 일어나는 '모방'의 영향으로 희생물의 유죄성에 대한 확신은 눈덩이처럼 불어나게 된다. 모방과 차이 소멸은 희생물에 대한 폭력적 만장일치의 필요충분조건이라고 할 수 있다.

오이디푸스의 예로 돌아가보자. 우리는 앞서 소포클레스의 『오이디푸스 대왕』이 차이 소멸에 근거한 비극이라는 점을 살펴본 바 있다. 그렇다면 차이 소멸 이후의 결과는 어떠한가? 잘 알려진 바와 같이 테베 시에 페스트라는 재앙이 닥쳐오고, 그 재앙의 책임을 진 오이디푸스가 도시에서 추방당한다. 앞서 살펴보았듯이 친부살해와 근친상간이 차이 소멸의 근본적인 상징이라면 페스트는 그것의 전면적인 확산을 의미한다. 즉 그것은 폭력의 집단적 성격을 나타내고 있는 것이다. 이제 테베 시가 위기에서 벗어나기 위해서는 도시 전체에 만연한 상호적 폭력을 단 한 사람에게 집중시켜야만 한다.

비극은 도시 곳곳에 산재해 있는 폭력과 갈등을 단 한 명의 개인, 즉 오이디푸스가 저지른 범죄로 대체시킨다. 다시 말해 오이디푸스는 도시에 만연한 폭력의 해소를 위한 '희생양'이 되는 것이다.

『바쿠스의 여사제들』에서도 같은 폭력이 나타난다. 모든 차이의 질서들이 무너진 위기의 절정에서 우리는 펜테우스의 살해 장면을 볼 수 있다. 이 살해는 디오니소스에 의해 야기된 위기의 절정이자 그 위기의 청산인 동시에 테베인들, 특히 펜테우스 가족의 불경스러움에 대한 '복수'로 그려진다. 펜테우스를 죽이고 난 뒤 디오니소스는 그의 남은 가족들을 추방시킨다. 위기를 불러왔다고 여겨지는 장본인과 그의 가족들을 몰아내고 난 뒤 테베는 새로운 신에게 그가 요구하는 예식을 드림으로써 새로운 평화와 질서의 도래를 기원한다.

펜테우스의 살해는 일견 신의 행위인 동시에 자연 발생적인 폭력의 산물인 것처럼 보인다. 하지만 신의 행위는 이미 제의화된 희생의 틀 속에 들어 있다. 제사장 역할을 하는 자는 바로 디오니소스 자신이다. 그에 의해 준비된 희생은 역시 그에 의해 확산된 위기를 진정시킬 해결책이다. 머리카락과 옷을 정돈한다는 핑계로 디오니소스는 펜테우스의 머리와 몸, 발을 제의적으로 만진다. 그리고 디오니소스의 예법에 따라 펜테우스의 살인이 진행된다. 즉 폭력적 만장일치, 여사제들 '모두'가 가담하는 폭력이 일어나는 것이다.

지라르는 자신의 이론이 가진 보편성을 확증하기 위해 그리스 비극이나 신화의 범위를 넘어 다른 문화권의 예도 들고 있다. 지라르는 특히 자신의 이론을 총체적으로 적용시킬 수 있는 한 가지 예를 제시하는데, 바로 캐나다의 트심쉬안(Tsimshian)족 인디언들의 신화가 그것이다. 사실상 이 예는 오이디푸스, 디오니소스 예와 더불어『폭력과 성스러움』에서 전개되는 모든 논의들을 함축하고 있다는 점에서 매우 중요하다. 지라르는 이 신화의 줄거리를 간단하게 요약하고 있는데, 그 부분을 그대로 옮겨본다.

> 한 젊은 왕자가 외사촌과 사랑에 빠진다. 허영심 가득한 잔혹한 면을 가지고 있었던 그녀는 왕자에게 얼굴에 흉터를 내서 사랑을 증명해보라고 요구한다. 왕자는 이 말을 듣고 왼쪽 뺨과 오른쪽 뺨에 연달아서 칼로 흉터를 낸다. 그러자 공주는 그의 추함을 조롱하며 그를 거부한다. 절망한 왕자는 오직 죽음만을 생각하면서 도망친다. 마침내 그는 '페스트 족장, 불구자들의 주인'의 해안에 도달한다. 이 족장 곁에는 모두 기형이고 불구인 신하들이 가득했다. 그들은 자신들이 부르는 소리에 응답하는 자마다 그들과 '유사하게' 만들기 때문에 가능한 한 그들과의 접촉은 피해야만 한다. 왕자 역시 대답하지 않으려고 노력했

다. 페스트 족장은 왕자에게 잃어버린 외모보다 더 멋진 모습으로 만들어줄 것을 약속한다. 사람들이 이 손님을 마법의 솥에 넣고 끓이자 하얗고 깨끗한 해골만이 남게 되었다. 이 해골 위를 족장의 딸이 몇 번에 걸쳐 뛰어올랐다. 그러자 왕자는 눈부시게 아름다운 모습으로 다시 살아났다.

이번에는 입장이 바뀌어 공주가 자신의 사촌에게 반한다. 왕자는 처음에 공주가 자기에게 요구했던 것을 도로 강요한다. 역시 공주는 양쪽 얼굴에 칼자국을 냈고 이를 본 왕자는 그녀를 경멸하며 거부한다. 그녀 역시 자신의 미모를 회복하길 바라면서 페스트 족장의 해안으로 가지만, 신하들이 부르는 소리에 대답을 하고 만다. 그러자 이들은 이 불행한 공주를 자신들과 '유사하게', 오히려 더 나쁘게 만들어버린다. 그들은 그녀의 뼈를 부러뜨리고, 사지를 찢어 밖에 내던져 죽게 내버려둔다(V.S., 363~364).

이 신화는 첫 눈에 보기에도 '차이 소멸'의 이야기임을 알 수 있다. 신화 속 모든 인물들은 다른 사람의 얼굴에 흉터를 내기 위해 노력하거나, 아니면 스스로가 흉해지는데, 이 모든 것은 '결국 같은 것이다.' 처음에는 공주가 우월한 위치에, 그리고 왕자가 아래에 있다. 공주가 모델이 되고 왕자가 추종자가 된다. 모델인 공주가 아름다움을 구현하고 있는 반면,

추종자인 왕자는 추함을 구현하고 있다. 추종자는 욕망하지만 모델은 욕망하지 않는다. 그리고 모델은 자신과 같아지기를 바라는 추종자에게 스스로 열등성을 나타내는 흉터를 내게 하고 결국에는 그를 내쫓는다. 하지만 이러한 관계는 곧바로 역전된다. 공주와 왕자의 관계는 완전히 뒤바뀌어 완벽한 대칭, 즉 '짝패'를 이룬다. 차례로 칼자국이 난 양쪽 얼굴의 대칭은 차이 소멸과 상호적 폭력을 암시한다. 폭력을 행사하면 필시 자신도 그 폭력을 당하게 된다. 상호적 폭력의 법칙이 그러하기 때문이다.

이처럼 상호적 폭력을 주고받는 짝패가 된 왕자와 공주는 모두 페스트 족장이 이끄는 불구자들의 무리가 사는 곳으로 향해 간다. 특히 이들이 페스트 족장의 해안으로 가는 상황에 주목할 필요가 있다. 그들은 상대방 폭력에 직면하여 흉해진 얼굴을 가지고 이 해안으로 간다. 이 신화에서 페스트와 불구자들의 무리는 차이 소멸에서 시작된 집단적 위기를 상징한다. 왕자와 공주는 모방 갈등으로 인해 서로에게 폭력을 행사하고 그 과정에서 차례로 '유사한' 모습을 갖게 된다. 이처럼 차이가 없어진 그들은 차례로 집단적 위기를 상징하는 페스트 족장의 무리에게로 나아가는 것이다.

페스트 족장 무리들의 특징으로 그려지는 것 역시 매우 의미심장하다. 그들은 찾아오는 사람들을 자신들과 '유사하게' 만들고자 한다. 특히 그들이 부르는 소리에 응답하는 자는 이러한 '유사화'를 피할 수 없다. 실제로 이들도 모두 불구자라는 공통점을 가지고 있다. 이 사실은 무언가 정상적이지 않은 폭력의 잔재가 이들 전체를 유사하게 만들어놓았음을 보여준다. 즉 이들은 위기의 무차별성을 보여주고 있다. 특히 이들이 찾아오는 사람을 '부른다'는 것은 위기가 가진 '전염성'을 나타낸다. 이 소리에 응답하는 자는 곧바로 위기에 전염되어 그들과 '유사하게' 되고 만다. 서로가 상대방의 신체를 불구로 만드는 것은 직접적인 차이 소멸의 상징이다. 이들 사이에서 '유사하게 되는 것'은 곧 '괴물'이 되는 것을 의미한다. 불구자들이 서로의 '짝패들'이라면, 그들은 또한 '괴물들'이기도 하다.

신체의 절단은 위기 상황을 묘사하는 것이다. 그것은 다소 특별한 방법으로 위기와 만연한 폭력을 상징한다. 신체 절단은 불구와 끔찍함을 만들어내는 폭력이기도 하지만, 그에 앞서 차이 나는 모든 것, 넘치거나 튀어 보이는 모든 것을 제거하는 '무차별화'의 과정으로 이해되어야 한다. 이 과정은 존재들의 차이를 제거하여 획일화하는 데에는 성공하지만, '조화에 이르지는 못한다.' 상호적 폭력으로 인한 차이 소멸은 집단의 조화를 무너뜨리는 보기 흉한 무차별화를 가져올 뿐이다.

마지막으로 이 신화에서 눈여겨보아야 할 점은 바로 신화의 결말 부분을 이루고 있는 공주에 대한 폭력이다. 페스트 족장의 무리들이 공주에게 행한 폭력은 앞선 모든 폭력과 유사해 보이지만, 최종적이고 결정적이라는 점에서 앞선 폭력들과는 근본적으로 다르다고 할 수 있다. 공주에 대한 폭력은 위기에 빠진 공동체 전체의 만장일치적이고 초석적인 폭력, 즉 희생양에 대한 폭력을 상징한다. 공주에게 달려들어 그녀를 찢는 것은 불구자의 무리 전체, 다시 말해 위기에 빠진 공동체 전체다. 이와 관련하여 우리는 '왕자의 변신'에 주목할 필요가 있다. 왕자의 변신은 줄거리 상 공주에 대한 폭력보다 먼저 나오지만 이 역시 상호적 폭력과 연관되어 있다는 점에서 초석적 폭력에서 비롯된 것이라고 이해할 수 있다. 왕자의 변신이 더욱 중요한 이유는 해로운 것, 즉 위기의 절정 다음에 주어지는 이로운 것, 즉 질서의 회복을 의미하기 때문이다. 왕자의 해골 위에서 뛰는 행위도 일종의 희생제의적 관습으로 볼 수 있다. 왕자의 변신 역시 그냥 이루어지는 것이 아니라 죽음을 통해 이루어진다. 특히 그 변신이 깨끗하게 된 해골, 즉 모든 해로운 것의 해체로 이루어진다는 사실에 주목해야 한다. 다시 말해 왕자의 변신은 최고의 폭력, 만장일치적 폭력의 이로운 결과를 보여주는 것이다. 왕자가 아름다움을 되찾는 것은 위기에 빠졌던 공동체의 문화적 질서의 소생을 의미한다.

여기에서 한 가지 잊지 말아야 할 것은 이와 같은 방법, 즉 한 명에 대한 만인의 폭력을 통해 위기 극복과 화해를 모색하는 방법은 결코 궁극적인 해결책이 될 수 없다는 것이다. 그 이유는 매우 간단하다. 희생양 메커니즘이 안고 있는 모순은 크게 두 가지로 요약될 수 있다. 첫 째로는 폭력에 의해 폭력을 제어하는 방식에 있다. 비록 더 좋은 폭력, 집단을 위기로부터 구해내는 폭력으로 해로운 폭력을 막는 것이기는 하지만, 어디까지나 남는 것은 폭력일 뿐이다. 즉 희생양 메커니즘으로는 폭력의 근본적 원인을 해결하지 못한다. 다음으로는 이른바 '순화하는 폭력'도 문자 그대로 '순수한' 폭력은 아니라는 사실이다. 희생양에 대한 폭력이 가능하기 위해서는 그 희생양이 실제로 집단의 위기와 갈등에 대한 모든 책임을 가지고 있다고 여겨져야 한다. 하지만 집단이 처한 위기는 어느 한 명에게서 비롯된 것이 아니라 구성원 전체의 모방 갈등과 차이 소멸, 상호적 폭력의 산물이다. 이러한 점에서 볼 때 희생양에 대한 집단적 폭력의 기원에는 무고한 희생물에 대한 '유죄화 작업'이 자리 잡고 있음을 알 수 있다. 즉 희생양 메커니즘의 폭력, 순화하는 폭력은 아무리 화려한 용어로 수식한다 할지라도 무고한 자에 대한 폭력, '거짓'에 근거한 폭력인 것이다.

이러한 점을 고려할 때 우리는 지라르가 말하는 희생양 메커니즘이 결코 인류가 안고 있는 폭력적 속성의 근본적인 해결책이 될 수 없음을 짐작할 수 있다. 실제로 그것은 '일시적인' 미봉책일 뿐이며, 그렇기 때문에 끊임없는 악순환의 가능성을 가지고 있는 해결책이다. 지라르 역시 이 사실을 부인하지 않는다. 더 정확히 말해 지라르의 궁극적인 목표는 바로 이 사실, 즉 희생양 메커니즘이 가지고 있는 근본적인 한계를 드러내고 폭로하는 것, 그것이 숨기고 있는 비밀을 알려주는 것, 나아가 보다 근원적인 해결책을 모색하는 것이라고 할 수 있다. 우리는 뒤에 이어지는 논의를 통해 이 점을 더욱 자세히 살펴보게 될 것이다. 이를 위해 우선 희생양의 조건에 대한 논의가 선행될 필요가 있다.

희생양의 조건

경계인, 복수할 수 없는 자

 어떤 사회나 공동체를 막론하고 집단적 폭력의 희생양에게서 공통된 특징을 찾아볼 수 있다. 그중에서도 가장 중요한 요소는 바로 '희생될 수 있는 것'은 '복수할 수 없는 것'이어야 한다는 것이다. 이는 희생양이 수행하는 '정화'의 기능을 가장 효과적으로 보증하고, 또 집단 전체를 위기로 몰아넣을 수 있는 더 큰 폭력을 예방해야 하기 때문이다. 따라서 희생이 행해지는 상황에서는 누구도 그 입장을 지지하지 않을 희생물을 선택하는 것이 중요하다. 즉 공동체에 속해 있으면서도 완전하게 속해 있지는 않은 존재, 공동체와 외부 세계의 경계선상에 위치한 존재가 희생양으로 선택된다.

> 폭력의 구미에 맞는 양식을 제공해주기 위해서 모든 희생물, 심지어 동물 희생물도 그것이 대신하고 있는 것들과 비슷해야 한다. 하지만 이 유사성은 완전한 동화에까지 이르러서는 안 되며, 재앙과 같은 혼란으로 나아가서는 안 된다(V.S., 23~24).

사람이든 동물이든 어떤 생명체가 희생될 만한 것으로 보이기 위해서는 희생양이 아닌 자, 즉 집단의 구성원들과 혼동이 일어나지 않을 정도로 그 구분이 명확해야 하며 동시에 가능한 한 많은 유사성을 가지고 있어야 한다. 동물의 경우에는 비교적 그 구별이 쉽지만, 인간의 경우는 그렇지 않다. 사실상 인간 희생의 대상자들은 매우 다양해 보인다. 그러나 조금 더 자세히 살펴보면 어떠한 부류에 속하건 간에 대부분 사회에서 어느 정도 배제되어 있거나, 주변적인 인물들이 희생양으로 선택된다는 것을 알 수 있다. 공동체의 구성원들과 여러 면에서 다르고 예외적인 특징을 가진 사람들이 여기에 해당된다.

오이디푸스의 경우에서 볼 수 있듯이 때로는 왕과 같이 사회의 상층부에 자리 잡고 있으며, 막강한 힘을 가진 인물들도 희생양이 된다. 신화 속에서뿐만 아니라 오늘날 우리 사회에서도 여러 잠재적 갈등들이 표출될 때 사회의 고위층 중 누군가가 스캔들을 일으킨다면 일순간 모든 책임이 그에게로 집중되는 것을 볼 수 있다. 이 경우 핵심적이고 중요한 그들의 위치 자체가 그들을 다른 사람들, 집단의 다른 구성원들과 구별되는 사람들로 만들며, 이를 통해 그들은 '사회에서 배척당한 자'가 된다. 보통의 희생물들이 '낮은 특성'으로 인해 사회에서 유리되듯이 왕은 '높은 특성' 때문에 사회의 평균적인 기준에서 벗어나 있다.

희생할 만한 것과 그렇지 않은 것을 사회 소속 여부로 결정하는 것은 분명 틀린 방법은 아니지만, 여전히 추상적인 한계를 지니고 있는 게 사실이다. 어느 정도까지의 소속, 어느 정도까지의 외부적 성격이 기준이 될 수 있는가? 사실상 이것은 매우 어려운 문제임에 틀림없다. 따라서 우리는 이와 직접적으로 연결된 보다 구체적인 조건을 살펴보아야 한다. 그것은 바로 희생양은 복수할 수 있는 것이어서는 안 된다는 것이다. 희생물과 사회 사이에는 어떤 유형의 사회적 관계가 결여되어 있다. 이 결여된 사회적 관계는 가까운 사람의 원수를 갚는 것을 의무로 여기는 누군가의 존재가 없어야 한다는 것을 의미한다.

만약 희생제의의 제물이 그 사회의 완벽한 구성원이라면, 그에 대한 폭력은 위기를 해소하기는커녕 더 큰 위기를 불러오게 될 것이다. 희생양에 대한 폭력은 집단의 존립을 위협하는 상호적 폭력의 분출을 막기 위한 일종의 예방책이라는 것을 잊어서는 안 된다. 또한 이 메커니즘은 폭력에 의해 폭력을 억제하는 것이라는 사실 역시 기억해야 한다. 그만큼 희생양 메커니즘의 작동에 있어서 더 많은 주의가 요구되는 것이다. 이로운 폭력이건 해로운 폭력이건 폭력은 그 본질에 있어서 동일하다. 희생양 메커니즘은 이미 위기 상황에 도달해 있는 폭력에 또 다른 폭력을 더하는 것이며, 그렇기 때문에 더욱 조심스러워해야 하는 것이다.

따라서 집단은 많은 경우에 있어서 그 사회에 속하지 않은 존재들을 희생양으로 선택하는 경향을 보인다. 원칙적으로 공동체에 속해 있는 사람들은 희생물이 되기에 부적합하다. 경우에 따라서는 사회의 구성원들 중에서 희생물이 선택되기도 하지만 이 경우 역시 희생물은 보통의 구성원들과는 다른 존재여야 한다. 희생물은 정상적인 인간관계에서 분리되어 있는 사람, 무엇인가 독립적이고 다른 부류에 속한 사람들 중에서 선택된다. 이 두 가지 경우를 종합해볼 때 가장 이상적인 희생물의 조건은 공동체에 속하면서 동시에 속하지 않은 존재, 공동체의 내부와 외부에 동시에 속한 존재, 다시 말해 공동체의 경계에 위치한 존재여야 한다는 것이다. 제의의 희생물들이 대부분 명확하게 외부적인 존재가 아니라 노예나 가축과 같이 그 사회의 경계 지역에서 선택되는 이유도 바로 여기에 있다. 정확히 말하자면 "희생물은 공동체의 입장에서 너무 낯설어서도 안 되고, 충분히 낯설지 않아서도 안 된다."
(V.S., 404) 한국 사회에서의 왕따 문제, 예전 유럽의 여러 나라에서 일어났던 유대인들에 대한 박해, 제2차 세계대전 당시 유대인들과 집시들에 대한 폭력, 오늘날 유럽의 이슬람교도들, 나아가 한국 사회의 외국인 노동자 문제 등도 모두 희생양의 조건과 직, 간접적으로 연관되어 있음을 생각해볼 수 있다.

희생 준비

위기에 빠진 집단, 혹은 위기를 예방하고자 하는 집단은 희생물 역할을 하기에 가장 적합한 존재, 즉 집단의 내부와 외부의 경계선에 위치해 있는 존재를 찾는 데에서 만족하지 않고, 더욱 적극적인 수단을 동원하기도 한다. 복수의 가능성이 가장 적어 보이는 존재를 고른 후 더욱 완벽히 희생물의 조건을 갖추도록 인위적인 방법을 동원하는 것이다. 지라르는 바로 이러한 작업, 희생물을 보다 희생물답게 만드는 인위적인 작업을 '희생 준비(préparation sacrificielle)'라고 명명한다. 지라르는 거의 모든 종류의 희생제의에서 비슷한 준비 작업을 볼 수 있다. 그 이유는 생각만큼 완벽한 조건을 갖춘 희생물을 찾기가 어렵다는 데에 있다고 말한다. 실제로 공동체의 내부와 외부의 완벽한 중간 지점에 존재하는 자를 찾기란 쉽지 않다. 대부분의 경우 희생물 부류에 들 만한 존재들은 필수 조건 중 하나를 결핍하고 있다. 그렇다고 조건을 적당히 적용할 수도 없는 일이다. 그것은 집단의 존립 위기와 직결되어 있기 때문이다. 따라서 공동체는 희생물을 선택하는 데 있어서 세심한 주의를 기울여야 할 뿐만 아니라, 선택한 이후에도 최대한 완벽한 조건을 갖추기 위해 그 존재를 변형시켜야 한다.

희생 준비 작업은 비교적 간단한 메커니즘에 따라 이루어진다. 공동체의 내부와 외부에 동시에, 동일하게 속해야 한다는 조건을 충족시키면 되는 것이다. 간단히 말해 비교적 공동체의 내부에 많이 속해 있는 희생물은 일정 기간 동안 공동체에서 분리시켜 외부적 존재의 특징을 갖게 만들고, 반대로 공동체에 너무 낯선 희생물의 경우는 공동체에 더욱 통합시키는 작업이 필요하다.

첫 번째 유형, 즉 공동체 내부의 속성을 너무 많이 가지고 있는 희생물에 대한 준비 작업의 예를 살펴보자. 지라르는 이 첫 번째 유형에 속하는 부류로 우선 희생물의 역할을 담당하는 '왕'의 예를 들고 있다. 앞서 우리는 원시 사회에서 왕의 즉위식이나 제의에서 최고의 권력자인 왕으로 하여금 기본적인 금기를 위반하도록 강요하는 것을 살펴본 바 있다. 이것은 제의에 꼭 필요한 위기 상황의 재현, 즉 차이 소멸 상태의 재현을 의미함과 동시에 희생 준비 작업의 일환으로 해석될 수 있다. 우선 왕이라는 존재는 공동체의 정상적인 인간관계, 일반적 구성원의 기준을 넘어서는 특별한 존재라는 점에서 희생양으로 선택될 만한 특징을 가지고 있다. 그의 높은 지위와 막강한 권력이 오히려 주변적 성격을 만들어내는 것이다. 하지만 왕이라는 존재는 그 주변적 성격에도 불구하고 여전히 집단의 내부에 더 많이 속해 있다. 누구도 왕을 공동체 외부에 속한 존재라고 단정할 수 없다. 게다가 왕은 권력을 가지고 있는 존재로서, 완벽한 준비 작업 없이 희생물로 삼는 것은 오히려 더 큰 위험을 초래할 수 있다. 이러한 점에서 "사람들이 왕에게 근친상간을 범하도록 강요하고, 상상할 수 있는 모든 형태의 해로운 성스러움을 흡수하도록 하는 것은 바로 그가 가지고 있는 과도한 인간적 성격을 제거하기 위해서, 즉 그를 공동체에게서 멀리 떼어내기 위해서다."(V.S., 406) 이 과정을 거치고 나면 왕은 공동체의 내적 특성과 외적 특성을 동시에 소유한 존재로 인식되며, 희생물로서의 '안전한' 조건을 갖추게 된다.

희생 준비 작업의 두 번째 유형과 관련하여 지라르는 브라질 북서해안에 자리 잡은 투피남바족의 제의적 식인 행위를 예로 들고 있다. 18세기 몽테뉴의 『수상록』에서 이른바 '착한 미개인' 신화의 원형으로 묘사되기도 했던 이 부족은 다른 부족과의 전쟁 상태에서 자신들이 사로잡은 포로들을 먹어치우는 잔인한 관습으로 널리 알려져 있다. 그러나 지라르는 무차별적이고 잔인하게만 보이는 이 풍습에도 한 가지 질서와 의미가 존재한다고 지적한다. 즉 이들의 식인 풍습은 그 자체로 집단의 존립을 위협할 수 있는 전쟁이라는 위기의 상황에서 공동체 전체의 단결을 강화하고 내분을 억제하기 위한 제의적 성격을 가지고 있다는 것이다. 그 증거로 지라르는 포로들의 처형 이전에 볼 수 있는 다소 이해할 수 없는 장면, 즉 희생 준비 작업으로만 해석될 수 있는 모습을 들고 있다.

투피남바족은 포로들을 산 채로 자기들의 마을로 끌고 온다. 포로로 끌려온 이들은 단지 포로의 상태로 격리되는 것이 아니라 처형이 시행되기 전까지의 수개월, 때로는 수년의 기간 동안 자신들을 사로잡아온 부족 사람들과 긴밀한 관계를 유지하며 함께 지낸다. 포로들은 이 부족의 일상생활에 완전히 동화되고, 심지어는 부족의 여인과 결혼도 한다. 즉 포로들은 투피남바족 공동체 구성원들끼리의 관계와 똑같은 관계를 이 공동체 '내부'에서 형성하도록 허용 받는 것이다.

한편 처형 예정일을 조금 앞두고 이 포로에게는 도주의 기회가 주어진다. 하지만 이것은 진정한 기회라기보다는 제의적으로 조장된 것에 불과하다. 영문도 모른 채 도주를 시작한 포로는 곧 다시 잡혀 온다. 그리고 이처럼 되잡혀 온 포로에게는 이전에 주어지던 모든 권리들이 박탈된다. 그의 발목은 굵은 밧줄로 묶이고, 음식도 제공되지 않는다. 결국 그는 음식물도 훔쳐야만 한다. 이 짧은 기간 동안 포로는 누구의 방해도 받지 않으면서 절도 행위를 일삼을 수 있고, 이외에도 모든 나쁜 행동을 다 할 수 있도록 허용된다. 하지만 이러한 금기 위반의 허용은 희생제의의 조건을 갖추기 위한 작업에 해당하며, 포로에게 희생물의 역할을 덧입히기 위한 수단에 불과하다.

투피남바족의 예에서 우리는 희생 준비 작업의 두 가지 유형을 모두 찾아볼 수 있다. 전쟁에서 잡혀온 포로는 철저하게 공동체의 외부 세계에 속한 자이다. 그를 희생물로 삼는다고 해서 공동체 내의 그 누구도 그의 편을 들어주지 않을 것이며, 따라서 복수의 가능성은 처음부터 거의 없다고 할 수 있다. 하지만 이러한 상태에서 그를 희생물로 삼는다면 희생제의의 고유한 효력을 기대할 수 없을 것이다. 희생제의란 기본적으로 한 공동체 구성원들 사이의 갈등과 상호적 폭력을 단 하나의 희생물에게 집단적으로 전가하는 기능을 가지고 있다. 그런데 희생물이 공동체와 아무런 관련이 없는 존재일 경우 구성원 전체의 만장일치적인 폭력의 전이가 어려워진다. 따라서 투피남바족 공동체는 붙잡혀 온 포로에게 일정 기간 동안 각종 편의를 제공하며 공동체 '내부'의 속성을 가질 수 있도록 하는 것이다. 이것은 곧 희생 준비 작업의 두 번째 유형에 일치한다.

한편 부족의 여인과 결혼까지 할 정도로 '내부'에 동화된 포로를 희생물로 삼기 위해서는 그가 완전히 '내부'의 사람이 아니라는 사실을 결정적으로 공표할 필요가 있다. 그는 애초에 포로, 즉 외부의 인물이자 공동체의 적이었다는 사실을 구성원 전체에게 다시 상기시켜야 한다. 즉 일정 기간 동안 내부에 동화됨으로써 혹시 반대쪽으로 기울었을 수도 있는 균형추를 다시 바로잡아 완벽한 '경계인'으로서의 위상을 그에게 부여해야 한다. 그리고 이것은 전형적인 첫 번째 유형의 준비 작업에 해당된다. 포로에게 도주의 기회가 제공되는 것은 그가 가진 '외부'적 성격을 드러내는 방편이라고 할 수 있다. 또한 그에게 각종 악행과 금기 위반이 허용되고, 또 그렇게 할 수밖에 없는 환경을 제공하는 것은 기본 조건인 '복수의 불가능성'과 연관된다. 포로는 일정한 기간 동안 공동체 내부에 동화되어 살면서 아내도 맞이하게 되었다. 그렇다면 그에 대한 집단적 폭력은 잠재적인 복수의 가능성을 내포하고 있는 것으로 여겨질 수 있다. 따라서 그 누구도 복수를 할 수 없도록, 나아가 공동체 구성원 누구나가 그에 대한 연민이 아닌 증오의 감정을 품을 수 있도록 해야 하는데, 이를 위해 포로로 하여금 누가 보아도 공동체의 질서를 해치는 행위를 범하게 하는 것이다. 이렇게 해서 포로는 집단의 외부와 내부에 동시에 속한 경계인의 위상뿐만 아니라 집단의 질서를 해치고 갈등을 가져온 장본인으로서의 책임까지 떠안게 되고, 문자 그대로 가장 적절한 희생물의 조건을 갖추게 된다.

폭력과 성스러움

희생양에 대한 두 가지 변형 작업

 이제 우리는 지라르가 자신의 저작 활동 전체를 통해 밝혀내고자 하는 핵심적인 주제에 다가서게 되었다. 앞에서도 언급했듯이 희생양 메커니즘은 근본적인 해결책이라기보다는 거짓에 기초한 일시적인 방편에 불과하다. 따라서 보다 본질적인 해결책을 모색하고, 너무나 오랜 세월 동안 이어져온 폭력의 고리를 끊기 위해서는 우선 그것이 감추고 있는 비밀을 드러낼 필요가 있다. 폭력의 진실을 밝히는 작업에서 '폭력과 성스러움'이라는 다소 어울리지 않는 두 단어가 우리에게 중요한 열쇠를 제공해줄 것이다.

 이를 위해 우선 희생물에게 가해지는 변형 작업을 살펴볼 필요가 있다. 희생양에게 가해지는 변형 작업, 더 정확히 말해 희생양의 존재에 대한 왜곡 작업은 우선 무고한 자에게 갈등의 책임, 그것도 집단 전체를 둘러싸고 있는 폭력과 위기의 책임을 전가시키는 쪽으로 진행된다. 사실상 희생양 메커니즘을 불러온 집단의 위기는 구성원들 각자의 모방 갈등과 상호적 폭력에서 비롯된 것이다. 하지만 집단 전체를 파멸의 위기에서 구해내기 위해서는 이 폭력의 방향을 구성원들 각자가 아닌 단 한 명의 존재에게로 돌려야 하고, 그 존재에 대해 폭력에 감염된 구성원들 전체가 만장일치적인 공격을 수행해야 한다. 이 공격을 통해 폭력으로부터의 정화 작업이 이루어지는 것이다. 그리고 이러한 정화 작업이 온전히 수행되기 위해서는 무엇보다 집단적 폭력에 가담하는 구성원들 전체가 자신들이 행사하는 폭력의 정당성을 확신하고 있어야 한다. 즉 구성원들은 자신들을 둘러싸고 있는 위기의 책임이 실제로, 전적으로 폭력의 대상이 되는 희생물에게 있다고 믿어야 하는 것이다.

> 폭력에 사로잡혀 있는, 혹은 자신들의 힘으로는 어찌할 수 없는 어떤 재앙에 시달리는 모든 공동체는 '희생양'에 대한 맹목적 추구에 기꺼이 참여한다. 참을 수 없는 폭력에 사로잡혀 있을 때 사람들은 거의 본능적으로 즉각적인 효력을 가진 해결책을

찾기 마련이다. 사람들은 자신들의 불행이 단 한 사람에게서 비롯된 것이라고 믿고 싶어 하며, 이 사람에 대한 폭력과 함께 불행 역시 쉽게 제거될 수 있다고 확신한다(V.S., 122).

오이디푸스는 테베를 뒤덮은 페스트라는 재앙을 불러온 유일한 책임자로 간주된다. 그는 집단 전체의 불행을 혼자 떠안고 왕의 자리에서 물러나 추방당한다. 하지만 엄격히 말하면 페스트를 불러온 장본인은 오이디푸스가 아니다. 페스트가 집단 전체의 차이 소멸과 공멸의 위기를 상징한다고 할 때, 그것은 테베의 시민들 전체의 문제인 것이다. 동물 희생의 경우도 마찬가지다. 즉 "동물 제물은 오이디푸스와 같이 친부살해, 근친상간 또는 문화적 질서 파괴의 원흉이 되는 차이들의 강렬한 제거 작업인 모든 성적 금기의 위반자라고 비난 받는 원초적 희생물을 표현하는 것이라고 생각할 수 있다."(V.S., 148)

희생양에 대한 변형 작업은 무고한 존재에게 집단 전체의 갈등에 대한 책임을 전가하는 데에서 끝나지 않는다. 집단적 폭력과 모든 희생제의가 행해지고 난 뒤, 즉 이로운 폭력을 통한 정화 작업이 그 효력을 발휘하고 난 뒤 희생양에 대한 두 번째 변형 작업이 이루어진다. 그리고 이 두 번째 변형 작업은 앞선 것과 정반대의 방향으로 진행된다. 첫 번째 변형이 희생물을 유죄로 만드는 것이었다면, 두 번째 변형은 그 유죄성을 씻어버리는 것이다. 갈등과 위기의 원인으로 여겨졌던 희생물이 희생당한 뒤, 즉 희생양 메커니즘이 작동한 뒤 이루어지는 공동체의 단합을 통해 희생물은 역설적으로 사회를 위기에서 구원하고 화해를 가져오는 존재로 신성화된다.

『오이디푸스 대왕』에서 금기의 위반자, 폭력과 위기를 불러온 자로 결국 집단에게 추방당했던 오이디푸스는 그에 관한 소포클레스의 두 번째 비극인 『콜로노스의 오이디푸스』에서는 또 다른 모습으로 그려진다. 이 비극의 처음 몇 장에서는 앞선 작품과 마찬가지로 해로운 오이디푸스의 모습이 나타난다. 하지만 극이 진행되는 동안 주목할 만한 변화가 일어나는데, 오이디푸스는 여전히 위험하고 두려운 존재이지만, 동시에 그만큼 소중한 존재로 변화된다. 심지어 그의 시체는 콜로노스와 테베가 심하게 싸우는 일종의 부적으로 여겨지기도 한다.

분명 『오이디푸스 대왕』에서의 오이디푸스는 집단에 위기를 가져온 해로운 측면에만 결부되어 있었다. 그는 어떠한 긍정적 미덕도 가지고 있지 않은 것으로 묘사된다. 따라서 그의 추방은 마치 환자의 부패한 사지를 절단하는 것과 같이 여겨졌다. 반면 『콜로노스의 오이디푸스』에서는 그를 바라보는 또 다른 관점이 제시된다. 불화를 가져왔던 희생양, 즉 오이디푸스의 추방과 함께 테베에는 질서와 평화가 회복된다. 다른 모든 폭력과는 달리 희생양에 대한 폭력, 오이디푸스가 떠안은 폭력은 모든 폭력을 멈추게 하는 것이다.

> 희생이 이루어지기 전에 동물에게 집중되던 적의와 경멸, 잔혹함의 징후들은 희생이 끝나자마자 문자 그대로 종교적인 경의의 표시로 변화된다. 이 경의는 분명 희생제의의 정화하는 효과, 즉 위기 완화의 효과와 일치한다. 만약 희생물이 죽음과 함께 집단 구성원들의 상호적 폭력을 앗아간다면, 이 희생물은 사람들이 기대하던 역할을 제대로 수행한 것이다. 그때부터 이 희생물은 악의적인 모습뿐 아니라, 호의적인 모습도 가지고 있는 폭력의 신, 즉 아주 높은 곳에서 인간을 지배하는 전지전능한 신을 구현하고 있는 것으로 간주된다. 이 폭력의 신을 학대하고 난 후 그에게 특별한 경의를 표한다는 것은 이러한 점에서 사리에 어긋나는 것이 아니다. 마찬가지로 오이디푸스가 해로움을 가져다주는 것으로 보일 때 그를 추방하는 것도, 그리고 그의 추방이 집단에 복을 가져다주었을 때 그에게 존경을 보내는 것도 합당한 것이다(V.S., 148~149).

희생양에 대한 집단적 폭력 이후에 도래하는 이로운 결과를 희생양의 덕택으로 돌리는 것은 이 희생양에게 가해진 폭력이 질서와 평화의 회복을 목적으로 한 것인 만큼 더욱 논리적인 것으로 보인다. 위기의 절정에 도달한 구성원들의 상호적 폭력이 한순간에 '평화적인 단결'로 변화하는 바로 그 순간에는 희생양을 중심으로 하는 폭력의 양면이 모두 작동한다. 희생양은 자기 속에 폭력의 가장 해로운 면모와 가장 이로운 면모를 함께 가지고 있는 것처럼 보인다. 따라서 사람들은 원래 자기들의 것이었던 폭력을 이 희생양이 온전히 구현하고 있는 것처럼 여기게 된다. 또한 사람들은 파괴적인 폭력 앞에서 평화의 회복으로의 이행을 가능하게 해주는 것 역시 바로 그 희생물이라고 생각한다. 집단에 화해를 가져다주는 희생물, 폭력을 당하지만 복수를 하지 않는 희생물을 구성원들은 "평화를 거두어들이기 위해 폭력의 씨를 뿌리는 초자연적인 피조물, 즉 인간들을 병들게 만들었다가 곧이어 치료해주는 두렵고도 신비로운 구원자"(V.S., 131)로 보게 된다.

폭력의 이중성

희생양에 대한 이중의 변형 작업은 본질상 폭력이 가지고 있는 이중적 성격에 기인하고 있다. 폭력은 항상 이로운 성격과 해로운 성격을 동시에 가지고 나타난다. 폭력은 때로는 무서운 얼굴을 보이면서 인간에게 큰 피해를 주기도 하지만, 때로는 온화한 빛으로 나타나 회복과 평화라는 선행을 베풀기도 한다. 하지만 스스로 폭력에 물들어 있는 인간은 폭력이 가진 이 이중적 성격을 꿰뚫어 보지 못한다. 인간은 오직 좋은 폭력과 나쁜 폭력을 구분하여 나쁜 폭력을 제거하기 위해 좋은 폭력을 되풀이하고자 하는데, 그것이 바로 제의다.

고대 그리스의 전통적 희생양을 의미하는 '파르마코스'도 같은 함의를 가지고 있다. 그리스어 '파르마콘(pharmakon)'이라는 단어는 독과 그것의 해독제를 동시에 의미한다. 나아가 그것은 상황에 따라, 혹은 복용량에 따라 아주 이롭거나 해로운 영향을 줄 수 있는 모든 것을 의미한다. 자연히 이 단어에서 유래된 '파르마코스'도 이중적 의미를 가지고 있다. 한편으로 파르마코스는 경멸할 만한 존재로 모든 형태의 비난과 조롱의 대상이 되고, 심지어 폭력의 대상이 되기도 한다. 다른 한편으로 파르마코스는 거의 종교적인 숭배의 대상이 되기도 한다. 이와 같은 파르마코스의 이중성은 앞서 살펴본 희생물의 이중 변형 작업과 정확히 일치한다. 디오니소스가 폭력을 주창하는 신이면서 동시에 숭배의 대상이 되는 이유도 바로 여기에 있다. 디오니소스의 합법성은 평화를 깨뜨리는 데 있는 것이 아니라, 그 자신이 깨뜨린 평화를 다시 복구시킴으로써 그것을 '사후에' 정당화시킨다는 데에 있다.

『토템과 터부』에서 프로이트는 대립적인 것들의 공존 양상에 주목한다. 특히 토템 숭배의 종교적인 면에 있어서 일견 양립 불가능해 보이는 요소들의 공존 양상이 두드러진다. 원시 사회의 종교 의식 속에는 선과 악, 슬픔과 기쁨, 허용과 금지 등 가장 근본적인 대립들이 뒤섞여 있다. 같은 맥락에서 희생제의와 축제는 모든 민족에게서 거의 동시에 일어났음을 볼 수 있다. 즉 모든 희생제의에는 축제가 들어 있고, 축제에는 항상 희생제의적 의미가 포함되어 있었다. 지라르는 이 사실을 희생양에 대한 집단적 폭력과 이를 통해 전도되는 폭력의 의미를 통해 해석하고자 한다. 다시 말해 대립적인 요소들의 공존은 해로운 폭력과 이로운 폭력의 양면성, 희생양에 대한 이중의 변형 작업과 결부되어 있다.

지라르에 따르면 사실상 모든 신화 속 주인공들은 초석적이고 만장일치적인 폭력의 희생물이자, 폭력의 이중적 성격을 상징적으로 구현하는 존재들이다. 모든 신화적 존재들은 해로운 것과 이로운 것의 결합으로 특징 지워질 수 있다. 디오니소스는 모든 신들 중에서 '가장 무시무시하며' 동시에 '가장 부드러운' 신이다. 마찬가지로 번개를 내려치는 무서운 제우스가 있는 반면, '꿀처럼 달콤한' 제우스도 있다. 로마의 야누스가 신하들에게 평화로운 얼굴과 무서운 얼굴로 번갈아가며 나타나는 것도 폭력의 양면성을 의미한다.

신화의 인물들은 대부분 '괴물 같은 짝패'를 상징하고 있으며, 그들 상호간에도 매우 유사한 존재들로 그려지는데, 이

또한 폭력의 이중적 성격과 무관하지 않다. 오이디푸스가 차이 소멸의 주범이라는 데에는 의문의 여지가 없다. 한편 티레시아스 역시 괴물이다. 자웅동체인 그는 남녀 양성의 특징을 한 몸에 지니고 있다. 스핑크스도 괴물이다. 여자의 머리, 사자의 몸, 뱀의 꼬리, 독수리의 날개를 지니고 있는 이 괴물은 진정한 차이들의 복합체라고 할 수 있다. 그리고 이 모든 것은 결국 해로운 것과 이로운 것의 결합이라는 본질적인 차이 소멸로 환원된다. 선한 폭력과 악한 폭력을 모두 구현하고 있는 신화적 존재는 모든 차이를 흡수하고 있는 존재인 것이다. 이러한 점에서 볼 때 위기와 극복, 갈등과 화해, 희생물과 신성한 존재, 폭력과 성스러움은 결국 하나의 메커니즘의 양면에 불과하다.

여기에서 우리는 '성스럽다'는 말의 의미에 대해 살펴볼 필요가 있다. 프랑스어의 'sacré'와 라틴어의 'sacer'는 '성스러운'이라는 의미를 가지고 있으며, 그 함의에 있어서도 같은 양상을 보여준다. 이 말에는 이로운 것의 의미뿐만 아니라, 해로운 것의 의미도 포함되어 있다. 이 단어는 때로는 '성스러운'으로 해석될 수 있으며, 때로는 '저주 받은'으로도 해석될 수 있다. 또한 '성스러운'이라는 뜻을 가진 그리스어 'hieros'에도 같은 의미가 포함되어 있다. 실제로 이 단어에는 '성스러운'이라는 의미 외에도 '강한', '강력한'과 같은 의미도 포함되어 있으며, 이 두 번째 의미는 흔히 폭력이나 전쟁과 관련하여 사용된다. 나아가 흔히 '신과 같이 강한' '초자연적인 힘을 가지고 있는'으로 번역될 수 있는 'krateros'는 성스러움에 대한 찬양의 의미뿐만 아니라, 예리한 칼날, 단단한 갑옷, 무서운 질병, 야만적인 행위, 첨예한 갈등 등을 지칭하기 위해서도 사용될 수 있으며, 심지어는 먹이를 갈기갈기 찢고 있는 야생 동물을 지칭하기 위해 사용될 수도 있다.

흔히 사람들은 이와 같이 '성스러움'과 관련된 단어들이 가지고 있는 해로운 의미들에 대해서 못마땅한 태도를 보이며, 이러한 의미들을 아예 무시하거나, 아니면 해로운 것의 의미를 최대한 상쇄시킬 수 있는 절충적 번역어를 찾고자 노력한다. 하지만 지라르는 성스러움 속에 포함되어 있는 해로움의 의미야말로 진실을 드러내주는 열쇠라고 주장한다. 성스러움 속에는 좋은 폭력과 나쁜 폭력이 동시에 들어 있다. 이것은 곧 폭력의 이러한 양면적 성격에서 '성스러움'이 비롯된다는 사실을 의미한다. 성스러운 것의 작용과 폭력의 작용은 결국 같은 것이다. 성스러움 속에는 창조와 무질서가 공존한다. 성스러운 것 속에는 서로 이질적이고, 대립적이며, 양립 불가능해 보이는 것들이 가득하다. 따라서 흔히 사용되는 대립적 의미로서의 '폭력 또는 성스러움'이라는 표현은 옳지 않다. 외관상 모순적으로 보인다 할지라도 '폭력과 성스러움'이라고 부르는 것이 적절할 것이다.[21] 성스러움은 폭력, 특히 희생양에 대한 폭력과 일치하기 때문이다. 희생물에 대한 만장일치의 폭력 이후에 찾아오는 집단의 화해와 단결의 공을 다름 아닌 바로 그 희생양에게 돌리는 것, 그렇게 함으로써 집단에 위기를 불러왔던 장본인을 그 위기 극복의 주인공으로 높여 신성화하는 것, 바로 여기에 폭력과 성스러움의 비밀, '성스러움'의 이중적 의미가 비밀리에 존재한다.

이와 관련하여 지라르는 또 하나의 흥미로운 분석을 보여준다. 바로 고대의 연극, 즉 비극에 대한 분석으로, 그는 비극에 대한 플라톤과 아리스토텔레스의 상반된 입장을 폭력의 양면적 성격과 관련지어 해석한다. 우선 지라르는 아리스토텔레스의 『시학』에 나오는 '카타르시스'에 주목한다. 카타르시스의 기원에 있는 '카타르마(katharma)'는 파르마코스와 같이 제의를 의미하는 단어다. 특히 '카타르마'는 파르마코스의 변형체라고 할 수 있는 희생제의의 인간 제물을 지칭하기도 한다. 카타르마는 우선 한 도시 국가가 인간 카타르마, 즉 희생물의 처형을 통해 얻을 수 있는 신비로운 이익을 의미한다.

'카타르시스'라는 말은 종교적, 샤머니즘적 의미 외에도 의학적 의미를 포함하고 있는데, 이 역시 우리의 흥미를 끌기에 충분하다. 의학적 의미에서 이 단어는 나쁜 기질이나 해로운 물질의 배출을 용이하게 하는 강력한 약을 지칭한다. 이 약은 흔히 그것이 고치고자 하는 병과 똑같은 성질을 가진 어떤 것, 적어도 중세를 더 악화시킴으로써 병에서 회복될 수 있도록 하는 어떤 이로운 위기를 유발하는 것으로 여겨진다. 즉 이것은 위기를 절정에 이르게 하여 그 위기와 함께 병의 원인들도 추방시키는 역할을 하는 것이다.

카타르시스의 이처럼 다양한 의미를 종합적으로 고찰하기 위해 지라르는 그리스 비극, 특히 아리스토텔레스의 『시학』으로 되돌아갈 것을 제안한다. 아리스토텔레스는 카타르시스라는 말을 통해 비극의 효과를 설명하고 있다. 비극은 제의가 사라진 세계에서 제의의 역할들 중 적어도 몇 가지를 떠맡을 수 있고, 또 그래야 한다는 그의 주장은 의미심장하다. 실제로 희생물을 제단이나 사원에서 처형함으로써 원초적이고 초석적인 집단적 폭력을 반복, 대체하는 대신 이제 사람들은 무대 위에서 공연되는 연극을 통해 정화의 새로운 방법을 마련하게 된다. 배우들은 무대 위에서 고대의 카타르마의 운명을 연기하고, 이를 보는 관객들은 자신들의 정념을 순화시키게 된다. 이러한 과정을 통해 공동체를 구원하는 개인적이고 집단적인 새로운 카타르시스가 만들어진다. 무대에서 이루어지는 연극은 일종의 제의의 역할을 담당했던 것이다.

물론 아리스토텔레스는 이러한 작용을 정확히 이해하지

못했으며, 따라서 그는 카타르시스라는 말에 희생제의의 의미를 부여하지 않았다. 하지만 비극의 카타르시스는 결국 희생제의와 유사한 또 다른 형태의 희생 전이에 불과하다. 실제로 아리스토텔레스의 텍스트를 자세히 살펴보면 그것이 많은 점에서 희생에 관한 개론서와 유사하다는 사실을 알 수 있다. 우선 아리스토텔레스가 비극에 합당한 주인공의 특성으로 제시하고 있는 요소들은 제의의 희생물이 갖추어야 할 조건들과 매우 유사하다. 앞서 살펴보았듯이 희생양 메커니즘이 그 역할을 제대로 감당하기 위해서는 무엇보다 선택된 희생물이 공동체의 경계선상에 있어야 한다. 희생물은 공동체 구성원들과 닮았으면서도 동시에 달라야 하고, 가까우면서도 동시에 멀어야 한다. 이와 마찬가지로 비극의 주인공들도 '오로지 선해서도' 안 되고, 그렇다고 '악하기만 해서도' 안 된다. 관객들과의 부분적인 동일화를 위해서는 어느 정도의 선이 필요하다. 뿐만 아니라 '선'을 효력 없는 것으로 만들고 관객들로 하여금 그 주인공을 공포와 죽음으로 내던질 수 있게 하는 어떤 약점, 즉 '비극적 결함'도 필요하다. 이렇게 해서 주인공과 동일시하여 그의 운명을 따라가던 관객들은 결국 이 주인공에게서 '타자'를 발견하게 되고, 그 주인공의 상황을 '위대함과 불명예'라는 초인간적인 운명의 탓으로 돌리게 된다. 동시에 관객들은 평화롭고 안정된 자신의 삶에 대해

감사의 마음을 갖게 된다.

이처럼 비극이 희생제의적인 특징을 가지고 있다면, 그것에는 반드시 해로운 측면과 이로운 측면이 공존하고 있어야 한다. 바로 이러한 점 때문에 비극을 바라보는 관점도 극명하게 갈리게 된다. 아리스토텔레스는 비극의 위기 저편에 있었다. 즉 아리스토텔레스는 비극을 그것이 기여하는 질서라는 관점에서만 고찰했던 것이다. 비극 예술은 확립되고, 강화되고, 보존될 가치가 있는 모든 것을 확립하며, 강화시키고, 보존한다. 아리스토텔레스가 비극을 '순화적 효력'을 가진 것으로 규정한 것도 같은 맥락에서 이해될 수 있다. 즉 아리스토텔레스는 희생제의가 반복, 재현하는 위기의 상황, 총체적인 차이 소멸과 무질서의 상황보다는 희생제의가 제대로 이루어지고 난 뒤의 상황에 더 집중했던 것이다.

반면에 플라톤은 비극적 소용돌이, 질서의 확립 이전에 반드시 거쳐야만 하는 총체적 위기의 상황을 꿰뚫어 보았다. 『오이디푸스 대왕』에서 그가 본 것은 위대한 문화 제의들의 고상하고 평온한 질서가 아니라, 차이들의 동요, 비극적 상호성, 상호적 폭력이었다. 즉 플라톤은 비극의 모델을 더욱 분명히 이해했기 때문에 오히려 비극을 적대시했다. 플라톤은 비극 속에 모든 사회 가치의 근원으로 통하는 무시무시한 통로가 있으며, 이러한 점에서 비극이 그 도시 국가의 건국 자체를 문제 삼고 있다는 사실을 어렴풋이나마 알았던 것이다.

플라톤과 아리스토텔레스의 대립은 하나의 문제에 대해 상반된 해결책을 사용하는 제의적 제도와 유사하다. 해로운 양상들을 계속 해로운 것으로 여기면서 그 사소한 흔적마저도 제거하려고 하는 이 제도들은 플라톤의 관점과 유사하다. 즉 플라톤은 비극적 무질서와 갈등, 폭력이 이후에 찾아올 조화와 평화의 동의어가 된다는 사실을 알지 못했던 것이다. 바로 이러한 이유 때문에 아리스토텔레스를 포함한 서구 문명이 '문화적 의미'를 가진 것으로 해석하는 친부살해와 근친상간을 플라톤은 반대했던 것이다.

무지와 악순환

지금까지 우리는 희생양 메커니즘이 작동하고 그 기능을 다하기 위해 필요한 요소들을 살펴보았다. 여기에 더해 이제 우리는 가장 중요하면서도, 그렇기 때문에 가장 잘 감추어져 있는 요소를 살펴보고자 한다. 이 요소는 이후 신화와 기독교에 대한 지라르의 분석에서도 핵심적인 위치를 차지하게 될 것이다.

폭력은 계속해서 희생물만을 향하기 때문에 애초의 대상을 놓쳐버린다. 희생 대체에는 항상 일정한 '오해'가 내포되어 있다. 그리고 이것은 폭력에 참가하는 자들의 무지에서 비롯된다. 희생제의라는 장치 뒤에는 항상 대상을 바꿔치기하고, 주체의 눈을 속이는 교묘한 조작이 숨어 있다. 특히 희생양 메커니즘의 원인과 결과 사이에 개입하는 어떤 '초월성', 즉 '성스러움'을 통해 폭력의 본질은 감추어지고, 허상만이 모든 사람들을 지배하게 된다.

> 결국 폭력이 침묵하게 하기 위해서, 폭력의 최종 결정판이 있도록 하기 위해서, 그리고 그 결정판이 성스러운 것으로 여겨지게 하기 위해서는 그 효력의 비밀이 침해되지 않아야 하며, 만장일치적 폭력의 메커니즘은 계속 알려지지 않아야 한다. 종교적인 것은 그것의 궁극적인 토대가 드러나지 않을 때에만 사람들을 보호한다. (중략) 사람들의 무지를 깨우치려 하다가는 오히려 그들을 더욱 중대된 위험에 노출시킬 수 있으며, 무지와 하나를 이루고 있는 그들의 보호망을 박탈하게 될 수도 있다. 이것은 인간 폭력의 유일한 제어 장치를 풀어버리는 일이 될 것이다. (중략) 추방에 의해 '저 너머로' 내던져질 때, 폭력의 진실도 항상 함께 내던져진다(V.S., 202~203).

희생양에 대한 두 번의 변형 작업이 이루어지는 동안 공동체의 구성원들, 즉 집단적 폭력에 참가한 박해자들은 희생양의 존재 의미가 변형된다는 사실을 알아서는 안 된다. 그들은 실제로 희생양에게 위기를 불러온 책임이 있다고 믿어야 한다. 희생양이 무고하다는 사실을 구성원들이 알게 되면 그 자체로 집단적 폭력은 불가능해진다. 그들이 집단적 폭력을 통해 희생양에게 전가시켜야 하는 것은 다름 아닌 그들 자신의 폭력과 갈등이기 때문이다.

또한 폭력이 행사되고 난 후, 희생양에 대한 폭력과 함께 갈등이 사라지고 난 후에는 이러한 구원이 바로 희생양에게서 왔다고 믿어야 한다. 즉 희생양의 신성화 작업에 공동체 모두, 다시 말해 박해자들 모두가 동참해야 한다. 공동체 구성원들은 정말로 희생양이 자신들을 구해주었다고 믿어야 한다. 이것은 당장의 어떤 효과보다는 앞으로 있을 또 다른 위기 상황에 대한 준비 작업이 된다.

앞서 살펴보았듯이 공동체 구성원들 사이의 상호적 폭력에서 기인하는 집단적 위기는 언제든지 다시 생겨날 수 있다. 이것은 구성원들의 일차적 무지와 연결되는 것으로, 위기와 희생양 메커니즘의 반복이라는 폭력의 악순환을 불러온다. 실제로 박해자들은 자신들이 하는 일이 무엇인지 정확히 알지 못한다. 왜냐하면 그들 모두가 서로에 의해 매개된 모방 갈등에 사로잡혀 있기 때문이다. 일단 모방의 정열에 빠진 사람들은 스스로의 문제를 전혀 파악하지 못한다. 사람들은 각자 갈등의 원인을 타자에게 떠넘긴다. 그렇기 때문에 위기는 항상 반복될 가능성을 가지고 있다. 희생양 메커니즘의 효과는 일시적일 뿐이다. 일정한 시간이 지나고 구성원들이 다시 한 번 상호적 폭력에 전적으로 사로잡히게 되면, 또 한 번의 희생양 메커니즘이 작동해야 할 것이다. 혹은 처음에 있었던 희생양 메커니즘을 적절히 재현하는 제의의 힘을 빌려야 할 것이다.

바로 이러한 반복을 위해서 이전의 박해자들이 폭력의 진실을 알고 있어서는 안 된다. 즉 자신들의 폭력이 근거 없는 폭력이었다는 사실, 무고한 자에 대한 폭력이었다는 사실 자체를 숨기기 위해서, 그리고 희생양에 대한 폭력이 실제적인 효과가 있다는 사실을 확신하기 위해서 희생물에 대한 두 번째 변형, 즉 신성화 작업이 이루어지는 것이고 사람들은 모두 이 작업에 참가하여 실제로 희생물을 신성한 존재로 받들게 되는 것이다.

뒤에서 자세히 살펴보겠지만 사실 이 모든 작업이 '폭력' 그 자체의 작업이라고 지라르는 주장한다. 이 모든 반복 과정에서 유일하게 남는 것은 폭력이다. 이 과정에서 진실은 '저 너머'로 추방된다. 바로 이러한 점에서 지라르는 폭력의 반복적 메커니즘을 '사탄'의 존재에 비유한다. '사탄'이란 곧 진실을 숨기고 모든 사람들을 그 메커니즘 안에 잡아두는 폭력이라는 것이 지라르의 생각이다.

폭력의 진실을 숨기는 대표적인 작업으로 지라르는 '신화'의 작업을 들고 있다. "신화는 끊임없이 희생 위기에 대해서 말하지만, 그것은 어디까지나 희생 위기를 위장하기 위해서다."(V.S., 100) 사실 신화 자체가 폭력의 왜곡 작업의 산물이라고 할 수 있다. 신성함의 이면에는 희생양에 대한 폭력과 변형 작업이 있기 때문이다. "폭력의 무차별화 과정은 어느 순간에 가서 전도되어 신화 생성이라는 반대의 과정으로 변하기 마련이다. 그리고 신화 생성은 비극의 영감 속에서 새롭게 전도된다."(V.S., 103)

희생양 메커니즘의 본질에 대한 전적인 무지는 이 메커니즘의 반복, 즉 모든 제의의 출발점이라고 할 수 있다. 무지는 제의와 종교적 사고의 바탕을 형성하고 있다. 그리고 이 무지의 근거는 바로 희생물, 즉 결코 밝혀지지 않은 희생물의 비밀에서 나온다. 희생물의 비밀과 그에 대한 무지는 결국 경험적으로 폭력적 만장일치의 작용을 재생산하려는 목적에서 비롯된다. 이 과정이 반복됨에 따라 희생물의 비밀, 즉 그에 대한 이중의 변형 작업은 하나의 신화 형태로 고착된다. 사실상 신화의 모든 구성 요소들은 실제로 있었던 위기에서 그대로 빌려온 것들이다. 정확히 말해 신화 생성은 폭력의 진실이 가려져 있는 상태에서 이루어지는 희생양에 대한 무의식적인 변형 작업의 결과라고 할 수 있다. 이때 폭력의 진실은

'억압되는' 것이 아니라, 인간 세계에서 떨어져 나가 신격화된다. 이를 통해 초석적 폭력의 진실은 계속해서 감추어질 수 있으며, 반복 가능한 형태로 구조화된다.

다시 한 번 강조하지만 희생양 메커니즘 전체를 통해, 즉 개인들 사이의 모방 갈등에서 시작하여 집단의 위기와 희생양에 대한 만장일치적 폭력 그리고 그 희생양에 대한 신격화에 이르기까지의 모든 과정을 통해 유일하게 지속되고, 이 모든 과정을 지배하는 것은 '폭력'이다. 희생양 메커니즘과 그것을 둘러싼 모든 형태의 제의, 종교, 신화의 주체는 희생양도, 그에게 폭력을 행사하는 집단 구성원도, 제의를 수행하는 제사장도 아닌, 폭력 자체다. 아무리 이로운 폭력이라고 해도 그 안에는 진실이나 진정한 의미의 해결책이 들어 있을 수 없다. 왜냐하면 이로운 폭력 역시 무고한 자, 책임이 없는 자에 대한 일방적인 린치 행위에 불과하기 때문이다.

이처럼 희생양 메커니즘은 그것의 가장 이로운 면에 있어서도 '거짓'에 근거해서만 작용할 수 있으며, 그렇기 때문에 무엇보다도 구성원들, 즉 폭력 참가자들의 '무지'를 필요로 한다.

우리는 앞서 모방 욕망이 인간의 본질적인 속성이며, 따라서 거기서 발생하는 상호적 갈등과 집단의 위기는 거의 필연적인 과정이라고 이야기한 바 있다. 어느 시대, 어느 사회를 막론하고 인간 공동체는 본질적으로 같은 위기에 직면하게 되어 있으며, 이를 해결하기 위한 방법도 동일하다. 즉 희생양 메커니즘과 그것의 제의적 반복이 그것이다. 이러한 점에서 희생양에 대한 폭력, 거짓과 무지에 근거한 폭력은 어쩌면 인류 역사의 처음부터 있었으며, 지금까지 인류의 여러 공동체들을 유지시켜온 중요한 매개체였다고 할 수 있다.[22] 그렇다면 이러한 '거짓 폭력'은 인류의 운명이라고 해야 할까? 이 폭력에서, 그것의 악순환에서 벗어날 수 있는 방법은 없는가? 폭력의 진실을 드러내고 박해자들의 무지를 깨뜨릴 방법은 없는가? 만약 있다면 그 이후에는 어떻게 되겠는가?

지라르는 이러한 문제들을 제기함과 동시에 이에 대해 비교적 간단하고 명료한 해답을 제시한다. 그에 따르면 폭력과 무지의 메커니즘은 결코 영원히 지속되어서는 안 되며, 또 그럴 수도 없다. 그리고 이를 위해 어떤 새로운 방법을 찾아야 하는 것도 아니다. 진실의 계시는 이미 우리들 곁에 있다. 폭력의 작용이 시작된 순간부터, 카인이 아벨을 죽인 순간부터, 어쩌면 그 이전부터 폭력의 진실을 계시해주는 하나의 담론이 우리에게 주어져 있었다는 것이다. 이 담론은 자연히 폭력의 계시를 넘어 그것의 결정적인 극복의 길을 제시해주는데, 지라르 이론 체계의 대단원을 이루고 있다고 할 수 있는 이 계시의 담론 속으로 들어가보기로 하자.

3부

『사탄이 번개처럼 떨어지는 것이 보이노라』

신화가 박해자들의 관점에서 폭력을 정당화하고 진실을 숨기려고 한다면, 성서, 특히 복음서는 인류 역사상 처음으로 완전히 희생양의 관점에서, 희생양 메커니즘의 진실을 드러내기 위해 기록되었다. 예수의 수난은 기존의 신화적 성스러움에 종지부를 찍음과 동시에 전혀 새로운 성스러움의 영역을 만들어냈다. 이 새로운 성스러움은 더 이상 거짓 폭력에 기초하지 않으며, 이로 인해 폭력은 영원히 가면을 벗게 되었다.

유대-기독교의 성서

 지라르는 모방 욕망에서 희생양 메커니즘에 이르는 가설을 대가들의 문학 작품과 여러 인류학 자료들 그리고 신화들을 통해 입증한 다음, 유대-기독교의 성서로 눈을 돌린다. 이미 알고 있듯이 이전의 그의 모든 가설은 단 하나의 연결고리, 즉 폭력이라는 연결고리로 묶여 있다. 그의 가설을 따라가다 보면 인류의 역사 전체가 폭력의 지배하에 놓여 있는 듯 보이는 것이 사실이지만, 실제로는 그렇지 않다는 것이 지라르의 주장이다. 인류 역사의 어느 순간, 어쩌면 인류의 역사가 시작된 바로 그 순간부터 폭력의 연쇄 과정에는 결정적인 단절이 생겼다는 것이다. 이 단절은 무엇보다도 감추어진 진실의 계시에 근거한다. 지라르는 이것을 자신의 저서 제목이

기도 한 "세상의 처음부터 감추어져온 것"의 폭로, 즉 초석적이고 본능적인 폭력에 대한 진실의 계시라고 정의한다. 그리고 지라르는 바로 이러한 계시의 단초를 유대-기독교의 성서에서 발견한다.

사실 기독교와 관련된, 특히 복음서와 관련된 그의 분석은 많은 논란의 대상이 되기도 한다.[23] 그도 그럴 것이 그는 『폭력과 성스러움』 이후의 거의 모든 저작에서 극단적인 이분법에 의지하는 듯이 보인다. 즉 기독교는 무지의 계시와 진실을 보여주고 있는 반면, 신화는 무지와 거짓, 폭력의 악순환을 옹호하고 있다는 것이다. 심지어 그는 신화를 통해 암시되는 희생양 메커니즘을 '사탄'의 존재와 동일시하기도 한다. 이 과정을 지켜보는 여러 학자들 사이에는 그가 처음부터 결론을 정해놓고, 오직 그 결론에 이르기 위해 수많은 자료들을 추려내고, 이론의 틀을 맞추어간 것이 아니냐는 의혹이 제기되기도 한다. 이러한 시각에 따르면 『낭만적 거짓과 소설적 진실』에서 『폭력과 성스러움』에 이르는 그의 지적 여정, 즉 모방 욕망과 희생양 이론이 처음부터 복음서의 계시를 통해 거부될 목적으로 언급된 것일 수도 있다. 즉 정과 반이 만나 변증법적 합일에 이르는 과정이 아니라, 합에 해당하는 실체를 미리 정해놓고 그것에 맞는 정과 반을 이후에 조립했다는 주장이 그것이다. 하지만 지라르는 이러한 의심을 단호히 부정한다. 지라르는 결코 처음부터, 즉 『낭만적 거짓과 소설적 진실』을 쓰기 시작할 때부터 기독교의 계시에 이르는 모든 과정을 염두에 둔 것은 아니라고 주장한다. 그는 자신의 "지적인 발걸음이 결국 유대-기독교의 성서에 이르게 했고, 그것은 희생양 메커니즘의 중요성이 명백해진 지 오랜 후였다"고 이야기한다.

> 제 연구 결과들이 저를 기독교로 향하게 했고, 그 진실을 믿게 했습니다. 제가 이러한 사유를 펼친 것은 제가 기독교인이기 때문이 아닙니다. 오히려 제가 이러한 사유를 펼치고, 또 기독교인이 된 것은 제 연구 결과 덕분이라고 하겠습니다(O.C., 58).

실제로 지라르는 『폭력과 성스러움』을 통해 희생양 이론을 정립하고 난 후 이어지는 저작들, 예를 들면 『세상의 처음부터 감추어져온 것들』(1978), 『희생양』(1982), 『사악한 사람들의 옛 길』(1985), 『사탄이 번개처럼 떨어지는 것이 보이노라』(1999)에서 계속해서 기독교의 성서가 보여주는 진리의 계시에 대해 분석하고 있다. 또한 대담집인 『문화의 기원』에서도 기독교에 대한 논의에 많은 지면을 할애하고 있다. 그의 말대로 처음에는 대가들의 문학 작품에서 암시되고 있는 인간의 모방 욕망에 대한 탐구에서 시작한 연구가 그 욕망의 결과인 갈등과 폭력으로, 나아가 희생양 메커니즘에 대한 가설로 이어졌으며, 마지막으로 그 모든 폭력의 연쇄 작용을 단번에 깨뜨리는 기독교의 계시로 나아가게 되었다고 보는 것이 큰 문제는 없어 보인다. 오히려 처음부터 결론에 이르는 과정의 연속성이 너무 완벽해 보인다는 것이 문제라면 문제일 것이다.

한편 정통 기독교의 입장에서도 지라르의 이론이 환영을 받았던 것만은 아니다. 물론 지라르가 반(反) 종교적 정서가 가득한 현대 세계에서 종교의 진정한 가치, 특히 기독교의 가치를 알리기 위해 노력한 것과, 세상의 모든 법칙과 역사를 초월하는 유일한 계시로 기독교 복음을 제시하고 있다는 점에서 그는 분명 기독교의 강력한 옹호자임에는 틀림없다. 하지만 기독교에 대한 지라르의 시각은 여전히 그 자신의 이론 체계 내에 머물러 있다. 그에게 있어서 기독교와 일신교적 사상은 희생양 메커니즘과의 연관하에서만 의미를 가진다. 여기에 더해 그가 여러 저서를 통해 제시하고 있는 성서의 예문들, 특히 희생양 메커니즘과 연관 지어 제시하고 있는 여러 예문들에 대한 문제도 제기될 수 있다. 지라르의 저서만 보면 실제 성서의 여러 부분들이 완벽히 희생양 이론과 맞물려 있는 듯이 보이지만, 실제 성서에서 그 예문이 위치해 있는 전후 맥락은 전혀 다른 경우도 있기 때문이다.

이처럼 논의의 서두에 몇 가지 논란거리들을 제시하는 이유는 지라르의 이론이 가진 일원적 속성, 그 자신이 "단 하나의 주제에 대한 기나긴 논증"이라 불렀던 특징 때문이라고 할 수 있다. 서론에서도 언급했듯이 그의 이론은 매우 단순하면서도 복잡하다. 그가 주장하는 하나의 주제, 하나의 길을 올바르게 따라가는 것이 우리의 목적이긴 하지만, 그 길이 너무 명백하다는 것이 오히려 문제가 될 수 있다. 이는 곧 그가 말하는 이론이 완벽한 진리이거나 아니면 진리의 완벽한 왜곡일 수 있다는 가능성을 동시에 가지고 있기 때문이다. 지라르가 신화와 여러 원시 종교들, 특히 기독교에 대해 이야기하고 있지만, 그의 이론 자체가 종교인 것은 아니다. 그의 이론은 어디까지나 학문의 한 분야, 하나의 가설일 뿐, 믿음과 신봉의 대상은 아니다. 하지만 너무나 명백해 보이는 그의 논증 과정은 독자들로 하여금 때로 그의 이론에 대해 거의 종교적인 믿음을 강요하는 것처럼 보인다. 바로 이러한 오류에 빠지지 않기 위해 그의 이론에 있어서 가장 핵심적인 부분을 설명하기에 앞서 몇 가지 주의할 점들을 제시하고자 한다. 이 점을 염두에 둔 채 본격적으로 우리 논의의 종착점을 향한 길을 떠나보자.

폭력에 대한 성서의 기록

지라르는 우선 성서의 많은 텍스트들이 신화와 마찬가지로 집단적 폭력과 희생양 메커니즘에 대한 분석을 입증해주는 것처럼 보인다는 지적에서 시작한다. 실제로 성서에는 모방 욕망에서 희생양 이론에 이르기까지 지라르가 제시한 여러 가설들에 일치하는 일화들이 많이 있다. 예를 들어 카인과 아벨, 에서와 야곱의 이야기 등을 통해 나타나는 적대적인 형제의 테마, 바벨탑과 소돔과 고모라의 멸망 사건에서 암시되는 공동체의 차이와 질서의 전적인 소멸, 「욥기」에서 볼 수 있는 일인에 대한 만인의 집단 폭력 그리고 여러 가지 금기와 의례들이 그것이다.

구약 성서와 복음서들을 자세히 들여다보면 인간의 욕망과 그 욕망에서 비롯된 갈등에 대한 매우 독창적인 시각을 볼 수 있다. 성서를 펼치고 나서 그리 멀리 가지 않아 우리는 곧 이러한 시각과 만나게 된다. 성서의 처음을 이루고 있는 「창세기」를 시작으로 우리는 수많은 욕망과 갈등의 파노라마를 볼 수 있다. 우선 최초의 인간의 타락, 즉 아담과 하와의 원죄에 대한 묘사가 그러하다. 그들은 창조자인 하나님의 명령을 어기고 "보기에 아름답고 먹음직한" 선악과를 따먹고, 이에 대한 처벌로 낙원인 에덴동산에서 추방당한다. 특히 주목해야 할 점은 이들이 선악과를 따먹는 과정이다. 이들의 욕망은 자연 발생적으로 생겨난 것이 아니다. 하와는 사탄을 상징하는 뱀의 유혹에 빠져 금단의 열매에 손을 댄다. 이어서 아담은 자기 아내의 유혹으로 선악과를 욕망하게 된다. 결국 아담과 하와의 욕망, 인류의 원죄는 타인의 욕망을 자기 것으로 하려는 모방적 속성에서 비롯되었음을 알 수 있다. 더욱 눈여겨보아야 할 사실은 이러한 첫 사람들의 욕망, 즉 모방 욕망의 결과이다. 성서는 이 죄, 즉 금지된 것에 대한 욕망으로 인해 인간의 타락이 시작되었고, 이후부터 인류 공동체에 갈등과 폭력과 고통이 끊이지 않을 것을 예고하고 있다. 힘든 노동과 질병, 갈등, 출산의 고통, 궁극적으로는 죽음의 문제가 바로 여기에서 기인하고 있다.

특히 아담과 하와가 선악과에 대한 욕망을 갖게 된 유혹의 내용은 매우 의미심장하다. 「창세기」 3장 5절은 뱀의 유혹을 이렇게 전하고 있다. "너희가 그것을 먹는 날에는 너희 눈이 밝아 하나님과 같이 되어 선악을 알 줄을 하나님이 아심이니라." 즉 아담과 하와는 선악과 자체에 대한 욕망보다는 그것을 먹음으로써 하나님과 같은 존재가 될 수 있다는 욕망에 빠졌던 것이다. '시각'과 '시선'은 전통적으로 대상에 대한 접촉과 경험을 구성하는 것으로 이해되어왔다. 즉 무엇인가를 볼 수 있다는 것은 곧 그것을 알 수 있다는 사실을 의미하고, 이러한 점에서 존재에 관한 접근이 시선에 관계될 때, 그것은 존재들을 지배하고 그 존재들에 힘을 행사할 수 있다는 사실을 의미한다. 이와 관련하여 프랑스어에서 '지식'을 의미하는 'savoir'라는 단어는 의미론적으로 '소유'의 의미를 나타내는 'sa'와 '보다'라는 뜻의 동사인 'voir'가 합쳐진 것이라는 사실은 매우 흥미롭다. 또한 프랑스어에서 '권력'과 '힘'을 의미하는 단어인 'pouvoir'에도 'voir'가 포함되어 있다는 사실도 의미심장하다. 즉 '보는 것'은 '아는 것'이고, '아는 것'은 '힘'을 가져다주는 것이다. 따라서 "너희 눈이 밝아진다"는 말은 문자 그대로 절대자인 하나님과 같은 '지식', 즉 '힘'을 소유할 수 있다는 사실을 암시한다. 그리고 이러한 유혹에 직면한 하와의 눈에 선악과는 '지혜'에 이를 수 있는 길로 비추어진다. "여자가 그 나무를 본즉 먹음직도 하고 보암직도 하고 지혜롭게 할 만큼 탐스럽기도 한 나무인지라. 여자가 그 실과를 따먹고 자기와 함께한 남편에게도 주매 그도 먹은지라."(「창세기」 3장 6절)

또한 「출애굽기」에서 제시되는 십계명에서도 욕망과 관련된 금지 조항을 찾아볼 수 있다. 특히 이웃에 대한 금지 조항인 6~9계명, 욕망에 대한 직접적인 금지를 표명하는 10계명이 그러하다. "이웃의 집을 탐내지 말라"는 이 계명은 타인의 것을 향한 인간의 욕망을 직접적으로 금지하고 있다. 타인의 것을 가짐으로써 그 타인과 같은 존재의 속성을 가지고자 하는 모든 욕망은 필연적으로 모델이 되는 그 타인과의 경쟁적인 갈등으로 이어지기 때문이다. 갈등에 이르는 모든 과정이 "이웃의 것을 탐내는" 욕망에서 비롯된다고 할 때, 열 번째 계명과 복음서의 "네 이웃을 네 몸과 같이 사랑하라"는 명령의 중요성은 더욱 크게 다가온다. 성서에 기록된 율법과 명령의 근본적인 목적은 인간들 사이의 평화에 있다.

모방 경쟁의 결과로 나타나는 일인에 대한 만인의 폭력 양상도 성서에서 많은 예를 찾아볼 수 있다. 우선 「창세기」에 나오는 요셉이 여기에 해당된다. 요셉은 다른 모든 형제들 사이의 관계, 아들과 아버지와의 관계 등 가족 전체를 위한 일종의 희생양이다. 요셉을 희생양으로 삼아 형제들 사이의 잠재적 갈등이 해소되고 일시적으로나마 화해가 찾아온다. 특히 희생양이 된 요셉은 한 아버지의 아들이면서 여러 면에서 형제들과 다른 특징을 가지고 있다. 즉 그는 집단의 내부와 외부에 동시에 속한 경계적 인물의 특징을 소유하고 있는 것이다.

성서에서 요셉은 나머지 형제들과 달리 꿈을 꾸고, 미래에 대한 비전을 가지고 있으며, 특별한 총명함으로 인해 아버지의 사랑을 독차지하는 소년으로 그려진다. 이 모든 사실, 특히 먼 훗날 모든 가족들이 자기에게 고개를 숙이게 될 것이라는 꿈의 내용은 형제들의 질투심을 불러일으키기에 충분하다. 여기에 더해 요셉에게는 희생양이 되기에 적합한 또 하나의 중요한 특징이 있다. 바로 형들과 어머니가 다르다는 것이다. 게다가 요셉과 같은 어머니(라헬)에게서 난 형제는 가장

나이 어린 베냐민밖에는 없다. 이 사실은 곧 요셉의 주변성과 복수의 불가능성을 의미하고 있다. 마지막으로 형제들은 요셉을 가정에서 추방시킨 후 이 사실을 숨기고자 한다. 그들은 동생의 옷에 숫염소의 피를 묻혀 그가 맹수에게 잡아 먹혔다고 아버지 야곱에게 거짓으로 이야기한다. 그의 옷에 묻은 숫염소의 피와 박해자들의 만장일치적인 거짓은 모두 희생양 메커니즘을 떠올리기에 충분하다.

성서에 모방에서 시작된 갈등이 집단적 폭력으로 이어지는 모든 과정이 집약적으로 드러나고 있는 부분이 있다면 바로 복음서라고 할 수 있다. 특히 그리스도의 수난과 관련된 부분은 희생양 메커니즘의 근본적인 작동 원리와 그 뒤에 숨겨진 폭력의 진실을 있는 그대로 보여준다. "수난과 관련된 이야기들, 특히 공관 복음의 수난 부분에서 지배적인 것은 증인들의 일치된 반응, 무엇보다 강한 집단의 힘, 즉 모방의 힘이다."(Je vois., 41)

예를 들어 베드로의 경우 모방 전염의 가장 결정적인 예를 보여주고 있다. 스승에 대한 베드로의 믿음과 사랑은 분명해 보인다. 스승이 로마 병사들에게 잡혀갈 때 칼을 빼어들고 저항하는 모습이나, 그리스도의 부활 이후 사도로서 로마에서 순교를 당하기까지 그가 보여준 삶의 흔적들이 이 사실을 증명해주고 있다. 하지만 그는 인생에서 지울 수 없는 실수를 범하고 마는데, 바로 예수에 대한 심문이 진행되던 곳에서 세 번씩이나 스승을 모른다고 부인한 것이다. 지라르는 이 장면을 철저히 모방의 관점에서 해석한다. 베드로가 예수에 대해 적대적인 환경, 만장일치적인 폭력이 작동하는 환경에 들어갔을 때, 그는 그 무리의 그리스도에 대한 적대감을 모방하게 되었다는 것이다.

같은 맥락에서 총독 빌라도의 행동 역시 모방에 지배당한 결과로 해석된다. 실제로 빌라도가 예수를 십자가에 못 박도록 넘겨줄 때 그 직접적인 원인이 된 것은 소요에 대한 두려움이었다. 반란이 일어날 것을 우려한 그는 나름대로 '정치적 수완'을 발휘한다. 하지만 그의 수완은 결국 맹목적인 모방 열풍에 스스로를 내어 맡기는 것에 다름 아니었다. 예수와 같이 십자가에 달린 강도들 중에서 그에게 욕설을 퍼부었던 자 역시 모방에 전염되어 있다. 그 역시 맹목적인 민중을 모방하고 있는 것이다.

> 살아 있는 장애물, 즉 서로에 대한 스캔들에 의해 상호적으로 흥분 상태에 빠진 모방적 '짝패들'은 원래 싸움의 대상을 망각하고, 가슴에 원한을 품은 채 서로에 대한 대립으로 나아가게 된다. 이제 각자가 맹렬히 달려드는 대상은 서로의 모방 경쟁자이다. (중략) 적대자들이 서로 간에 차이를 갖기 원할수록 그들

은 더욱 동일해진다. 동일성이 동일한 자에 대한 증오 속에서 완전히 자리 잡는다. (중략) 결국 이들은 서로 교환할 수 있는 하나의 존재 무리를 이루게 되고, 이렇게 이루어진 동질의 덩어리 속에서 모방 충동은 더 이상 어떠한 장애물도 없이 치닫게 된다(Je vois., 45~46).

개인들 사이의 작은 갈등은 전염의 과정을 통해 점차 큰 갈등으로 흡수된다. 이렇게 해서 눈덩이처럼 불어난 갈등은 급기야 공동체 전체가 한 명의 개인에 대항하는 집단적 폭력으로 이어진다. 집단에 산재한 모든 폭력을 거머쥘 하나의 희생양이 없으면 그 사회는 만인에 대한 만인의 폭력으로 인해 붕괴되고 말 것이다. 그리스도의 수난 역시 일차적으로는 이러한 메커니즘과 정확히 일치하는 듯이 보인다. 예수의 제자들까지도 공동체의 모방 폭력에 휩쓸리고 만다. 예수 역시 자신의 제자들이 무리를 휩쓰는 모방 전염에 말려들게 될 것을 예언한다.

그리스도는 물론이거니와 성서에 등장하는 모든 선지자들과 같이 예외적인 존재들에 대한 민중의 이유를 알 수 없는 증오를 설명해주는 것이 바로 모방이다. 우리는 앞서 평범한 공동체의 구성원들과 여러 면에서 다른 예외적 인물이 희생양으로 선택된다는 것을 살펴본 바 있다. 특히 왕과 같이 군중에게 추앙을 받는 자리에 있던 존재가 한순간 희생양의 역할을 담당하게 되는 경우를 살펴보았다. 이러한 점에서 예수가 예루살렘에 입성하는 장면은 많은 것을 암시한다. 군중의 욕망은 한순간 매우 특별한 존재, 기적을 일으키고, 전에 볼 수 없던 권위와 말씀의 능력을 가진 한 존재에게로 집중된다. 특히 로마의 식민 지배를 받고 있던 유대 공동체에서 이러한 존재의 출현은 모든 내재적 갈등과 욕망을 한 방향으로 집중시키기에 충분하다. 예루살렘에 입성하는 그리스도에게 '다윗의 자손'을 외치며 연호하던 군중들은 이내 그를 십자가에 못 박으라고 외치는 맹목적인 박해자들로 변모한다. 로마의 지배로부터 정치적 해방을 이루어낼 영웅을 기대했던 군중들은 자신들의 기대가 실현되지 않자 곧바로 영웅을 모든 사회적 갈등의 책임자로, 신성모독의 죄인으로 만들어버린다. 영웅이 사라진 사회는 모든 내재적 갈등을 어떻게든 해소해야 할 필요가 있다. 영웅에 대한 기대감이 무너진 상황에서 집단의 내재적 갈등은 그 절정에 이르게 된다. 따라서 집단은 시급히 갈등의 방향을 다른 곳으로 돌릴 필요가 있는데, 가장 좋은 방법이 희생양에 대한 폭력이다. 그리고 이때 집단 구성원들을 실망시킨 영웅보다 더 좋은 희생양은 없을 것이다. 모든 구성원들에게 공통적인 적대감을 이끌어낼 수 있는 존재가 바로 그이기 때문이다.

사탄

성서를 인용함에 있어서 지라르는 상당히 독창적인 독해를 선보이고 있다. 사실 그의 성서 읽기가 독창적일 수밖에 없는 이유는 명백하다. 그에게 중요한 것은 희생양 이론의 확증과 극복이기 때문이다. 우리는 '사탄'에 대한 분석을 통해 지라르의 독창적인 독해와 다시 한 번 만나게 된다. 사실상 사탄에 대한 분석은 지라르의 성서 읽기 가운데에서도 성서 원전의 의미와 지라르의 독창적 독해가 가장 조화롭게 일치하는 부분이기도 하다.

지라르는 성서에 제시되는 사탄의 존재를 철저하게 폭력의 존재에 일치시킨다. 즉 모방에서 시작되어 개인 간의 갈등을 거쳐 희생양에 대한 집단적 폭력에 이르는 과정 전체, 특히 박해자와 희생양에 대한 진실을 숨기고 끊임없이 반복되는 폭력의 실체 그 자체가 곧 사탄이라는 것이다. 지라르는 성서에 제시되고 있는 사탄의 속성들을 차례로 모방과 희생양 이론에 맞추어 분석해 나간다.

『사탄이 번개처럼 떨어지는 것이 보이노라』에서 지라르는 '모방적 걸림돌'을 의미하는 '스캔들론'이라는 단어와 사탄을 동일시한다. 예를 들어 예수가 자신의 수난을 처음으로 제자들에게 예고하면서 이에 반대하는 베드로에게 "사탄아 내 뒤로 물러가라. 너는 나를 넘어지게 하는 자로다. 네가 하나님의 일을 생각지 아니하고 도리어 사람의 일을 생각하는도 다"(「마태복음」 16장 23절)라고 말한 부분을 볼 수 있다. 여기에서 "나를 넘어지게 한다"는 말은 곧 방해물, 즉 스캔들을 의미한다. 더 정확히 말하자면 스캔들과 사탄은 근본적으로 같은 것이면서, 똑같은 현상의 서로 다른 양상을 강조하고 있다는 것이 지라르의 생각이다. "스캔들은 모방 메커니즘의 초기 단계, 즉 서로가 서로의 방해자가 되는 경쟁 관계를 강조하고 있으며…… 사탄은 모방 메커니즘의 전체를 지칭하고 있다."(O.C., 139) 나아가 지라르는 희생양에게 죄가 있다고 비판한 후 아무런 양심의 가책도 없이 그 희생양을 죽이는 만장일치적 폭력을 묘사하는 강력한 비유가 바로 사탄이라고 주장한다. 즉 사탄은 희생양 메커니즘의 무의식이자 그것의 구조 자체, 경쟁적 모방 시스템 자체를 의미한다는 것이다.

유혹자 사탄

성서에서 그려지는 사탄의 속성 중 가장 첫 번째 것은 바로 '유혹하는 자'라는 것이다. 사탄은 항상 사람들로 하여금 그 자신을 모방하게끔 만든다. 물론 사탄이 불러일으키는 모방 욕망의 목적은 결코 선한 데에 있지 않다. 그것은 오직 '유혹'에 목적을 두고 있다. 문제는 사탄을 모방하는 것이 성서의 여러 규칙들을 따르는 것보다, 나아가 그리스도를 모방하는 것보다 쉽고 자유로워 보인다는 데 있다. 사탄은 우리들 각자의 경향에 따라 도덕 규칙이나 금기를 무시하고 스스로의 본능과 기질을 따르라고 권하기 때문이다. 사탄은 항상 금기가 아무 쓸모없다는 생각을 불러일으키며, 그 금기의 위반 역시 어떠한 위험을 동반하지 않는다고 속삭인다.

이 모든 유혹자로서의 특징이 가장 잘 드러나는 부분이 있다면 바로 에덴동산에서의 첫 번째 유혹 사건일 것이다. 하와에게 다가온 뱀, 즉 사탄의 유혹은 정확히 이러한 과정을 따르고 있다. 먼저 사탄은 하와로 하여금 자신의 말에 귀를 기울이도록 주의를 집중시킨다. 그리고 에덴동산에서 하나님에 의해 정해진 유일한 금기, 즉 선악과에 대한 금기를 어기도록 권유한다. 이 금기 위반의 유혹에는 자유로움과 더 많은 힘에 대한 의지가 녹아들어 있다. 앞서 살펴보았듯이 사탄은 선악과를 먹으면 "하나님과 같이 될 수 있다"는 이야기로 하와의 마음을 동요시킨다.

또한 이에 앞서 사탄이 하와를 안심시키는 모습도 볼 수 있다. 즉 금기의 위반에 어떠한 위험도 뒤따르지 않을 것이라고 이야기하는 것이다. 하나님은 분명 아담과 하와에게 선악을 알게 하는 나무의 실과를 먹는 날에는 반드시 죽게 될 것이라고 명령했다(「창세기」 2장 17절). 하지만 사탄은 이 명령을 정면으로 반박하면서 선악과에 손을 대도 "결코 죽지 않을 것"이라고 이야기한다(「창세기」 3장 4절). 이 장면은 매우 중요한 사실을 암시하고 있다. 모방 갈등과 집단적 폭력에 이르는 모든 과정, 즉 폭력이 그 힘을 행사하는 모든 과정에서 제일 중요한 것은 바로 복수의 불가능성, 폭력 이후에 뒤따를 위험의 유무에 있다고 할 수 있다. 폭력이 살아 숨 쉬기 위해서는 무엇보다 이 문제에 대해 박해자들, 즉 유혹에 빠지는 자들이 설득당해야 한다. 물론 이 모든 과정이 폭력 자체의 존속을 위한 '거짓'이라는 사실을 잊어서는 안 될 것이다. 이 유혹에 빠져 선악과에 손을 댄 아담과 하와는 결국 하나님의 명령대로 낙원에서 쫓겨났을 뿐만 아니라 인류 역사에 죽음이라는 근본적인 문제를 가져온 장본인이 되었다. "사탄의 유혹에 따를 경우 우리는 일단 해방된 느낌을 받을 수 있다. 그러나 그것은 그리 길게 지속되지 못한다. 사탄을 따르는 순간부터 우리는 모방 갈등과 폭력으로부터 보호 받을 수 있는 방법을 상실하게 되기 때문이다."(Je vois., 62)

방해물로서의 사탄

처음에 유혹자였던 사탄은 이후 그 어떤 금기보다도 더 강력한 방해물, 즉 적대자가 된다. 이것은 곧 모방 욕망의 모델이 경쟁자로 변하는 단계, 스캔들이 시작되는 단계를 보여준다. 앞서 언급했듯이 예수 역시 사탄과 스캔들을 동일시하고 있다. 특히 그가 베드로를 나무라는 부분(「마태복음」 16장)을 자세히 보면 베드로가 예수에게 자신의 욕망을 모델로 삼으라고 암시하고 있음을 알 수 있다. 만약 예수가 베드로의 말을 따랐더라면, 그는 곧바로 베드로와 모방 경쟁 속에 빠졌을 것이고, 희생 메커니즘의 폭로와 하나님 나라의 도래는 이루어지지 못했을 것이다. 에덴동산의 경우에서 볼 수 있듯이 사탄은 항상 사람들을 하나님에게서 떨어뜨려 경쟁적 모델 쪽으로 이끌고 간다. 사탄은 스캔들이라는 씨를 뿌려 위기와 폭력이라는 수확을 거둔다.

이처럼 사탄은 공동체를 위기로 몰아넣은 다음 그 위기의 절정에서 스스로 추방된다. 즉 희생양 메커니즘을 작동시키면서 공동체에 일시적인 질서를 가져오는 것이다. 하지만 이것은 사람들이나 그들의 공동체를 위한 것은 아니다. 사탄은 어디까지나 자신의 왕국을 지키기 위하여 무질서가 극에 달했을 때 스스로 추방되는 것이다. 바로 이 메커니즘, 절정의 순간에 스스로 뒤로 물러나는 힘이야말로 사탄이 '이 세상의 왕자'가 될 수 있는, 다시 말해 인간 세상을 지속적으로 지배할 수 있는 근원이라고 할 수 있다. 만약 그가 단순한 파괴자이기만 했다면, 사탄은 이미 오래전에 자신의 영역을 잃었을 것이다.

고발자 사탄

 희생양 메커니즘에서 가장 중요한 부분을 꼽으라면, 바로 희생양에 대한 두 번의 왜곡 작업이라고 할 수 있다. 이 작업이 없으면 희생양에 대한 폭력 자체가 불가능해진다. 희생양이 유죄라는 확신이 없이는 폭력의 만장일치가 이루어질 수 없다. 바로 이러한 점에서 희생양에 대한 이중의 변형 작업, 그중에서도 무고한 자를 집단적 위기의 유일한 책임자로 만드는 첫 번째 변형 작업은 희생양 메커니즘 전체의 원동력이 된다.

 지라르에 따르면 사탄은 바로 희생물이 유죄라는 사실을 모든 공동체로 하여금 믿게 하는 존재다. 사탄은 나름의 질서를 가지고 차별 지워져 있는 공동체를 히스테릭한 단 하나의 군중으로 변화시켜 신화를 만들어낸다. 사실상 희생물이 되는 존재는 공동체와 그 구성원들의 입장에서 그리 중요한 존재가 아니다. 희생물은 복수를 할 수 있는 힘도 가지고 있지 않으며, 공동체의 주변에 위치하여 그 공동체에 큰 영향을 줄 수도 없는 존재다. 하지만 역설적으로 집단적 폭력이 고개를 드는 상황에서는 그의 하찮은 존재 가치가 오히려 가장 무거운 선택 기준으로 돌변한다. 일단 고발하는 자인 사탄의 메커니즘에 빠지면 공동체는 그 희생물의 파괴만을 갈망하게 된다.

 실제로 성서에서도 사탄은 유혹자임과 동시에 비난하고

고발하는 자로 그려진다. 특히 욥의 경우에서 우리는 이러한 사탄의 속성을 자세히 볼 수 있다. 아무 죄도 없는 자를 극악한 죄인으로 만드는 변형 작업, 그리고 공동체의 모든 구성원들로 하여금 어떠한 의심도 없이 희생물의 유죄성을 확신하게 만드는 존재가 바로 사탄이다. 사탄의 메커니즘, 즉 고발하는 그의 목소리에 귀를 기울이는 사람들은 한결같이 희생물에 대한 이유 없는 증오심을 마음에 품게 되는데, 바로 사탄은 고발하는 자임과 동시에 모방 메커니즘 자체이기 때문이다. 구성원들은 누구를 시작으로라고 말할 수도 없이 아주 짧은 시간 동안에 서로에 대해 내재적이던 갈등을 단 하나의 희생물, 사실 그들과는 별 상관도 없는 희생물에게로 집중시킨다. 공동체 전체가 그 희생물 이외의 다른 적을 가지고 있지 않기 때문에 자연스럽게 만장일치적인 폭력이 이루어진다.

하지만 중요한 것은 이러한 폭력의 결과로 주어지는 정화의 순간이 '일시적'이라는 것이다. 사실상 공동체의 갑작스러운 단결은 바로 모방의 작품이다. 희생양에게 폭력을 행사할 때도, 그 이후 화해의 순간이 찾아올 때도 집단을 지배하고 있는 것은 모방의 메커니즘이다. 그리고 이 모든 과정을 통해 사탄은 자신의 영역을 지속적으로 지켜 나갈 수 있게 된다. 사람들은 여전히 스스로의 모방 욕망과 그로 인해 생겨나는 갈등의 문제에 대해 자각하지 못하고 있으며, 얼마 지나지 않아 또다시 서로 간에 내재적 갈등을 쌓아 나가게 될 것이기 때문이다.

이러한 점에서 그리스도의 수난도 일종의 희생양 메커니즘이라고 할 수 있다. 실제로 예수는 병정들에게 잡히는 순간 "사탄의 시간이 도래했다"고 말한다. 십자가를 지는 것은 사탄이 인간들에 대한 자신의 힘을 공고히 하는 순간을 말한다. 실제로 복음서는 인간 사회가 주기적으로 불어 닥치는 무질서에 종속되어 있고, 그때마다 만장일치적인 폭력에 의해 이 무질서가 해결될 수 있음을 보여주고 있다. 사탄은 다시 한 번 무고한 희생양에 대한 만인의 폭력을 작동시킨다. 이번에는 골고다 언덕에 세워진 십자가가 그 훌륭한 역할을 담당할 것이다.

희생양의 선택은 적절했다. 나사렛이라는 변방 마을 출신의 한 청년, 스스로 선지자인 척하며 어부, 세리 등과 같은 주변적 인물들을 제자로 데리고 다니는 청년에게 희생양의 역할을 맡기는 일은 너무나 간단하다. 문제는 이 희생양에게 집단의 모든 갈등의 책임을 떠안기는 것, 즉 유죄화 작업이다. 그런데 고맙게도 예수라는 이 청년은 유대 사회의 모든 구성원들의 폭력을 한 데 모으기에 적절한 언행을 일삼는다. 바로 자신이 하나님의 아들이라는 것이다. 이제 모든 준비는 다 갖추어졌다. 어찌 보면 이보다 더 쉽고 더 완벽한 조건을 갖춘 희생양도 드물 것이다. 공동체는 식민지 지배를 받고 있으며, 그 자체로 여러 갈등들을 내포하고 있다. 이러한 상황에서 많은 사람들이 이 청년에게 민족의 해방자가 되어줄 것을 기대했지만 정작 청년은 정치적 해방 따위에는 관심조차 두지 않는다. 완벽한 기회가 찾아온 것이다. 사람들이 청년에게 가졌던 기대감은 실망감으로 변하기 시작한다. 여기에 결정적인 한 가지 죄명을 덧붙인다면 간단하게 만장일치적 폭력을 이끌어낼 수 있다. 그런데 이 청년이 스스로 하나님의 아들이라고 한다. 일신교와 선민사상에, 특히 오랜 세월에 걸친 율법주의에 물들어 있는 이 군중들에게 신성모독보다 더 큰 죄는 없다. 사탄은 다시 한 번 성공적으로 일을 수행한다. 이번에는 그가 한 일이라고는 찾아보기 어려울 정도로 너무나 쉽게 일이 진행되었다. 군중은 물론이거니와 특히 희생물이 된 존재가 스스로 사탄이 원하는 방식대로 움직여주는 것 같아 보인다. 하지만 사탄은 이것이 자신의 마지막 작업이 될 것이라는 사실을, 예수라는 청년의 십자가 처형이 자신의 왕국에 마침표를 찍는 사건이라는 사실을 아직 모르고 있다. 뒤에서 살펴보겠지만 그리스도의 십자가는 사탄의 계산을 철저히 좌절시키게 될 것이다.

거짓말하는 자 사탄

희생양 메커니즘의 작동 원리는 근본적으로 폭력과 갈등의 진실을 감추는 '거짓'과 폭력 참가자들의 '무지'를 근간으로 한다. 박해자들은 스스로 진리 안에 있다고 생각하지만, 사실 그들은 거짓과 무지 속에 존재한다. 그리고 바로 이러한 메커니즘의 배후에 있는 존재가 사탄이다. 사탄은 거짓말하는 자이며, 거짓의 아버지이다. 사탄의 거짓, 즉 사람을 속이는 폭력은 초석적인 살해와 그것을 반복하는 제의에 종속된 인간 사회의 문화 속에서 세대를 걸쳐 펼쳐져왔다.

사탄은 항상 폭력을 행사하는 박해자들에게 그들의 행동이 정당하다는 사실을 믿게 만든다. 실제로 폭력에 참가하는 박해자들은 모든 위기와 갈등의 책임이 희생양에게 있다고 생각한다. 이러한 확신은 모방 메커니즘을 통해 모든 구성원들에게 전파된다. 결과적으로 희생양에 대한 폭력이 필요해지는 순간, 즉 모방 갈등의 절정, 위기의 절정의 순간에 공동체 구성원들은 일의 선후나 인과관계에 대한 고려 없이 단지 자신들이 위기에 직면해 있다는 사실, 그리고 이 위기는 자신들 앞에 끌려온 희생양에게서 비롯되었다는 사실만을 생각하게 된다. 이러한 점에서 "아버지여 저희를 사하여 주옵소서. 자기의 하는 것을 알지 못함이니이다"(「누가복음」 23장 34절)라는 예수의 기도는 폭력의 진실과 박해자들의 무지를 있는 그대로 보여준다.

박해자들은 완전한 무지에 사로잡혀 있다. 그리고 이들의 무지는 그대로 희생양 메커니즘과 폭력에 자양분을 제공한다. 어찌 보면 사탄의 왕국이 유지될 수 있는 것은 바로 이 무지 덕분이라고 할 수 있다. 이로운 폭력으로 해로운 폭력을 제압한다는 논리, 즉 폭력만을 지속 가능한 유일한 근거로 삼게 만드는 이 논리는 모두 사탄의 거짓말, 희생양에게 모든 죄가 있다는 거짓말에서 비롯된다. 그리고 이 거짓말은 희생양 메커니즘의 효력뿐만 아니라 그것의 지속적인 반복 가능성과도 연결된다.

첫 번째 거짓말, 희생양을 유죄로 만드는 변형 작업은 자연히 두 번째 거짓말로 이어진다. 즉 유죄였던 희생양을 집단의 구원자로 변모시키고 신성화하는 작업이 그것이다. 이 두 번째 거짓말은 첫 번째 거짓말의 진실이 결코 드러날 수 없게 만들며, 동일한 메커니즘이 다시 반복될 수 있는 근거를 마련해준다. 모든 폭력을 집중시켰던 희생양을 신성한 존재로 추앙하면서 박해자들은 자신들이 행사했던 폭력을 정당화한다. 신성화의 과정 속에서 무고한 자에 대한 부당한 폭력이라는 진실은 완전히 감추어지는 것이다.

신화와 성서 : 구약 성서의 부분적 계시

원시 공동체나 종교의 기원이 희생물에게 실제로 행사되었던 폭력에 있다면, 그리고 이 폭력을 근간으로 이 공동체가 계속해서 유지될 수 있다면, 여기에는 한 가지 조건이 충족되어야만 하는데, 그것은 바로 이 기원이 반드시 감추어져 있어야 한다는 것이다. 초석적인 폭력은 결코 알려져서는 안 된다. 만약 폭력의 진실이 알려진다면 희생양 메커니즘은 그 즉시 효력을 잃어버릴 것이다.

이처럼 사람들로 하여금 폭력의 진실을 보지 못하게 만들고, 스스로의 행위를 정당화할 수 있게 만들어주는 수단이 바로 '신화'이다. 신화는 제의와 마찬가지로 공동체의 초석이 된 폭력을 간접적으로 반복하고 재현한다. 하지만 결코 그것을 있는 그대로 재현하는 법은 없다. 어떤 경우에는 여러 가지 상징에 의해 집단적 폭력이 행해졌다는 사실 자체가 감추어지기도 한다. 하지만 자세히 살펴보면 신화에는 폭력적 살해를 암시하는 단서가 들어 있다. 지라르는 신화에서 그려지는 신과 영웅들의 이야기가 모두 희생물의 변형 작업의 결과라고 생각한다. 특히 희생물에 대한 두 번째 변형 작업, 즉 집단에 평화를 가져다준 초월적 존재로의 신성화 작업의 결과가 바로 신화라는 것이다.

그렇다면 성서는 어떠한가? 우리는 앞서 성서에도 수많은 갈등과 폭력의 이야기가 들어 있다는 사실을 살펴보았다. 성서 속에는 원수 형제의 테마, 근친상간, 집단적 폭력의 일화들이 있는 그대로 묘사되어 있다. 따라서 얼핏 보았을 때 기타 신화들과 성서 사이에 차이를 찾아보기란 쉽지 않다. 하지만 신화와 성서 텍스트 사이에는 아주 결정적인 차이가 존재한다. 이 차이에 의해 신화 텍스트와 성서 텍스트는 그 기능과 목적에 있어서 정반대의 방향을 향하고 있다. 성서의 가장 큰 특징은 집단적 폭력의 문제를 '있는 그대로' 보여주고 있다는 것이다. 성서는 희생양을 변형시키거나 왜곡하지 않는다. '처음부터' 성서는 희생양의 무고함을 드러내며, 폭력의 책임이 박해자에게 있다는 '사실'을 보여준다. 성서 속에서 폭력의 진실은 전혀 감추어져 있지 않다. 성서는 누구라도 알 수 있도록 세상의 처음부터 감추어져온 것, 즉 초석적 폭력의 진실을 밝게 드러내고 있다.

만일 신화 텍스트들이 공동체의 기초가 되는 집단 폭력의 충실하고 믿을 수 있는 반영이라면, 만일 신화 텍스트들이 우리에게 제시하는 실제 폭력에 대한 보고가 거짓은 아니지만 희생양 메커니즘의 효과에 의해 왜곡되고 변형된 것이라면, 즉 신화가 박해에 대한 박해자들 자신의 회고적인 시각이라면, 희생자의 편에 서서 그에게는 죄가 없으며, 오히려 그에게 폭력을 행사하고

그를 죽인 자들에게 죄가 있다고 하는 관점의 변화는 매우 중요하다고 할 수 있다.[24]

신화가 박해자들의 입장에서 기록된 것이라면, 성서는 철저히 희생양의 입장에서 기록된 텍스트다. 신화가 박해자들의 폭력을 정당화한다면, 성서는 희생물의 무고함을 입증하고 박해자들을 단죄한다. 신화가 공동체에 평화와 안정을 가져온 근간으로 집단적 폭력을 칭송한다면, 성서는 처음부터 집단적 폭력을 금지한다. 이러한 관점은 구약 성서에서 신약 성서에 이르기까지 한결같이 지속되며 신약 성서, 특히 복음서로 나아갈수록 이러한 계시의 역할은 더욱 중요해진다.

신화에서는 박해를 가한 자, 살인을 저지른 자의 입장이 옹호된다. 원수 형제의 테마를 예로 들 때 모든 신화는 강자의 편, 다른 형제를 쓰러뜨리거나 죽이고 모든 부귀와 권력을 손에 넣은 자의 편에서 기술된다. 로물루스와 레무스 형제의 이야기에서도 신화는 형제를 죽인 자를 옹호한다. 그리고 바로 그 박해자에 의해 로마라는 제국의 기반이 설립되었음을 칭송한다. 이 신화에서 형제를 죽인 자는 건국의 아버지로 그려진다. 형제 살해에는 그만한 이유가 있었으며, 그 행위 자체가 정당한 것으로 그려진다. 반면 성서는 이와 정반대의 시각을 보여준다. 동일한 원수 형제의 테마이지만 성서는 결코 동생을 죽인 카인을 옹호하지 않는다. 동생 아벨을 죽인 행위는 명백한 죄이다. 어떠한 경우에도 원인이 결과를 정당화시키지 못한다. 형 카인의 질투와 폭력은 있는 그대로 폭로된다.

사실상 인류 역사에 있어서 첫 번째 형제 갈등과 폭력의 사건을 그리고 있는 「창세기」 4장은 우리에게 많은 것을 가르쳐준다. 특히 폭력이라는 사건을 대하는 성서적 입장이 그렇다. 성서는 결코 박해자를 옹호하거나, 그의 폭력을 미화하지 않는다. 오히려 그 진실을 있는 그대로 폭로한다. 죄는 폭력을 행한 자에게 있다. 나아가 성서는 희생물의 입장을 옹호한다. 성서는 죽음을 당한 자와 집단에 의해 누명을 쓴 희생물의 이야기를 전하고 있다. 여기에서 순서는 진실을 드러내는 것에서 시작되고 있다. 카인이 동생 아벨을 죽인 후 하나님이 그에게 내린 벌에 대해 성서는 이렇게 전하고 있다.

> 여호와께서 카인에게 이르시되 네 아우 아벨이 어디 있느냐? 그가 가로되 내가 알지 못하나이다. 내가 내 아우를 지키는 자니이까? 가라사대 네가 무엇을 하였느냐? 네 아우의 핏소리가 땅에서부터 내게 호소하느니라. 땅이 그 입을 벌려 네 손에서 네 아우의 피를 받았은즉 네가 땅에서 저주를 받으리니 네가 밭을 갈아도 땅이 다시는 그 효력을 네게 주지 아니할 것이요 너는 땅에서 피하며 유리하는 자가 되리라(「창세기」 4장 9~12절).

여기에서 먼저 주목해야 할 점은 폭력이 진실을 숨기는 것과 하나님의 폭로다. 처음부터 하나님은 희생물, 즉 아벨의 편에서 카인에게 말을 전하고 있다. "아우 아벨이 어디 있느냐?"는 물음은 깊은 곳에 숨겨두었던 폭력의 진실을 한순간에 표면 위로 끌어올리는 물음이다. 이 물음에 폭력, 즉 박해자 카인은 여전히 신화적 입장을 고수한다. 그는 자신이 저지른 폭력을 숨기고자 하며, 오히려 스스로를 정당화하고자 한다. "내가 내 아우를 지키는 자니이까?"라는 카인의 되물음은 이 두 가지 의미를 동시에 담고 있다. 폭력은 항상 죄 없는 희생물에게 책임을 전가하여 스스로를 정당화하며, 이후에 부당한 폭력이 행해졌다는 사실, 즉 폭력 그 자체의 진실을 감추고자 한다. 그리고 박해자를 포함한 모든 사람들은 이 진실에 대해 완전한 무지 속에 빠지게 된다. 하지만 "아벨이 어디 있느냐?"는 물음은 단번에 이 무지를 깨뜨린다. 이 물음은 그 자체로 폭력이 실제로 행해졌으며, 책임은 곧 박해자에게 있다는 사실을 가르쳐준다. 박해자가 끝까지 폭력의 진실을 모른 척하려고 해도 소용없다. 이어지는 "네가 무엇을 하였느냐"는 질문은 땅속 깊이 숨어 들어가던 박해자의 진실, 즉 폭력의 진실을 끌어내어 만천하에 공개한다.

이제 폭력은 스스로의 진실을 드러낼 수밖에 없다. 박해자는 자신이 동생을 죽였음을 시인할 수밖에 없다. 나아가 성서는 "아벨의 피 소리가 땅에서부터 하나님에게 호소했다"고 이야기한다. 이 구절은 매우 중요한 의미를 담고 있다. "땅에서부터"라는 표현은 폭력과 박해자에 의해 묻히고 감추어졌던 희생물의 진실을 의미하는 것으로 해석될 수 있다. 희생양 메커니즘이 그 효력을 발휘하는 공동체에서, 그리고 그 초석적 폭력을 다루고 있는 신화에서는 누구도 희생물의 이야기를 듣지 않는다. 무고한 희생물의 호소는 그 누구에게도 전달되지 않는다. 자연히 그 희생물이 무고하다는 진실, 오히려 책임은 박해자에게 있다는 진실은 문자 그대로 '땅속으로' 묻히고 만다. 그러나 성서는 "땅에서부터" 희생물의 호소가 하나님께 전달되었다고 이야기한다. 이제 모든 관계는 역전된다. 진실은 밝혀지고 희생물은 죄 없는 자라는 원래 위치로 복원된다. 추방당하는 자는 박해자, 즉 카인이다. 나아가 성서는 "희생물의 피를 받은 땅이 너에게 다시는 소산을 내어주지 않을 것"이라는 저주를 기록하고 있다. 신화에서 희생물에게 돌려졌던 저주가 성서에서는 폭력을 행한 박해자에게 돌아가고 있다.

또한 눈여겨볼 사실은 하나님이 처음부터 폭력 자체를 막기 위해 박해자인 카인에게 진실을 가르쳐주었다는 사실이다. 「창세기」 4장은 "심히 분하여 안색이 변한" 카인에게 "여호와께서 이르시되 네가 분하여 함은 어찜이며 안색이 변함은 어찜이뇨. 네가 선을 행하면 어찌 낯을 들지 못하겠느냐? 선을 행치 아니하면 죄가 문에 엎드리느니라. 죄의 소원은 네게 있으나 너는 죄를 다스릴지니라"고 전하고 있다. 다시 한 번 이 구절은 폭력의 진실을 가르쳐주고 있다. 질투로 인해 안색이 변한 박해자가 바로 악의 편에 있다는 것이다. 그런데 중요한 것은 이 말씀이 전해진 대상과 그 시기다. 이것은 폭력이 행해지기 '이전'에 폭력을 행할 마음을 품은 '박해자'에게 전해진 말씀이다. 즉 하나님은 폭력이 행해지기에 앞서 모든 진실을 박해자에게, 정확히 말해 미래의 박해자에게 가르쳐주고 있다. "죄의 소원은 네게 있으나 너는 죄를 다스릴지니라"는 명령은 폭력의 진실을 계시함과 동시에 폭력 자체를 반대하는 하나님, 즉 성서의 입장을 보여준다.

또한 「창세기」는 카인의 추방 이후 그에 대한 복수를 금하는 하나님의 명령을 전하고 있다. "여호와께서 그에게 이르시되 그렇지 않다. 카인을 죽이는 자는 벌을 일곱 배나 받으리라 하시고 카인에게 표를 주사 만나는 누구에게든지 죽임을 면케 하시니라"(「창세기」 3장 15절). 이는 곧 폭력과 복수의 순환을 처음부터 봉쇄하고자 하는 성서의 의도를 보여주는 것이다.

구약 성서의 인물들을 살펴보면 군중들에게 따돌림을 당하거나 폭력을 당하는 자, 즉 희생물의 위치에 있는 자들을 자주 볼 수 있다. 사건의 기록에 있어서 성서는 다른 모든 신화와 같은 것을 전하고 있다. 즉 인간의 본성적인 모방 갈등과 상호적 폭력 그리고 희생양에 대한 집단적 폭력이 그것이다. 그러나 성서의 주인공들은 박해자가 아닌 희생양이다. 같은 메커니즘을 보여주고 있지만 성서는 철저히 희생물의 관점에서 상황을 바라보고, 그의 호소를 있는 그대로 전한다. 이 호소 속에는 희생물의 무고함과 박해자들의 유죄성을 포함하여 신화가 감추고자 하는 모든 폭력의 진실들이 녹아들어 있다.

> 제의는 초석적인 희생양이 정말로 살해되었다는 것을 확인시켜줍니다. 신화는 최초 살해의 효과를 재생산하기 위해 희생양들이 살해되었다는 것을 암시해줍니다. 한편 성서는 전혀 다른 사실을 가르쳐주고 있습니다. 희생양의 무고함을 폭로함으로써 이 도식을 완전히 허물어버리는 것입니다. 더욱 중요한 것은 성서의 기록들이 언제나 제의와 희생에 내포되어 있는 원초적인 폭력의 요소를 드러내려 한다는 것입니다. 우리가 구약에서 마치 환각제와 같은 통음난무와 무차별화의 요인에 대한 솔직한 비판을 볼 수 있는 것도 이 때문입니다(O.C., 208~209).

욥의 경우를 예로 들어보자. 욥을 둘러싼 모든 사람들은 스스로 신처럼 행세하며, 그에게 모방에 동의할 것을, 정확히 말해 자신의 유죄성을 인정하고 순순히 희생물이 될 것을 요구한다. 하지만 성서는 이들의 모방 격동과 왜곡 작업에 끝까지 저항하는 욥의 목소리를 전하고 있다. 사실상 성서는 처음부터 욥에게 죄가 없다는 사실을 밝히고 있다. 성서는 「욥기」의 첫 부분에서 욥을 "순전하고 정직하여 하나님을 경외하며 악에서 떠난 자"라고 소개하고 있다. 그리고 고발자이자 거짓말하는 자인 사탄이 하나님에게 욥을 시험할 수 있는 권한을 요구하는 장면이 뒤따른다. 사탄은 욥의 정직함이 그가 받은 물질적인 복에 따른 것이라고 주장한다. 그 복을 거두어가면 그의 정직함은 원망과 분노로 변하게 될 것이라는 주장이다. 이 시작 부분에서 우리는 중요한 두 가지 사실과 만나게 된다. 즉 욥의 무고함과 사탄의 왜곡 작업이 그것이다. 욥은 애초부터 정직하고 순결한 자로 묘사되며, 그가 받은 고난 역시 그의 어떠한 잘못에서 비롯된 것이 아님을 성서는 밝히고 있다. 반대로 사탄은 죄 없는 자에게 죄를 뒤집어씌우기 위해 노력하는 존재로 그려진다.

「욥기」의 마지막 부분 또한 의미심장하다. 욥은 끝내 희생양이 되지 않는다. 그는 사탄의 계략에서 시작된 모든 시련을 이겨낸다. 그리고 하나님은 그에게 이전보다 더 큰 복을 내려준다. 여기에서 중요한 것은 욥이 끝까지 희생양 메커니즘, 폭력의 만장일치에 굴복하지 않는다는 사실이다. 오이디푸스의 경우에서 볼 수 있듯이 신화는 무고한 희생양에게 집단의 위기에 대한 모든 책임을 전가하는 박해자들의 입장뿐만 아니라 이러한 왜곡 작업을 그대로 받아들이는 희생물의 모습도 보여준다. 하지만 성서는 희생물, 특히 박해자들의 강요에 저항하고 진실을 이야기하는 희생물의 모습을 보여준다. 또 한 가지 주목할 만한 점은 카인의 경우와 마찬가지로 하나님이 박해자들을 비판한다는 점이다. 하나님은 욥에게 모든 죄를 전가하고 그에게 희생물의 역할을 강요하던 그의 친구들의 행위를 "정당하지 못한 것"으로 규정한다. 그리고 이 '부당한' 행위에 대한 속죄의 방법을 제시하는데, 그 방법이 매우 흥미롭다. 「욥기」 42장 8절은 그 방식을 이렇게 전하고 있다.

> 그런즉 너희는 수송아지 일곱과 숫양 일곱을 취하여 내 종 욥에게 가서 너희를 위하여 번제를 드리라. 내 종 욥이 너희를 위하여 기도할 것인즉 내가 그를 기쁘게 받으리니 너희의 우매한 대로 너희에게 갚지 아니하리라. 이는 너희가 나를 가리켜 말한 것이 내 종 욥의 말처럼 정당하지 못함이니라.

카인과 아벨의 경우에서와 마찬가지로 여기에서도 성서

는 하나님이 박해자가 아닌 희생자들의 신임을 가르쳐주고 있다. 희생자의 신인 여호와가 박해자들에게 내린 명령은 간단하다. 그들이 희생물로 삼고자 했던 욥에게 가서 그들을 위해 제물을 드리고 기도하도록 부탁하라는 것이다. 수송아지와 숫양을 통한 희생제의가 다시 한 번 등장하지만 그 목적과 의미는 전혀 다르다. 하나님의 명령은 희생양 메커니즘의 모든 원리를 단번에 전복시키고 있다. 희생양 메커니즘은 폭력이 없었다고 사람들을 설득한다. 신화적 희생양 메커니즘에서 박해자들은 정당하다. 모든 죄는 희생물에게 있으며, 따라서 그에 대한 만장일치적 폭력은 그 자체로 정당성을 얻는다. 박해자들은 자신들의 공동체에 위기를 가져온 희생물에게 '정당한' 폭력을 행사하여 공동체의 평화를 회복한다. 하지만 성서는 전혀 다른 희생을 이야기한다. 희생물, 부당하게 죄를 뒤집어 쓴 희생물은 제물로 바쳐지지 않는다. 오히려 스스로를 정당화하려던 박해자들의 죄가 만천하에 드러나며, 그들이 희생물에게 용서를 구해야 한다. 그리고 희생물이 그들을 위해 용서를 구하는 기도를 신에게 올린다. 기존의 관계가 완전히 역전되는 것이다. 이제 박해자들은 희생물의 처분에 맡겨진다. 하지만 관계의 역전이라고 해서 단순히 두 항 사이의 자리바꿈을 의미하지는 않는다. 정확히 말해 성서는 신화적 희생양 메커니즘의 해체를 가르치고 있다. 박해자들은 희생물의 처분에 맡겨지지만, 그것은 복수를 위한 것이 아니다. 성서는 무고한 희생양의 위치를 복권시킨 후 박해자들에 대한 '용서'와 '복수 금지'를 한결같이 주장하고 있다. 그리고 신은 용서를 구하는 희생자의 기도를 듣는다. 카인에 대한 복수를 금지했던 신은 이번에도 "너희의 우매한 대로 너희에게 갚지 아니하리라"고 약속한다. 이 모든 과정을 통해 성서는 상호적 폭력의 메커니즘 자체를 무력화시키고 있는 것이다.

구약성서는 한결같이 인간 공동체가 숨겨진 희생자들에 기초하여 이루어졌다는 사실과 이 희생자들에게는 죄가 없다는 사실을 보여준다. 신화가 초석적인 살해, 무고한 희생양에 대한 폭력을 정당화하고, 그 사실 자체를 감추려고 하는 데 반해, 성서는 그 사실을 명백히 드러낸다. 희생의 경우 역시 예언서에서부터 점차적으로 의례가 거부된다. 「레위기」에서는 의례에 대한 집착보다 "네 이웃을 네 몸과 같이 사랑하라"는 명령이 우선시된다. 이러한 구약성서의 모든 계시는 복음서에 가서 완성된다. 복음서로 넘어가기 전에 신화와 성서의 차이를 단적으로 보여주는 한 가지 예를 더 살펴보기로 하자.

요셉과 오이디푸스의 이야기는 모두 모방 갈등과 희생양 메커니즘을 보여주고 있다. 전자는 원수 형제의 문제를 다루고 있으며, 후자는 아버지와 아들 사이의 갈등, 즉 친부 살해와 근친상간의 이야기를 전하고 있다. 하지만 앞서 살펴보았듯이 이 두 사건 모두 같은 메커니즘의 결과에 불과하다. 두 이야기는 모두 주인공의 어린 시절부터 시작한다. 이들의 어린 시절은 가족 구성원 내의 잠재적 갈등과 실제적 위기를 포함하고 있다. 그리고 두 주인공 모두 가족에 의해 추방된다. 오이디푸스는 신탁을 받은 아버지에 의해 버림받으며, 요셉은 그를 시기한 배다른 형제들에 의해 이집트에 노예로 팔려간다. 그리고 이들의 추방을 통해 가족 내의 위기가 일시적으로 해결된다.

여기까지는 성서와 신화가 같은 줄거리를 보여준다. 하지만 이후의 상황에서 이 두 텍스트는 전혀 다른 방향으로 나아간다. 특히 주인공들에 대한 집단적 폭력의 합법성에 있어서 두 텍스트는 단적으로 다른 관점을 보여준다. 신화에서는 주인공에 대한 집단적 폭력과 추방이 정당화된다. 희생양 오이디푸스는 분명 유죄다. 그는 근친상간과 친부살해라는 차이의 근본적 파괴 행위를 저질렀으며, 바로 그 이유 때문에 테베에 페스트라는 전염병이 찾아온다. 따라서 오이디푸스는 도시에서 추방되어야 할 분명한 이유가 있으며, 그를 박해하는 사람들의 입장이 전적으로 옳은 것으로 제시된다.

반면 성서는 신화와 완전히 반대되는 관점을 보여준다. 오이디푸스의 이야기는 그의 유죄성을 입증해주는 추방으로 끝나지만, 요셉의 이야기는 그의 무죄성을 강력히 입증하는 그 자신의 승리로 끝난다. 처음부터 성서는 요셉에게 아무런 죄가 없음을 보여준다. 잘못은 형제들, 즉 박해자들에게 있다. 이야기의 관점도 처음부터 끝까지 요셉의 관점이 주를 이룬다. 신화와 달리 성서는 요셉의 추방 이후의 이야기에 더욱 많은 비중을 두고 있다. 요셉의 이집트로의 추방은 분명 형제들 사이의 모방 경쟁에서 비롯되었다. 하지만 그 결과는 신화와 정반대다. 성서는 신화적 추방을 체계적으로 거부한다. 신화가 자의적 폭력이 계시됨이 없이 승리하는 세계라면, 성서는 같은 폭력이 간파되고, 비난 받으며, 궁극적으로 용서 받는 세계다. 성서는 추방의 진정한 책임이 희생물이 아닌 박해자들에게 있다고 주장한다.

또 한 가지 중요한 것은 성서는 복수가 아닌 '용서'를 통해 폭력의 연쇄 고리를 끊고 있다는 사실이다. 앞서 욥의 경우에서 살펴보았던 결말을 요셉의 경우에서도 동일하게 찾아볼 수 있다. 마지막에 승리하는 자는 희생물이다. 그리고 박해자들이 숨기고자 했던 모든 진실이 드러난다. 요셉의 형제들은 아버지에게 그가 짐승에게 물려 죽었다는 거짓 증언을 하고 자신들의 폭력을 숨기려고 하지만, 결국 파라오의 신임을 얻어 이집트의 총리가 된 요셉 앞에 무릎을 꿇게 된다. 그들은 자신들이 박해했던 희생물 요셉에게 용서를 구하는 처지가 된다. 그리고 요셉의 처분에 그들의 운명이 맡겨진다. 이제 승리자의 위치에서 전권을 위임 받은 옛 희생물은 동일한 폭력으로 박해를 되갚는 대신, 옛 박해자들을 용서하고 그들과 함께 살기를 선택한다.

마지막으로 주목해야 할 것은 신화와는 달리 성서에서 신성은 희생되지 않는다는 사실이다. 지라르는 인류 역사에서 유일하게 신성과 집단적 폭력 사이의 철저한 거리가 유지되는 경우를 바로 성서에서 찾아볼 수 있다고 주장한다. 신화는 폭력의 메커니즘 자체를 숨기기 위해, 그리고 필요할 경우 그것을 다시 작동시키기 위해 무고하게 박해를 당한 희생물을 신성화한다. 앞서 살펴보았듯이 폭력 이후에 나타나는 희생물의 신성화는 있는 그대로의 의미로 해석되어서는 안 되며, 폭력이 스스로를 숨기고 정당화하기 위한 수단으로 이해되어야 한다. 하지만 성서에서는 이러한 신성화 작업을 단 한 번도 찾아볼 수 없다.

특히 유대-기독교가 철저한 일신교라는 사실은 이와 관련하여 매우 중요한 사실을 가르쳐준다. 지라르는 일신교의 신은 희생양에서 완전히 벗어나 있다고 주장한다. 이는 다신교 전통과는 완전히 다른 차이점이다. 다신교는 수많은 초석적 희생양에서 나온다. 고대 사회에서는 희생양 메커니즘이 작동할 때마다 새로운 신이 생겨난다. 희생양에 대한 집단적 폭력 이후 그 희생양을 신성화하는 작업이 신들을 만들어내는 것이다. 이 신들은 물론 실제 존재하지도 않는 헛된 신들이지만, 사람들로 하여금 희생제의의 질서를 지키도록 하고, 희생양 메커니즘을 통해 위기를 극복하게 한다는 점에서 사회를 보호해주는 역할을 수행하는 것도 사실이다. 하지만 이러한 신들은 박해자들에 의해 만들어진 신들일 뿐이다. 또한 이들의 사회 보호 기능 역시 또 다른 모방 갈등의 위기가 찾아올 때까지로 제한된다.

이에 반해 성서는 처음부터 이러한 식으로 신을 만들어내는 메커니즘을 철저히 거부했다. 성서에서의 신은 더 이상 예전 희생양이 아니고, 희생양이 신격화되는 일도 없다. 유대-기독교가 일신교라는 사실은 곧 희생양 메커니즘을 거부했다는 증거를 보여주는 것이다. 지라르는 이것을 '계시'라고 부른다. 신화의 희생양은 유죄였다가 신격화되지만, 성서의 희생양은 처음부터 무고한 존재로 그려지며, 따라서 성서는 이들이 비난 받는 것 자체가 잘못이라는 사실을 보여준다. 성서의 여러 부분에서 폭력 행위와 살인자들의 모습이 묘사되고 있지만, 성서의 살인자들은 신화에서처럼 정당화되지 못한다. 폭력을 가한 자들이 자기들의 행위에 대해 하고 있는 거짓말을 신화가 그대로 답습하는 바로 그 지점에서 성서는 이러한 현상들의 진실을 가감 없이 보여준다.

복음서의 승리

 지라르에 따르면 구약성서에서는 이 모든 계시의 징후들에도 불구하고, 탈신화 작업이 완성된 것은 아니다. 구약성서 역시 희생물에 대한 진실을 숨김없이 표현하고 있지만, 아직까지 희생양 메커니즘의 완벽한 중인이 나타나지는 않았다.[25] 『문화의 기원』에서 지라르는 역사적으로 희생양 메커니즘의 진실을 있는 그대로 보여주는 계시가 두 번의 시기에 걸쳐 나타났다고 주장한다. 그 첫 번째 시기가 신화에서 구약성서로 넘어오는 시기다. 즉 신이 희생양에서 벗어나고, 희생양도 왜곡된 신격화에서 벗어나는 시기가 그것이다. 그리고 이 첫 번째 계시에 이어서 '완전한' 계시의 시기가 도래한다. 즉 하나님이 인간을 폭력으로부터 해방시키기 위해 고의적으로 희생양 메커니즘에 가담한 것이다. 이렇게 해서 구약성서에 나타난 계시를 복음서가 완성하게 된다. 기독교, 특히 복음서는 예수 그리스도를 통해 희생양 메커니즘의 정체를 완전히 폭로한다. 폭력의 정체가 만천하에 알려지는 순간이 도래한 것이다.[26]

신화와 복음서

복음서는 인간 문화에 대한 진실을 드러낸다. 초석적 살해와 그것의 반복인 희생제의, 그리고 이 메커니즘에 대한 사람들의 무지는 복음서의 계시, 즉 의로운 자가 무죄라는 계시에 의해 폭로된다. 「마태복음」 13장에서 예수는 선지자 이사야의 말을 인용해 이렇게 전한다. "이사야의 예언이 저희에게 이루었으니 일렀으되 너희가 듣기는 들어도 깨닫지 못할 것이요, 보기는 보아도 알지 못하리라. 이 백성들의 마음이 완악하여져서 그 귀는 듣기에 둔하고 눈을 감았으니 이는 눈으로 보고 귀로 듣고 마음으로 깨달아 내게 고침을 받을까 두려워함이라 하였느니라. 그러나 너희 눈은 봄으로, 너희 귀는 들음으로 복이 있도다. 내가 진실로 너희에게 이르노니 많은 선지자와 의인이 너희 보는 것을 보고자 하여도 보지 못하였고, 너희 듣는 것을 듣고자 하여도 듣지 못하였느니라."(「마태복음」 13장 14~17절) 또한 「누가복음」 12장 2절은 이렇게 기록하고 있다. "감추인 것이 드러나지 않을 것이 없고 숨은 것이 알려지지 않을 것이 없나니 이러므로 너희가 어두운 데서 말한 모든 것이 광명한 데서 들리고 너희가 골방에서 귀에 대고 말한 것이 집 위에서 전파되리라."

실제로 복음서에는 '감추어진 것'에 대한 언급, 특히 '세상의 처음부터 감추어진 것'에 대한 언급이 기록되어 있다. 그렇다면 감추어져 있는 것은 무엇인가? 지라르에 따르면 그것은 바로 초석적 살해에 대한 진실이며, 인류가 자기 자신들의 폭력, 거짓의 폭력을 감추고 있었다는 사실을 의미한다. 이와 관련하여 복음서의 한 구절을 다시 살펴보기로 하자.

> 화 있을진저. 너희는 선지자들의 무덤을 쌓는도다. 저희를 죽인 자도 너희 조상들이로다. 이와 같이 저희는 죽이고 너희는 쌓으니 너희가 너희 조상의 행한 일에 증인이 되어 옳게 여기는도다. 이러므로 하나님의 지혜가 일렀으되 내가 선지자와 사도들을 저희에게 보내니 그중에 더러는 죽이며 또 핍박하거나 하였으니 창세 이후로 흘린 모든 선지자의 피를 이 세대가 담당하되 곧 아벨의 피로부터 제단과 성전 사이에서 죽임을 당한 사가랴의 피까지 하리라. 내가 너희에게 이르노니 과연 이 세대가 담당하리라(「누가복음」 11장 47~51절).

"너희 조상들이 선지자들을 죽였고, 너희는 그 무덤을 꾸미고 있다"는 구절은 그 자체로 실제적인 폭력, 무고한 자, 옳은 말을 하는 자에 대한 폭력이 있었으며, 이후로 사람들은 그 희생물들의 무덤을 꾸미는 행위, 즉 자신들의 폭력을 미화하고 숨기려고 했다는 사실을 폭로하고 있다. 또한 예수는 아벨의 피로부터 창세 이래 모든 선지자들이 흘린 피에 대한 책임 소재를 분명히 밝히고 있는데, 바로 그들에게 폭력을 행한 박해자들 그리고 박해자들의 행위를 감추고 정당화하며, 같은 메커니즘에 빠져 있는 자들에게 그 책임이 돌아갈 것임을 예고하는 것이다.

이처럼 예수는 인간의 종교와 문화가 초석적 폭력에서 유래했다는 사실, 그리고 이 폭력은 진짜 죄 있는 자들, 즉 박해자들의 책임임을 분명히 폭로하면서 세상 설립 이후부터 감추어져온 것에 대한 지고의 금기를 단번에 깨뜨리고 있다. 폭력의 주체들, 특히 예수에게 강한 비판을 받은 바리새인들은 관례적인 해결책으로 나아간다. 즉 폭력의 진실을 폭로하는 예수의 입을 다물게 하는 것이다. 그러기 위해서 가장 손쉬운 방법은 예수를 희생물로 삼는 것이다. 이제 우리가 잘 알고 있는 희생양 메커니즘이 순서대로 진행된다. 군중들은 폭력적 만장일치에 빠진다. 그들에게는 예수가 구체적으로 무슨 죄를 저질렀는지를 아는 것이 아무 의미가 없다. 폭력 모방이 모든 군중의 귀를 막아버렸기 때문이다. 특히 예수를 죽이기로 결정하는 논쟁 중에서 대제사장 가야바가 한 말은 이 점에 있어서 매우 의미심장하다. "그중에 한 사람 그해 대제사장인 가야바가 저희에게 말하되 너희가 아무것도 알지 못하는도다. 한 사람이 백성을 위하여 죽어서 온 민족이 상하지 않게 되는 것이 너희에게 유익한 줄을 생각지 아니 하는도다 하였으니."(「요한복음」 11장 49~50절) 이어지는 구절에서 요한은 가야바의 이 말이 자기도 모르는 사이에 온 인류를 구원하기 위한 예수의 십자가 사건을 암시하고 있는 것으로 해석한다. 한편 지라르는 이 구절을 초석적 폭력의 입장에서 해석한다. 즉 가야바의 말은 전형적인 희생양 메커니즘의 작동 원리를 보여주고 있는 것이다.

첫 번째 돌

그리스도의 수난에 대해 구체적으로 살펴보기 전에 복음서와 신화 사이의 차이를 보여주는 예를 살펴보는 것이 좋을 것이다. 『사탄이 번개처럼 떨어지는 것이 보이노라』에서 지라르는 신화와 복음서의 차이를 단적으로 드러내주는 한 예를 들고 있는데, 바로 2세기경 정신적 지도자로 활동했던 티아나의 아폴로니우스와 복음서에서 묘사되고 있는 예수의 예다. 지라르는 특히 필로스트라투스(F. Philostratus)의 『티아나의 아폴로니우스의 생애』에 등장하는 일화에 주목하는데, 그것은 곧 에페소스에 퍼져 있던 페스트를 치유한 기적과 관련된 일화다. 페스트에 대해 손쓸 방법을 알지 못했던 에페소스 사람들은 아폴로니우스에게 찾아가 부탁한다. 그들에게로 가 사정을 살펴본 아폴로니우스는 이 병이 곧 없어질 것이라고 말한다. 중요한 예인 만큼 지라르가 전하는 예문을 그대로 살펴보기로 하자.

"바로 오늘 안에 당신들을 괴롭히고 있는 이 전염병을 퇴치하겠소." 이렇게 말하고 나서 그는 모든 사람들을 데리고 수호신의 형상이 세워져 있는 극장으로 향했다. 그곳에는 빵 부스러기가 들어 있는 주머니를 하나 들고서 마치 장님인 양 눈을 깜박이고 있는 거지 한 명이 있었다. 넝마를 걸친 이 사람의 모습은 다른 사람들에게 일종의 혐오감을 갖게 했다.

거지 주위에 둘러서 있는 에페소스 사람들에게 아폴로니우스가 이렇게 말했다. "필요한 만큼 돌을 모아서 저기 있는 신들의 적에게 던지시오." 에페소스 사람들은 그가 도대체 무엇을 원하는 것인지 서로 물었다. 그들은 자신들에게 연민을 구하고 간청하는 누가 보아도 불쌍한 이 사람, 누군지도 모르는 이 사람을 죽인다는 생각에 거리낌을 느꼈다. 한편 아폴로니우스는 이에 굴하지 않고 사람들에게 그 거지를 향해 돌을 던질 것을 강요하며, 그들이 뒤로 물러서지 못하도록 막았다.

사람들 중 몇 명이 아폴로니우스의 권고에 따라 거지에게 돌을 던지기 시작하자 장님처럼 눈을 깜박거리기만 하던 그 거지가 갑자기 이글거리는 두 눈으로 날카롭게 쳐다보았다. 그제야 에페소스 사람들은 이 거지가 실은 악마라는 것을 알아채고 자발적으로 그에게 돌을 던지기 시작했다. 얼마나 많이 던졌던지 거지의 시체 주위에 커다란 돌무더기가 만들어질 정도였.

시간이 조금 지난 뒤 아폴로니우스는 사람들로 하여금 돌을 걷어내고, 그들이 죽인 존재를 확인하도록 했다. 돌을 걷어내자 사람들은 그 밑에 있는 것이 거지가 아니라는 것을 알게 되었다. 그 자리에는 몰로스 개와 닮은, 하지만 사자만큼이나 몸집이 큰 짐승이 있었다. 돌에 맞아 죽기 직전이 된 이 짐승은 흥분한 개처럼 거품을 토하며 쓰러져 있었다. 바로 이러한 이유로 인해 사람들은 악령을 쫓아낸 바로 그 자리에다 수호신인 헤라클레스의 상을 세웠다(Je vois., 83~84).

이 이야기를 자세히 분석해보자. 먼저 에페소스 사람들은 페스트라는 전염병의 퇴치를 위해 아폴로니우스를 찾아간다. 앞서 오이디푸스의 경우를 통해서도 살펴보았듯이 페스트는 전염성이 강한 차이 소멸의 상태를 상징한다. 즉 이것은 공동체를 휩쓸고 있는 모방 경쟁 상태, '만인에 대한 만인의 투쟁' 상태를 나타낸다. 이러한 차이 소멸의 위기에 대해 아폴로니우스가 내놓은 해결책은 무엇인가? 바로 만인에 대한 만인의 투쟁을 일인에 대한 만인의 폭력으로 바꾸는 것이다. 사실 아폴로니우스가 한 일은 별다른 것이 없다. 그는 단지 복수할 가능성이 없는 존재, 사회의 주변적 존재를 제물 삼아 희생양 메커니즘을 작동시킨 것뿐이다. 결국 그가 일으킨 기적은 모방 전염의 방향을 바꾸어서 모든 사람들로 하여금 불쌍한 거지에게 돌을 던지게 만든 것이나 마찬가지다.

희생물의 선택 역시 완벽하게 이루어진다. 아폴로니우스는 공동체 구성원들 중 누구에게도 지지를 받을 수 없고, 그런 만큼 폭력 이후에 복수의 가능성이 없는 사회의 완벽한 주변인을 희생양으로 선택한다. 그리고 만장일치적인 폭력이 이루어지기 위해 필수적인 작업이 수행된다. 바로 희생물의 변형 작업이 그것이다. 위의 예문에서 우리는 희생물에 대한 왜곡 작업을 분명히 볼 수 있다. 아폴로니우스가 처음 돌을 들어 거지에게 던지라고 명령했을 때, 사람들은 모두 주저한다. 그들의 눈에 거지는 자신들에게 연민을 바라는 불쌍한 자, 폭력을 행사할 아무런 이유가 없는 자에 불과하다.

앞서 언급했듯이 신화 텍스트는 언제나 박해자의 관점에서 쓰이며, 박해자들의 폭력을 정당화하고, 그 진실을 숨기고자 한다. 그리고 이러한 목적을 달성하기 위해 신화는 초석적 살해라는 사실을 기록함에 있어서 교묘한 변형 작업을 가미시킨다. 그 과정에서 아주 잠깐 동안 폭력의 진실을 암시하는 부분이 존재하기도 하는데, 위의 신화에서는 사람들의 첫 번째 반응이 진실을 암시하고 있다. 신화는 사람들이 모르고 있던 악마의 존재가 돌을 던지기 시작함과 동시에 드러났다고 주장하지만, 진실은 그 반대다. 오히려 거지를 악마로 몰기 이전까지의 상황이 우리에게 진실을 가르쳐주고 있다. 사람들이 차마 돌을 들어 던지지 못할 만큼 연민을 느끼게 하는 거지는 실제로 아무런 힘도 갖지 못하고, 자신을 변호할 능력도 없는 불쌍한 자에 불과하다. 하지만 도시를 덮친 차이 소멸의 위기를 극복하기 위해서는 이 무고한 사람에게 모든 구성원들의 폭력을 집중시켜야 한다. 실제로 돌을 던지기에 앞서 머뭇거리는 사람들에게 적극적인 폭력을 유도하기 위해서는 그들의 폭력에 정당성을 부여해주어야 한다. 필로스트라투스의 텍스트는 여기에서 희생양을 악마로 변형시킨다. "이글거리는 두 눈으로 날카롭게 쳐다본다"는 사실은 주저하던 박해자들에게 폭력의 정당성을 부여해준다. 사실상 아폴로니우스가 사람들을 몰아붙여서 돌을 던지게 한 이유도 바로 여기에 있다. 일단 첫 번째 돌이 중요하기 때문이다. 누군가에 의해서 던져진 첫 번째 돌은 그 자체로 모방의 모델 역할을 수행한다. 사람들은 이제 급속한 모방 열광 상태에 빠져 너나

할 것 없이 희생양에게 돌을 던지게 된다. 돌을 던지는 행위는 그 자체로 대상에 대한 증오심을 전제한다. 또한 자기를 죽이기 위해 돌을 던지는 낯선 자들에게 보내는 '이글거리는' 희생양의 눈빛은 이들의 증오심을 더욱 자극하며, 이들의 의식 속에서 무고한 희생양을 악마로 변형시킨다.

> 에페소스 사람들이 처음에 약간 망설였다는 구절은 어두움으로 가득한 이 이야기에 유일하게 밝은 빛을 비추어주고 있지만, 아폴로니우스는 온갖 수단을 강구하여 이 빛을 끄는 데 성공한다. 희생양에게 맹렬히 돌을 던지기 시작한 에페소스 사람들은 마침내 아폴로니우스가 보도록 요구했던 것을 그 희생양에게서 보게 된다. 다시 말해 이들은 그 거지를 병의 원인, 도시가 치유되기 위해서 반드시 몰아내야 할 '페스트의 악령'으로 보는 것이다. 에페소스 사람들은 지도자의 말을 따를수록 더 신경질적인 무리로 변하는데, 그럴수록 그들은 그 불쌍한 거지를 통해 자신의 욕구를 만족시키는 데 더 성공한다(Je vois., 85~86).

처음에는 망설이다가 첫 번째 돌이 던져지고 나서 격렬해지는 에페소스 사람들의 태도 변화는 집단적 폭력을 가능하게 하는 모방적 열광의 전형적인 예를 보여준다. 이처럼 집단 전체의 폭력성이 일시에 폭발할 수 있도록 하기 위해서는 박해자들의 무의식에 힘을 실어주어야 하는데, 아폴로니우스가 한 일이 바로 이것이다. 반대로 동일한 폭력을 잠재우기 위해서는 아폴로니우스가 꺼버렸던 그 빛을 비추어서 폭력의 진실을 밝혀주어야 하는데, 조금 후에 우리는 이러한 예를 살펴볼 것이다.

아폴로니우스의 예에서 마지막으로 살펴볼 것은 희생양에 대한 두 번째 변형 작업이다. 물론 위의 예문에서는 희생양에 대한 두 번째 변형을 찾아보기 어려운 것이 사실이다. 하지만 아폴로니우스의 기적 같은 투석형에 새롭게 신격화된 존재가 나타나지 않는다고 해서 그런 존재가 아예 없는 것은 아니다. 지라르는 그 이유를 애초에 희생양이 된 거지가 초자연적인 존재로 여겨졌기 때문이라고 주장한다. 만약 아폴로니우스의 기적에서 거지를 악령으로 만든 뒤에 변형의 힘이 더 강했다면 그에 대한 신격화까지 연결될 수 있었을 것이다. 지라르는 이러한 점에서 아폴로니우스의 기적은 초벌 상태의 신화라고 지적한다. 하지만 그렇기 때문에 이 이야기는 희생양 메커니즘과 그것의 기록인 신화에 대해서 우리에게 더 많은 것을 가르쳐준다. 만약 이 이야기가 두 번째 변형 작업까지 완전히 거쳤다면, 아마도 우리에게는 진정한 의미가 무엇인지 알기 어려운 진짜 신화가 주어졌을 것이다.

필로스트라투스의 이야기는 이 두 번째 변형의 공백을 메우기 위해 헤라클레스에게 도움을 청하고 있다. 이야기의 첫 대목에서 "수호신의 형상이 세워져 있는 극장"을 언급한 것은 이러한 작업을 위한 준비 작업이라고 할 수 있다. 이야기의 마지막 부분에서 악령을 쫓아낸 자리에 수호신 헤라클레스의 흉상을 세우는 장면을 통해 이 준비 작업은 결말에 도달한다. 헤라클레스에 대한 언급은 분명 간접적이긴 하지만 희생양에 대한 두 번째 변형 작업과 동일한 의미를 가지고 있다. 우리는 앞서 희생양을 신격화하는 변형 작업이 폭력의 진실을 숨기기 위한 것임을 살펴본 바 있다. 이 이야기에서 헤라클레스에 대한 언급도 같은 역할을 담당하는 것으로 보인다. 즉 티아나의 아폴로니우스라는 뛰어난 정신적 지도자를 통해서 신이 스스로 보호자 역할을 수행했다는 사실을 암시하는 것이다. 그럼으로써 박해자들의 폭력이 정당했음을 상기시킴과 동시에 폭력 행위 자체를 뒤로 숨기는 것이다. 이제 우리는 아폴로니우스의 일화와 거의 유사하지만 전혀 다른 결말을 보여주는 성서의 일화를 살펴보기로 하자. 「요한복음」은 아폴로니우스와 예수의 본질적인 차이, 나아가 신화 텍스트와 성서, 특히 복음서의 차이를 드러내주는 중요한 일화를 소개하고 있다. 그것은 곧 앞의 예와 마찬가지로 힘없는 희생양에 대한 투석 장면으로, 성서는 이 장면을 앞선 텍스트와는 전혀 다른 관점에서 기술하고 있다.

서기관들과 바리새인들이 간음 중에 잡힌 여자를 끌고 와서 가운데 세우고 예수께 말하되 선생이여 이 여자가 간음하다가 현장에서 잡혔나이다. 모세는 율법에 이러한 여자를 돌로 치라 명하였거니와 선생은 어떻게 말하겠나이까. 저희가 이렇게 말함은 고소할 조건을 얻고자 하여 예수를 시험함이니라. 예수께서 몸을 굽히사 손가락으로 땅에 쓰시니 저희가 묻기를 마지아니하는지라. 이에 일어나 가라사대 너희 중에 죄 없는 자가 먼저 돌로 치라 하시고 다시 몸을 굽히사 손가락으로 땅에 쓰시니 저희가 이 말씀을 듣고 양심의 가책을 받아 어른으로 시작하여 젊은이까지 하나씩 하나씩 나가고 오직 예수와 그 가운데 서 있는 여자만 남았더라. 예수께서 일어나사 여자 외에 아무도 없는 것을 보시고 이르시되 여자여 너를 고소하던 그들이 어디 있느냐, 너를 정죄한 자가 없느냐. 대답하되 주여 없나이다. 예수께서 가라사대 나도 너를 정죄하지 아니하노니 가서 다시는 죄를 범치 말라 하시니라(「요한복음」 8장 3~11절).

우선 우리는 복음서가 전하는 이야기에서 희생자에게 돌을 던지려는 상황 자체가 더욱 긴박함을 느낄 수 있다. 에페소스 사람들이 거지에게 돌을 던지기를 주저했던 반면, 간음한 여인을 예수에게 끌고 온 사람들은 매우 폭력적인 분위기에 휩싸여 있다. 즉 복음서가 전하고 있는 상황이 집단적 폭력의 측면에서 한 발 더 나아간 상황을 보여주고 있다. 그런데 이를 해결한 방법, 즉 아폴로니우스와 예수가 보여주는 대처 방식은 전혀 다르다. 아폴로니우스가 머뭇거리는 사람들을 다그쳐 돌을 던지게 했다면, 예수는 폭력에 반대한다. 예수는 집단적 폭력의 광기에 사로잡혀 있는 군중들로 하여금 스스로 돌을 버리고 돌아가게 만든다.

여기에서 지라르는 '첫 번째 돌'의 문제에 주목하고 있다. 아폴로니우스는 자신의 명령을 거부하는 군중들을 설득하여 누군가로 하여금 '첫 번째 돌'을 던지게 만든다. 그리고 일단 이 첫 번째 돌이 던져진 이후에는 누구라고 할 것도 없이 모든 군중이 집단적 모방 상태에 빠져 일제히 거지를 향해 돌을 던지기 시작한다. 하지만 예수는 단호하게 이 첫 번째 돌을 금지하고 있다. "먼저 돌로 치라"는 명령은 '첫 번째 돌'의 의미를 분명하게 드러내준다. 앞서도 언급했듯이 사실상 첫 번째 돌은 집단적 투석 행위에서 모델을 갖지 않는 유일한 행위다. 즉 첫 번째 돌은 박해자들의 논리, 희생양 메커니즘의 논리로 나아가는 가장 중요한 관문임과 동시에, 이어질 모든 폭력의 모델 역할을 함으로써 군중들을 모방의 열풍 속에 집어넣는 원동력이 된다. 따라서 예수가 군중들의 관심을 첫 번째 돌로 유도하고, 아주 분명한 어조로 그것을 언급한 것은 모방적 집단 폭력의 유일한 장애물을 강화시키고, 또 그 누구도 이 문턱을 넘어서지 못하게 하기 위함이다.

첫 번째 돌에 대한 상반된 태도는 집단적 폭력에 대한 상반된 관점을 그대로 보여준다. 사실상 첫 번째 돌의 문제는 아폴로니우스에게 있어서도 가장 중요한 문제였으며, 이 문제를 해결하기 위해 그는 사람들을 다그침과 동시에 불쌍한 거지를 '신들의 적'으로 매도한다. 집단적 폭력을 선동하기 위해서, 그 이전에 첫 번째 돌이 던져지도록 하기 위해서는 희생양으로 삼으려는 자를 '죄인'으로 만들어야 하기 때문이다. 결국 아폴로니우스는 불쌍한 거지를 악마로 변형시켜 자신이 원하는 것, 즉 첫 번째 돌을 획득한다. 일단 이 돌이 던져지면 이미 게임은 끝난 것이나 다름없다. 폭력과 그것이 숨기고 있는 거짓 진실이 승리를 향해 거침없이 나아간다. 조금 전까지만 해도 거지를 동정하고 머뭇거리던 사람들이 모두 맹렬한 모방 속에서 냉혹한 박해자들로 변한다.

> 아폴로니우스의 선동으로 일단 누군가가 첫 번째 돌을 던지고 나면, 그 돌을 모방한 두 번째 돌은 더욱 빨리 던져진다. 그리고 세 번째는 더 빨리 던져지는데, 이제는 모델이 하나가 아니라 둘이 되었기 때문이다. 그다음도 마찬가지 방식으로 진행된다. 모델의 수가 점점 많아질수록 돌을 던지는 리듬도 더욱 빨라진다(Je vois., 94).

이와는 반대로 예수는 모방이 폭력의 방향으로 나아가는 것을 막고, 오히려 그 역방향, 즉 비폭력의 방향으로 나아가게 함으로써 간음한 여인을 집단적 폭력에서 구해낸다. 첫 번째 사람이 투석을 단념하면 그 뒤를 이어서 다른 사람들도 투석을 단념하게 된다. 첫 번째 돌을 던지는 것의 포기 자체가 모델이 되는 것이다. 따라서 예수의 경우에 있어서도 문제는 첫 번째 돌이다. 첫 번째 돌이 던져지느냐 여부에 따라 집단적 폭력과 비폭력의 갈림길이 결정된다. 예수는 첫 번째 돌을 단념시키는 데에 있어서 매우 특별한 이야기를 하고 있다. 즉 "너희 중에 죄 없는 자가 먼저 돌로 치라"는 것이다. 이 구절의 의미는 매우 중요하다. 사실상 이 한 구절 속에 신화와 성서의 차이가 모두 함축되어 있다고 해도 과언이 아니다. 아폴로니우스는 전형적인 희생양 메커니즘의 방식에 따라 무고한 희생자를 죄인으로 만들었다. 반면 예수는 비난의 방향을 희생자에게서 박해자들에게로 돌리고 있다. "죄 없는 자가 먼저 치라"는 명령은 곧 돌을 던지려고 하는 박해자들 자신에게 죄가 있다는 사실을 암시한다. 신화가 박해자들의 관점에서 숨기고자 했던 폭력의 진실을 예수는 이 한마디의 명령으로 완전히 폭로하고 있는 것이다. 폭력의 어두운 곳에 빛을 비추는 이 한마디, 감추어진 진실을 드러내는 이 한마디로 희생양 메커니즘은 원동력을 잃게 된다. 이 말을 들은 군중들이

"양심의 가책을 받아" 자리를 떠났다는 기록은 폭력의 진실이 박해자들에게 그대로 전해져 그들 스스로 폭력을 포기하게 만드는 결정적 전환점을 보여준다.

그리스도의 수난

이제 복음서의 핵심이라고 할 수 있는 그리스도의 수난에 대해 살펴보자. 얼핏 보기에 그리스도의 수난은 전형적인 집단적 폭력의 예를 따르고 있는 것으로 보인다. 실제로 예수의 수난 부분에서 우리는 집단적 폭력의 모든 징후들을 볼 수 있다. 우선 시대적 상황 자체가 유대 민족이 로마의 식민 통치를 받고 있는 전반적 위기의 상황이다. 또한 유대 민족의 지도자들인 제사장 그룹과 로마의 총독인 빌라도 사이 그리고 유대의 분봉왕인 헤롯과 빌라도 사이에 정치적 긴장 상태가 존재한다는 사실을 복음서는 암시하고 있다. 이러한 상황에서 여러 가지 기적을 일으키고, 이전까지 들어보지 못한 가르침으로 민중의 마음을 사로잡는 한 청년과 그를 따르는 무리들에 대한 소문이 전국으로 퍼져나간다. 그는 기존의 지도자들과는 모든 면에서 다르다. 목수의 아들로 태어난 그는 대다수를 차지하고 있는 가난한 민중들의 삶 깊숙한 곳까지 파고든다. 그가 전하는 복음은 가난한 자들을 위한 복음이다. 이제 사람들은 예수라는 이 청년에게서 새로운 희망의 빛을 본다. 그들의 희망은 이중적 의미를 가지고 있다. 도덕적 의미와 정치적 의미가 그것이다. 정치적 의미 또한 이중적이다. 사람들은 그를 '다윗의 자손'으로 떠받든다. 이 말은 곧 오랜 세월 동안 지속된 외세의 침략과 로마의 식민 통치에서 벗어나 민족의 해방을 이루어내고, 옛날 다윗의 시대와 같이 강력한 국가를 세울 지도자를 의미한다. 또한 사람들은 그를 세리들과 여러 정치 지도자들에게서 민중을 구원하여 진정한 민중들의 나라를 세울 지도자로 여긴다.

이제 모든 것이 명확해진다. 식민 통치라는 국가적 위기, 정치 지도자들 사이의 갈등과 대립, 헐벗고 굶주린 민중들의 분노 등 집단적 폭력을 야기할 수 있는 모든 준비가 갖추어졌다. 이 모든 혼란을 일거에 끝낼 수 있는 효율적인 방법이 바로 희생양 메커니즘이다. 희생양도 이미 준비되었다. 예수라는 청년은 모든 면에서 예외적인 특징을 가지고 있다. 또한 제사장들과 헤롯은 이 청년의 존재로 인해 심각한 위기감을 느끼고 있다. 따라서 라이벌이었던 이 지도자들 사이에 예수라는 청년에 대한 공통된 적대심이 자리 잡으며 다시 한 번 유대감이 형성된다. 이제 남은 것은 이들의 적대심에 모든 군중들을 참여시키는 것이다. 모두가 예수에 대해 적대감을 느끼도록 하기 위해서는 누구나 인정할 만한 죄를 그에게 덮어 씌워야 한다. 지도자들이 선택한 죄명은 바로 '신성 모독'이다. 이것이야말로 거대한 종교, 문화 공동체인 유대 민족을 집단적 폭력의 모방 상태로 끌어들이기 위한 좋은 수단이다. 예수는 스스로 '하나님의 아들'이라고 자처했다. 나아가 스스로를 절대자인 유일신 하나님과 동일시하는 듯한 말과 행동을 내비쳤다. 여기에 지도자들이 매수한 거짓 증인들이 목소리를 높인다. 예수가 신성 모독을 하는 장면을 목격했다는 것이다. 모방의 메커니즘이 작동하기 시작하면서 실제 예수에 대해 알지 못하는 사람들도 이 유죄화 작업에 자기도 모르는 사이에 젖어든다. 그들은 입으로 거짓말을 하고 있지만 스스로는 진실을 말하고 있다고 믿는다. 여기에 더해 누명을 쓴 예수가 보여준 모습은 그를 정치적 지도자로 여겼던 군중들을 실망시킨다. 권력 앞에서, 누명을 쓴 채로 침묵만을 지키는 그의 모습에서 사람들은 더 이상 정치적 의미에서의 '다윗의 자손'의 모습을 보지 못한다.

이제 모든 조건이 갖추어졌다. 실망한 군중들은 알아서 모방 폭력의 대열에 합류한다. "호산나, 다윗의 자손이여"라고 외치며 환호하던 군중들은 일제히 "예수를 십자가에 못 박으라"고 외치는 성난 군중으로 변한다. 폭력의 만장일치가 이루어지는 것이다. 심지어 예수가 누명을 썼다는 사실을 알고 있었던 로마의 총독 빌라도도 결국 군중들의 모방 열풍 앞에 무릎을 꿇고 만다. 뿐만 아니라 베드로와 같은 제자도 군중들의 폭력적인 행동 앞에서 스승을 부인하기에 이른다. 군중들은 이제 오직 희생양에게만 집중한다. 그들은 어떠한 경우에도 이 희생양의 교체를 거부한다. 빌라도가 바라바를 내세웠을 때 그들은 한 목소리로 거절한다. 그리고 무고한 희생양 예수는 누명을 뒤집어 쓴 채로 십자가에 달린다.

여기까지는 모든 것이 신화의 관점과 동일해 보인다. 복음서도 여느 신화 텍스트와 다름없이 폭력의 승리를 보여주는 것 같다. 하지만 같은 메커니즘의 이야기를 전하는 복음서의 태도는 정반대다. 관점이나 서술 방식, 특히 이야기의 목적과 결과에 있어서 정반대다. 신화가 박해자들의 관점에서 폭력을 정당화하고, 희생양 변형의 진실을 숨기려고 한다면 성서, 특히 복음서는 인류 역사상 처음으로 완전히 희생양의 관점에서, 희생양 메커니즘의 진실을 드러내고 있다. 예수의 수난은 단순한 희생양 메커니즘의 결과가 아니다. 반대로 예수는 희생양 메커니즘, 즉 폭력의 진실을 완전히 드러내고 더 이상 그 거짓 메커니즘이 작동하지 못하도록 하기 위해서, 사람들을 모방과 폭력에서 완전히 자유롭게 하기 위해서 십자가를 졌으며, 그 목적은 곧 완수된다.

놀라운 것은 복음서가 폭력의 만장일치적 성격을 강조하고 있지만 모든 신화 텍스트들이나 정치적 텍스트들, 심지어 철학 텍스트들이 그러한 것처럼 이 폭력 앞에 고개를 숙이기 위해서가 아니라, 이 폭력 안에 내재되어 있는 완전한 오류, 비-진리성을 비난하기 위해서 그렇다는 것이다(『희생양』 p.171).

복음서는 철저하게 희생양의 관점에서 기록되어 있다. 복음서는 처음부터 끝까지 예수의 관점, 그리고 그의 제자들의 관점에서 사건을 바라본다. 이는 곧 희생양 메커니즘의 전 과정을 기록하고 있으면서도 그것의 거짓 격동 속에 물들지 않고 폭력으로부터 일정한 거리를 유지한 채 신화가 숨기고자 하는 진실을 있는 그대로 드러내기 위해서다. 제자들은 한 순간 군중들의 폭력 모방에 물드는 모습을 보이기도 하지만, 그들은 곧 모방의 소용돌이에서 벗어나 진실을 드러내는 그리스도의 관점으로 돌아온다. 따라서 복음서에서는 희생양에 대한 변형 작업이 이루어지지 않는다. 신화 텍스트가 무고한 희생양에게 실제로 죄가 있는 것처럼 기록하는 반면, 복음서는 이러한 유죄화 작업 자체를 있는 그대로 보여줌으로써 집단적 폭력이 '거짓'에 기반하고 있다는 사실을 보여준다. 그리스도의 수난은 무지한 군중들이 저지른 극심한 불의로 제시되며, 예수에게 행해진 모든 폭력이 터무니없고 부당한 것으로 그려진다.

그리스도의 신성 역시 마찬가지다. 얼핏 생각하면 그리스도의 신성화 역시 신화의 그것과 같다고 볼 수도 있다. 사람들은 자신들의 위기를 해소하기 위하여 무고한 희생양, 예외적인 특징을 가진 희생양에게 신성 모독이라는 죄를 뒤집어씌우고 집단적 폭력을 행사한다. 희생양은 자기에게 닥친 위기에서 벗어나기 위해 아무것도 하지 않고, 묵묵히 폭력을 받아들인다. 그리고 희생양은 죽음 이후의 부활 소식과 함께 신성화된다. 희생양 메커니즘의 전형적인 도식을 따르고 있는 듯이 보이지만, 복음서는 바로 이러한 과정을 통해 집단적 폭력의 모든 것, 박해자들의 모든 진실을 낱낱이 파헤치고 있다. 여기에서 절대로 잊어서는 안 되는 사실이 있는데, 바로 복음서는 박해자들이 아닌 희생자의 관점에서 기록되었다는 사실이다. 실제로 박해자들은 희생양을 유죄화하려고 하지만 복음서는 그 사실, 즉 희생양은 무고하며 박해자들이 그에게 거짓된 누명을 씌웠다는 사실을 있는 그대로 밝힌다. 희생양인 예수는 무죄다. 오히려 그를 십자가에 못 박은 자들이 유죄다. 따라서 복음서가 기록하는 그리스도의 신성에는 이전의 어떠한 '유죄화' 작업도 포함되어 있지 않다. 그리스도에게서는 어떠한 유죄성도 찾아볼 수 없음을 복음서 저자들은 계속해서 강조하고 있다. 따라서 그리스도의 신성은 그 출발점부터 신화의 그것과 전혀 다른 위치에 있다.

신화에서는 박해자들, 즉 만장일치의 폭력을 휘두른 자들에 의해 희생물의 신성화 작업이 이루어진다. 그 목적은 물론 무고한 자를 희생시킨 자신들의 죄를 정당화하고 숨기기 위함이며, 나아가 같은 메커니즘이 다시 작동할 수 있도록 하기 위함이다. 하지만 복음서에서 그리스도의 박해자들은 그를 신으로 여기지 않는다. 반대로 그리스도를 신으로 믿는 무리는 박해자들의 무리에서 분리되어 있는, 집단적 폭력에 반대했던 소수의 무리들이다. 즉 그리스도의 신성은 더 이상 은폐된 폭력에 기초하지 않은 진정한 성스러움을 구현하는 것이다. 또한 그 목적 역시 신화와 정반대다. 그리스도의 신성은 하나님의 아들에게 폭력을 행사한 박해자들을 직접적으로 겨냥하고 있으며, 그들에게 죄가 있다는 사실을 있는 그대로 증명한다. 또한 예수가 모든 진실을 드러내면서 인간 공동체를 사로잡고 있던 폭력 모방의 메커니즘은 더 이상 스스로를 정당화할 수도, 사람들을 무지로 몰아넣은 채 위세를 떨칠 수도 없게 되었다.

　　이제부터 부당한 박해가 있는 그대로 폭로되지 않는 희생자는 더 이상 없을 것이다. 왜냐하면 어떠한 신성화도 가능하지 않기 때문이다. 어떠한 신화 창조도 박해를 변형시키지 못할 것이다. 복음서는 그 어떤 '신화화'도 불가능하게 만든다. 왜냐하면 초석적인 메커니즘을 드러내 보임으로써 복음서는 그런 메커니즘이 기능하는 것을 방해하기 때문이다(『세상의 처음부터 감추어져 온 것들』 p.254).

그리스도의 죽음은 기존의 신화적 성스러움에 종지부를 찍는다. 그리고 전혀 새로운 성스러움의 영역을 만들어낸다. 이 새로운 성스러움은 더 이상 거짓 폭력에 기초하지 않으며, 이로 인해 폭력은 영원히 가면을 벗게 되었다. 앞으로는 더 이상 신화가 생겨나지 못할 것이며, 오직 박해의 텍스트들만이 존재할 것이다. 박해의 텍스트들은 더 이상 희생양에 대한 실제적인 살해를 숨기지 못하며, 박해자의 시각에서 작성된 실제 폭력의 보고서에 불과할 것이다.

복음서는 이어서 그리스도의 부활을 이야기한다. 앞서 언급했듯이 부활 사건은 감추어진 폭력의 진실을 결정적으로 계시한다. 그리스도의 부활은 여느 희생양의 신성화 작업과 전혀 다르다. 그리스도의 부활은 그에게 폭력을 행사한 박해자들에 의해 이루어진 일이 아니다. 부활의 기록 역시 박해자들이 아닌 예수를 따르던 소수 무리의 기록, 즉 복음서를 통해 전해진다. 그리고 부활을 이야기하고 있는 이 기록은 처음부터 끝까지 폭력의 진실을 드러내며, 폭력을 행사한 자들에게 책임이 있음을 밝히고 있다. 예수의 무고함과 박해자들의 유죄성을 확증하는 사건이 바로 부활이다. 따라서 "그리스도의 부활은 신화에서 감추고 있는 모든 과정들을 진리의 빛에 드러내는 사건이며, 세상의 처음부터 감추어져온 것을 완전히 밝혀낸 사건이다."(Je vois., 197) 그리스도의 희생은 이러한 완벽한 계시를 위해, 희생이라는 것에 반대해서, 더 이상 무고한 자의 희생이 없도록 하기 위해서, 신이 스스로 '자기 몸을 내어주기 위해' 선택된 일이고, 그 과정에서 예수는 몇 차례에 걸쳐 자신이 부활할 것이라는 사실을 예고한 바 있다. 즉 겉모습은 오랫동안 반복되어온 집단적 폭력의 도식대로 진행되는 듯하지만, 실제로는 이 메커니즘에 종지부를 찍기 위해 하나님이 스스로 희생양의 역할을 맡은 것이다.

지라르는 바로 이러한 점에서 신약 성서와 구약 성서가 분리될 수 없다고 주장한다. 모방 폭력을 탈신화화하는 구약의 텍스트들은 실제적으로 그리스도의 수난을 예고하고 있다. 신약의 계시는 구약에서 부분적으로 나타난 진리의 결정적인 도래다. 그리고 이러한 결정적 사건은 바로 하나님 자신이 인류 전체를 구원하기 위해 직접 집단적 폭력의 희생양 역할을 담당한 데에서 기인한다. 그리스도의 죽음은 외관상으로 다른 신화 속의 희생양 메커니즘과 비슷한 결과를 가져온다. 실제로 그의 죽음으로 인해 군중들의 소요는 진정된다. 그러나 성경은 결코 이러한 메커니즘을 신비화, 신화화하지 않고 모방 격동의 성격을 그대로 드러내 보여준다.

구약 성서의 일화들에서 드러난 것과 마찬가지로 복음서 역시 박해자들의 무지에 대한 계시가 그들에 대한 용서의 기도로 이어지고 있다. 희생양 메커니즘이 효력을 발휘하려면 그것에 참여하는 사람들은 그 메커니즘에 대해 알지 못해야 하는데, 바로 이러한 무지를 복음서는 깨뜨리고 있다. "스스로 무슨 일을 하는지 알지 못한다"며 자기를 박해하는 자들에 대해 '용서'를 구하는 예수의 기도(「누가복음」 23장 34절)는 복음서의 정점이라고 할 수 있다. 복음서는 박해자들의 폭력을 있는 그대로 드러내면서도 정작 집단 폭력의 박해자들 자신은 스스로 잘못을 저지르고 있음을 모르는 전적인 무지 상태에 빠져 있음을 드러내는 것이다. 그리고 예수는 이들이 무지한 상태에서 저지르고 있는 일에 대해 용서의 기도를 올리는 것이다.

신약 성서에서 신은 그 어떤 복수와도 무관한 존재로 나타난다. 사실상 신의 복수나 신의 폭력이라는 관념만큼 복음서와 어긋나는 것도 없다. 그리스도는 폭력에 전혀 의존하지 않는다. 그는 폭력의 규범에 따라 생각하지도 않는다. 그의 가르침은 항상 복수의 포기, 즉 용서와 사랑에 집중되어 있다. 예수는 '눈에는 눈, 이에는 이'라는 구약의 계율을 뒤집는다. 그는 "누가 오른쪽 뺨을 때리면, 왼쪽 뺨까지도 돌려 대라"는 새로운 가르침, 율법에 대한 새로운 해석을 제시한다. 정확히 말해 예수는 부분적으로 드러나던 구약의 계시를 완성하고 있다. 특히 예수는 '복수의 가능성' 자체를 원천적으로 금지한다. "잘못을 저지른 형제를 일곱 번씩 일흔 번이라도 용서하라"는 명령은 사실상 복수의 포기 선언과 같다. 나아가 예수는 "원수를 사랑하고, 너희를 박해하는 사람들을 위해 기도하라"고 명령한다. 이 말은 극단적인 상징이나 유토피아적 의미로 해석되어서는 안 된다. 폭력이 항상 정당한 보복으로 인식된다는 점에서, 이 말은 폭력의 메커니즘 자체를 원천적으로 봉쇄하는 의미로 받아들여져야 한다. 지라르는 산상 수훈에서 예수가 알리고 있는 왕국이란 곧 의례를 대신한 사랑의 왕국이며, "인간관계 속에 있는 모든 복수와 보복을 완전히 없애는 것"(『세상의 처음부터 감추어져온 것들』 p.289)이라고 주장한다.

십자가의 승리 그리고 그 이후

우리는 앞서 지라르 자신이 연구를 수행해 나가는 과정에서 기독교로 개종하게 되었다는 언급을 인용한 바 있다. 이어서 지라르는 기독교로의 개종은 곧 희생양 메커니즘의 숨겨진 진실을 파악하는 일과 같다고 주장한다. 초석적인 살해는 분명 겉으로 드러날 수 없는 현상이다. 만약 그 폭력이 목적을 달성하고 효력을 가질 수 있다면, 사람들은 모두 희생양의 유죄성에 확신을 갖게 될 것이고, 희생양에 반대하여 만장일치적인 동일성을 형성하게 될 것이기 때문이다. 따라서 초석적 살해 현상의 진실을 알 수 있기 위해서는 우선 박해자들의 만장일치를 깨뜨릴 정도로 많지 않은 '소수의 증인들'이 있어야 하는데, 바로 그리스도 수난의 경우가 이에 해당된다. 초기에 예수를 따르던 소수의 무리들이 예수와 운명을 같이 하는 순교자, 즉 스스로 목숨을 버리면서까지 그리스도의 십자가가 보여준 진리의 증인이 되었던 것도 이 사실을 뒷받침해주고 있다.

성서가 기록하고 있는 기독교 최초의 순교자는 스데반이다. 그런데 「사도행전」은 그가 돌에 맞아 순교당하는 장면을 묘사하면서 한 가지 흥미로운 언급을 덧붙인다. 즉 사울이라는 청년이 스데반에게 돌을 던지는 사람들 무리에 가담해 있는 모습이 그것이다. 주지의 사실이듯이 이 사울이라는 이름의 청년은 훗날 기독교로 개종하여 교리의 정립에 있어서뿐만 아니라, 기독교 복음의 전파에 결정적인 역할을 담당하게 된다. 그는 기독교로의 개종과 함께 이름을 바울로 바꾸는데, 지라르는 특히 그가 개종을 결심하게 된 사건에 주목한다. 성서는 사울이라는 청년이 예수를 따르는 무리들을 잡기 위해 다메섹으로 향하던 중 강력한 빛과 함께 전해지는 그리스도의 음성을 들었다고 전한다. 당시 그에게 전해진 "사울아, 네가 왜 나를 박해하느냐?"라는 물음은 사울이라는 청년의 인생과 기독교 역사에 있어서 결정적인 사건이었을 뿐만 아니라, 희생양에 대한 집단적 폭력에 대해 기독교의 계시가 가진 영향력과 의미를 명확히 전달해주는 사건이라는 것이 지라르의 주장이다. 즉 사울이 기독교로 개종했다는 것은 그 자신이 부당한 박해자였다는 사실을 깨닫게 된 것과 같은 의미를 가진다는 것이다.

> 기독교로의 모든 개종은 우리로 하여금 우리 스스로가 박해자라는 사실을, 또 그 사실을 모르고 있었다는 것을 깨닫게 해줍니다. 희생양 현상에 가담하는 것은 모두 그리스도를 박해하는 것과 똑같은 잘못을 저지르는 것입니다. 우리가 같은 죄를 저지르고 있는 것도 이 때문입니다(O.C., 106).

기독교로의 개종이 스스로 박해자라는 사실을 깨달은 것이라는 점, 이것은 곧 희생양 메커니즘에 숨겨진 폭력의 진실을 깨닫는다는 것이고, 더 나아가 거의 본능적이라고 할 수 있는 욕망의 모방적 속성에서, 모방 욕망이 낳는 부정적 결과에서 벗어날 수 있다는 것을 의미한다. 인간의 욕망이 언제나 모방적인 것은 사실이지만 어떤 사람들은 이러한 욕망을 이겨내기도 하는데, 지라르는 이것이 바로 기독교인이 된다는 것의 이로운 점이라고 주장한다.

> 공동체에는 많은 개인들이 있다 보니 거기에 모방적 폭력이 없을 수는 없습니다. 그렇다고 모든 개인이 다 모방 욕망에 무방비 상태로 끌려 다니는 것은 아닙니다. 예수도 거기에 저항했습니다. 자유를 말한다는 것, 그것은 곧 인간이 모방적 메커니즘에 저항할 수 있는 가능성을 상기시키는 것입니다(O.C., 137).

지라르는 분명 자신의 첫 번째 저서였던 『낭만적 거짓과 소설적 진실』에서부터 한결같이 인간 욕망이 가진 모방 속성을 강조해왔다. 우리가 인간인 이상, 그것도 타인들과 어울려 살아가는 공동체에 속한 사회적 인간인 이상, 모방 욕망에서 완전히 자유로울 수는 없다. 그렇다면 진정한 자유의 가능성은 어디에 있는가? 인간의 욕망이 본질적으로 모방 성향을 가지고 있다면, 거기서 생겨나는 갈등과 폭력의 비밀이 폭로되었다고 해도 그로부터 벗어날 수는 없는 것 아닌가?

> 우리가 만약 신적인 무사무욕을 모방한다면, 결코 모방 경쟁의 덫이 우리에게 다시 덮쳐오는 일은 없을 것이다(Je vois., 33).

예수가 이야기하는 욕망이란 곧 악마에 대한 모방이냐, 신에 대한 모방이냐에 근거한 것이다(Je vois., 71).

인간의 욕망은 모방적이다. 정확히 말해 우리 고유의 욕망은 없다고 할 수 있으며, 이러한 점에서 우리가 꿈꾸는 욕망의 자립이란 하나의 환상에 지나지 않는다. 그렇다면 모방으로 인해 생겨나는 갈등과 폭력을 막기 위한 가장 좋은 방법은 대상에 대한 금지, 즉 욕망 자체를 금지하는 것이 아니라, 사람들에게 모방 경쟁으로 귀착되지 않는 다른 욕망의 모델을 제공하는 것이다. 바로 이러한 점에서 지라르가 제시하는 '좋은' 모방의 모델이 다름 아닌 그리스도이다. 모든 타인을 위한 자기 포기의 첫 모델이 된 그리스도를 모방하는 것, 그리스도의 욕망을 모방하는 것이야말로 폭력의 메커니즘에 대항할 수 있는 유일한 해결책이라고 지라르는 주장한다.

> 최고의 모델 두 가지가 있는데, 바로 사탄과 그리스도입니다. 참된 자유는 사탄에서 그리스도로 개종하는 데에 있습니다. (중략) 바울이 "우리는 묶여 있지만 자유롭다"고 한 것도 이러한 이유에서입니다. 우리는 언제나 전적으로 개종할 수 있기 때문에 자유롭습니다. 달리 말하자면 우리는 모방적 만장일치에 빠지는 것을 거부할 수 있는 것입니다. 앞서도 이야기했지만 개종한다는 것은 자신이 박해자라는 사실을 인정한다는 것을 의미합

니다. 그것은 또한 그리스도 혹은 그리스도와 비슷한 사람을 우리 욕망의 모델로 선택한다는 것을 의미하기도 합니다(O.C., 138).

그렇다면 기독교에 의해 폭력의 진실이 밝혀진 후 오랜 세월이 지난 지금, 기독교의 문화가 거의 모든 곳에 퍼져 있는 지금은 어떠한가? 우리는 여전히 경쟁적 모방에 사로잡혀 크고 작은 폭력의 메커니즘 속에 빠져 살고 있지는 않은가? 이에 대해 지라르는 우선 현대의 사회는 긍정적인 모방의 법칙이 작용하는 사회라고 주장한다. 오늘날의 경제, 특히 서구의 경제는 모방 경쟁을 긍정적으로 이용하는 법을 터득한 문화라는 것이다. 이른바 '경제적 경쟁'이라는 것은 때로 통제를 벗어나 예기치 못한 상황을 불러일으키기도 하지만, 경쟁자들 서로가 서로를 죽이거나 하는 경우는 없다. 그리고 이처럼 모방 경쟁을 긍정적으로 이용할 수 있는 이유는 사람들 스스로가 이러한 경쟁이 무차별적인 폭력이 되는 것을 막을 수 있다고 믿기 때문이며, 이러한 믿음은 결국 기독교적 윤리에 뿌리를 두고 있다는 것이다. 만약 기독교에서 비롯된 도덕 규칙, 무한 경쟁, 살인적 경쟁을 가로막고, 무고한 희생양에 대한 진실을 계시하는 그 규칙이 없다면 자본주의적 경쟁 자체가 불가능할 것이다.

물론 오늘날에도 여전히 희생양 메커니즘이 존재하는 것은 사실이다. 예를 들어 집단 따돌림과 같은 현상은 단지 학교에서뿐만 아니라, 여러 사회적 관계의 장 속에서 나타난다. 하지만 그 위력과 의미에 있어서 이미 오늘날의 희생양 메커니즘은 초석적 그것과는 매우 다르다. 현대 사회는 철저하게 기독교의 영향하에 있으며, 그렇기 때문에 무고한 자에 대한 일방적인 왜곡 작업과 집단적 폭력은 사실상 불가능하다. 비록 소수라 할지라도 사회의 한쪽에서는 항상 희생양의 편에서 그의 입장을 옹호해주고, 박해자들의 부당함을 고발하는 사람들이 있게 마련이다. 예를 들어 집단 따돌림 문제가 발생했을 때, 많은 사람들은 따돌림을 당하는 학생이 아니라, 그를 괴롭히는 학생들에게 잘못이 있다는 것을 알고 있다. 직접 폭력에 참가하는 자들도 마찬가지다. 현대 사회의 따돌림 현상은 정확히 말해 힘의 논리에 의해 좌우될 뿐이지, 이전과 같이 폭력의 진실이 완전히 감추어진 채 작동되지는 못한다.

『폭력과 성스러움』의 서두에서 지라르는 현대의 사법 제도 역시 같은 시각에서 해석하고 있다. 옛 종교들이 여러 가지 방식으로 복수를 막고 피하거나, 다른 대상에게로 폭력의 방향을 돌리려고 했던 것과 달리 사법 제도는 복수를 '합리화하면서' 동시에 복수를 효과적으로 억제하고 근절시키는 데 성공한다. 사법 제도는 복수를 아무런 위험 없이 다루어서 그것을 아주 뛰어난 치유의 '기술'로 만들며, 또한 폭력의 예방책으로 만든다. 물론 이와 같은 복수의 합리화는 그 집단의 더욱 직접적인 기원과는 아무런 관계가 없다. 반면에 그것은 어떤 집단도 그 결정에 대해 이의를 제기할 수 없는, 전권을 위임 받은 사법 당국의 자율적인 독립성에 기반을 두고 있다. 특정 집단을 대표하지 않고 단지 그 자신으로 완벽하고 독립적인 사법 당국이기에 그것은 특정한 개인에게 속하지 않는다. 그렇기 때문에 그것은 만인에게 봉사하는 것이며, 그래서 그 결정에 모두가 승복하게 된다.

어찌 보면 사법 제도와 희생제의가 결국 똑같은 기능을 하는 것 같지만, 그 효력과 의미에 있어서 이 두 제도는 매우 다르다. 사실상 현대의 사법 제도는 '진실'에 기초하여 '폭력'을 벌하는 기능을 가지고 있다. 복수의 예방이라는 기능을 가지고 있는 것은 사실이지만, 그렇다고 해서 무고한 희생양에 대한 폭력을 유도하고 진실을 감추는 것을 목적으로 하지 않는다. 오히려 집단적 폭력에 대한 희생양의 무고함을 밝혀내고, 근거 없이 폭력을 행한 자의 유죄성을 드러내는 것이 사법 제도의 존재 이유다. 또한 죄가 있는 피고인이라 해도 몇 번에 걸쳐 재심을 요구할 수 있으며, 그를 옹호하는 변호인을 둘 수 있다. 하물며 죄 없는 희생양에 대해서 집단적 폭력을 가하는 것은 상상할 수 없는 일이다.

우리가 살아가고 있는 세상은 적어도 그 근간에 있어서는 무고한 희생양에 대한 폭력이 더 이상 정당화되지 못하는 세상이다. 우리의 세상은 희생제의가 효력을 발휘할 수 없는 세상이며, 희생양이라는 거짓이 통하지 않는 세상이다. 물론 이것은 우리의 기억 속에 존재하는 기독교의 영향 때문이라고 할 수 있다. 한편 지라르는 더 이상 희생양 메커니즘이 온전히 작동할 수 없는 우리의 세상이야말로 큰 위험 요소를 안고 있다고 지적한다. 희생양 메커니즘이 통하지 않는다는 것은 모방 갈등에 대한 일차적인 보호책이 없어졌다는 것을 의미한다. 즉 위험에 무방비로 노출될 수 있는 세상, 묵시록적인 세상이 될 수도 있는 것이다.

그러면 어떻게 해야 할까? 집단적 폭력의 비밀, 그 숨겨진 진실은 밝혀졌지만 인간의 모방적 속성은 여전히 남아 있다. 일견 우리는 우리 자신을 파멸로 이끌 수도 있는 폭력의 파도 앞에서 스스로 모든 제방을 해체해놓고 기다리는 것일 수도 있다. 실제로 우리가 살고 있는 시대에도 개인 간, 국가 간 폭력과 갈등의 소식은 계속해서 들려오고 있다. 하지만 높은 파도가 덮쳐 오지 않도록 막을 방법이 없는 것은 아니다. 성서, 특히 복음서는 그 파도 자체를 잔잔하게 할 수 있는 방법을 가르쳐주고 있다. 그것은 바로 좋은 모방, 즉 모방 폭력에 빠지지 않는 모델에 대한 모방이다. 소유 욕망과 경쟁적이고 상호적인 폭력에 빠지지 않고, 오히려 남을 위해 자기의 모든 것을 내어주는 모델, 즉 그리스도를 모델로 받아들이고 그의 욕망을 모방할 때 우리는 희생양 메커니즘 자체가 필요하지 않은 새로운 공동체 질서를 확립하고 유지해 나갈 수 있을 것이다. 현대의 정치, 경제, 사법 제도들과 일반적 도덕 규칙들은 이미 이 모델에 대한 모방을 근거로 이루어져 있다. 하지만 여러 가지 제도들만으로 욕망의 문제가 완전히 해결되는 것은 아니다. 결국 좋은 모방과 나쁜 모방, 남을 위해 내 것을 내어주는 모델과 나를 위해 남의 것을 빼앗는 모델 사이에서의 선택은 우리의 몫이기 때문이다.

맺는 글

 지금까지 우리는 르네 지라르가 40년 이상을 탐색해온 학문의 여정을 통해 '모방 욕망'과 '희생양' 그리고 '성서'의 계시에 이르기까지, 문자 그대로 '하나의 주제에 대한 긴 논증'을 처음부터 끝까지 따라가보았다. 그 과정에서 우리는 수많은 자료체들, 대가들의 문학 작품에서 아메리카나 아프리카 원시 부족들에 대한 인류학적 자료들, 여러 신화들, 그리스 비극 작품들, 신, 구약 성서에 이르기까지 '세상의 처음부터' 존재했던 인류의 이야기들을 살펴보았다. 하지만 그 모든 자료들을 이어주는 끈은 단 하나다. 그토록 무성한 숲, 보는 이들의 정신을 혼란스럽게 할 만큼 수많은 종의 꽃과 나무들로 가득한 숲에 나 있는 길은 단 하나다. 그 길은 숲의 입구부터 출구까지 단 한 번의 단절도 없이 연결되어 있다. 지나고 나면 쉬운 일이겠지만, 각양각색의 자료들 틈에서 길을 잃지 않고 따라오는 게 결코 쉽지만은 않을 것이다. 글을 마무리 짓기에 앞서 무척이나 길게 뻗어 있는 이 길을 따라온 독자들에게 진심어린 박수갈채를 보내고 싶다.

사실상 현대의 여러 사상가들 중에서 르네 지라르만큼 독창적인 사상가도 드물 것이다. 그의 사유는 현대의 주된 사상적 흐름에서 동떨어져 전혀 다른 곳을 향해 나아가는 듯이 보인다. 평생에 걸친 그의 지적 여정은 한마디로 '고독한 사상가'가 개척한 '고독한 길'이었다고 할 수 있다. 독창적인 그의 사유는 그만큼 여러 학문 분야들과 학자들의 비판의 대상이 되기도 했다. 그도 그럴 것이 그는 현대의 거의 모든 학설들을 정면에서 공격하기를 주저하지 않는다. 실제로 그가 공격의 대상으로 삼았던 대가들의 이름 (마르크스, 프로이트, 니체, 레비스트로스, 데리다 등) 만으로도 우리는 현대적 사유의 큰 틀을 잡을 수 있을 정도다.

지라르가 이처럼 자신보다 앞선, 혹은 동시대의 대가들을 비판하고 넘어서고자 하는 이유는 간단하다. 그의 학문적 계획 자체가 이들의 이론을 모두 넘어서는 것이기 때문이다. 지라르의 계획은 그야말로 야심차다. 그는 인류 공동체와 사회의 기원을 찾고자 한다. 그리고 이처럼 기원을 탐색하는 일에 있어서 그는 20세기를 대표하는 여러 학자들과는 전혀 다른 길을 선택한다. 그가 주장하는 사회의 생성 메커니즘은 마르크스가 말하는 경제적인 것도, 프로이트가 주장하는 성적인 것도 아니고, 바로 종교적인 것이다. 인류의 문화는 공동체의 존립을 위해 행해졌던 희생양에 대한 초석적 살해와 그것의 반복에 의해 형성되었으며, 이러한 희생양 메커니즘은 각 공동체마다 종교적인 형태로 구현되고 전승되어왔다는 것이다.

사실상 폭력과 욕망을 인간 사회의 초석적 요소로 보았다는 점에서 지라르는 여느 학자들과 크게 달라 보이지 않는다. 하지만 지라르가 이야기하는 폭력과 욕망은 그 출현이 특정한 역사적 조건과 전혀 관련되어 있지 않으며, 그 자체로 '본질적' 혹은 '본능적'인 것으로 제시된다. 지라르의 성찰이 그 자료의 다양함에도 불구하고, 혁명과 같은 거대 정치 담론이나 사회, 경제적 요소들과 연관되지 않고 독특한 독립성을 유지하는 것도 이러한 이유 때문이다.

또한 그가 '기나긴 논증'의 연결 고리로, 인류 역사의 초석으로 제시하고 있는 것이 '종교적인 것'이라는 사실도 매우 특별하다. 어찌 보면 그는 성찰의 시작부터 이른바 '현대적 사유'를 역행하고 있는지 모른다. 물론 현대적 사유를 어느 하나의 흐름으로 정의하는 것은 불가능하다. 하지만 지라르가 제시하는 성찰의 흐름이 거의 모든 면에서 그와 동시대를 살았던 학자들의 사유 흐름과 어긋났던 것만은 사실이다. 우리가 살펴본 그의 주요 저작들이 발표된 시기를 돌아보는 것만으로도 이 사실을 확인할 수 있다. 그의 첫 번째 저서인 『낭만적 거짓과 소설적 진실』은 1961년에 출간되었다. 이 책의 집필과 출간 시기는 서구의 역사에서 가장 혼란스러웠던 시기이기도 하다. 그것은 세계 전체를 폭력과 광기로 몰아넣었던 두 차례의 전쟁이 끝난 지 얼마 되지 않는 때였다. 분명 이러한 비극적 역사가 상호적 갈등과 집단적 폭력에 대한 성찰의 중요한 계기가 되었음은 충분히 짐작할 수 있다. 문제는 이러한 위기의 상황을 풀어내는 방법과 그 해결책의 제시에 있어서 그가 다른 학자들과 반대의 방향으로 나아갔다는 데에 있다.

지라르의 성찰은 연대기적으로 서구 사회에서 이른바 주체의 위기, 인간의 위기가 본격적으로 거론되기 시작했던 시기와 일치한다. 전쟁이 남긴 인간성의 말살과 말로 설명할 수 없을 정도의 피해들로 인해 당시의 여러 지식인들은 전통적인 인간의 가치와 그에 대한 성찰에 회의를 가지기 시작했으며, 인간 사회를 둘러싼 무수한 한계 상황으로부터의 탈출구를 모색하기 시작했다. 암담한 현실 속에서 그들은 인간과 세계의 본질이나 원리, 근본적 속성을 탐구하는 시도들에 대해서는 더 이상 관심을 기울이지 않게 되었다. 더 정확히 말해 그들은 '본질적인 것'에 대해서 질문을 던질 수 없는 상황에 내몰렸던 것이다. 본질에 대한 기존의 모든 논의들이 두 차례의 세계대전과 냉전 이데올로기의 극한 대립 속에서 이미 그 의미를 상실했다고 여겨졌기 때문이다. 그들은 자신의 생명과 안위를 위협하는 당면 문제들을 해결해야 했고, 이러한 상황은 본질보다는 '실존'과 현실 세계의 '구조'에 집중하는 경향으로 나타났다. 전쟁을 전후한 기간 동안 이른바 실존주의의 '사제들'에 대한 관심이 높아졌으며, 새로운 세대의 지식인들 또한 이 문제에 초점을 맞추기 시작했다. 자연히 사람들은 전통적인 세계관, 특히 기독교적인 세계관에 입각한 본질적인 문제에 대해서는 등을 돌리기 시작했다. '본질'이나 존재론적 '속성', '종교'보다는 '실존', '구조' 등의 개념이 시대의 패러다임을 장악하게 되었다. 주지의 사실이다시피 이러한 경향 속에는 인간의 본질에 대한 불신이 내포되어 있으며, 이러한 불신은 이후 이른바 '구조주의'와 '포스트모더니즘'으로 이어지는 흐름 속에서 중심 자체를 해체시키려는 시도에까지 이르게 된다.

이와 같은 시대적 흐름 속에서 지라르는 여전히 인간의 '본질'과 사회의 '기원' 그리고 그 기원에 있는 '종교적인 것'에 대해서만 이야기한다.[27] 사람들의 관심이 '외부'로 향할수록 그는 더욱더 인간 내면의 심연과 감추어져 있는 진실을 탐색하는 일에 천착한다. 물론 지라르 역시 인간의 '본질'에 대한 근원적인 불신에서 자신의 논의를 시작하고 있다. 그가 말하는 모방 욕망이란 곧 갈등과 폭력을 낳을 수밖에 없는 '부정적' 속성임에 틀림없다. 하지만 그가 보여주는 본질에 대한 불신 역시 서구의 전통 깊숙이 자리 잡고 있는 기독교적 관점에 근거한다고 볼 수 있으며, 이러한 점에서 이른바 전통적 가치의 '해체'를 주장했던 여러 학자들과는 성찰의 방향 자체가 다르다고 할 수 있다. 특히 1961년에 발간된 『낭만적 거짓과 소설적 진실』에서 지라르는 철저하게 인간의 본질적 속성과 이로 인해 생겨나는 관계의 문제에 집중한다. 그의 문학 작품 분석에는 어떠한 이데올로기나 사회학적 관점이 개입되어 있지 않으며, 시대와의 직접적인 연관성도 찾아보기 어렵다. 또한 『폭력과 성스러움』에서 논의의 장을 민족학적 차원으로 옮겨놓은 뒤, 그는 계속해서 시대적 흐름에 역행하여 결국에는 '기독교'와 '복음'이라는 주제를 향해 나아간다.

시대적 흐름에 역행하는 듯이 보이는 지라르의 성찰은 어찌 보면 시대와 사회의 문제에 가장 가까이 접근한 사유였다고도 할 수 있다. 그 근거는 간단하다. 지라르의 성찰은 처음부터 '폭력'이라는 한 가지 문제에 집중되어 있다. 그리고 그가 살아온 시대, 다시 말해 20세기 중, 후반부터 오늘날에 이르는 우리들의 시대는 한마디로 '폭력'에 의해 좌우되었던 시대로 정의될 수 있다. 지라르가 긴 시간 동안 논증해온 하나의 주제, 즉 모방 욕망과 경쟁 그리고 집단적 폭력은 바로 우리 시대의 주제이기도 하다. 개개인의 삶에서 사회, 문화적 공동체들 그리고 국가 간의 문제에 이르기까지 인간 사회가 관련된 모든 분야에서 우리는 끊임없는 갈등과 폭력, 복수의 악순환 속에서 살고 있다. 명품 구입과 왕따 문제, 쥘리앵 소렐을 가정교사로 만들기 위한 레날 씨의 욕망, 신화 속에 등장하는 희생양 메커니즘은 결국 우리 개개인의 삶의 문제, 지극히 현실적인 삶의 문제이자, 국가 간 갈등이라는 거대 담론들의 논리이기도 하다. 단지 경쟁자에게 빼앗길지 모른다는 이유로 쥘리앵을 가정교사로 들이려는 레날 씨의 무모해 보이는 욕망에서 끊임없이 반복되는 미사일 및 핵무기 구축 경쟁의 씨앗을 찾아볼 수 있지 않은가? 절대적인 차이 소멸의 상황 속에서 무엇 때문에 싸우는지도 모른 채 극단적인 투쟁에 돌입하는 모습은 곧 포탄이 오고가는 전장의 모습은 아니었던가? 주변부에 위치한 경계인에게 집단의 모든 책임을 전가하여 돌을 던지는 군중의 모습은 나치에 의한 유대인 학살 속에 그대로 반영되어 있지 않은가? 종착점이 어디인지도 모르고 복수의 복수를 거듭하는 폭력의 악순환, 폭력의 메커니즘 자체에 사로잡혀 진실을 분간하지 못하는 사람들의 모습은 현대의 전쟁과 테러리즘이 보여주는 모습이 아닌가? 파리의 사교계, 허울밖에 남지 않은 허무의 왕국에 대해 무조건적인 선망을 가지고 있는 베르뒤랭 부인, 삼류 소설과 잡지에 등장하는 사교계의 모습을 동경하는 엠마 보바리의 모습은 명품 소비나 성형 열풍에 길들여져 있는 현대인의 일상의 모습은 아닌가?

개인사에서 국가 간 분쟁에 이르기까지 현대 사회, 아니 인류의 오랜 역사에 걸쳐 반복되어온 '외적인' 현상들의 본질, 이것이야말로 지라르가 긴 세월 동안 탐색해온 주제였다. 그는 크고 작은 여러 '사건'들이 일어나게 된 근본적인 원인을 포착하고자 했다. 근원에 대한 올바른 이해 없이는 반복되는 폭력의 해결책을 모색할 수 없을 것이기 때문이다.

우리가 잘 알고 있는 바와 같이 이 본질적인 원인에 대해 지라르가 보여주는 해결책은 역시 어떤 획기적인 것을 포함하고 있지 않다. 그 해결책은 항상 인류의 가까이에 존재해왔다. 첫 번째 폭력이 행해지던 그 순간부터 그 폭력을 깨뜨리기 위한 계획도 같이 진행되어왔다. 단지 우리가 가까이 있는 그 해결책을 보지 못했을 뿐이다. 혹은 그것을 보고도 못 본 척하거나, 그 해결책까지 폭력의 논리에 흡수시켜 왜곡했던 것이 문제였다. 그가 성찰의 결론으로 2000년 전부터 존재해온, 그것도 사람들에게 이미 너무나 익숙한 기독교의 복음을 제시했다고 해서 문제될 것은 없다. 자신의 말대로 그 역시 폭력의 본질적 문제에 천착하다가 아주 가까이에서 기다리고 있는 해결책을 발견한 것이기 때문이다. 포스트모더니즘의 시대에 기독교로, 그것도 모든 제도와 해석의 거품을 뺀 복음의 가르침 그 자체로 돌아갈 것을 외친다고 해서 그의 성찰이 가진 가치가 평가 절하될 이유는 없다. 오히려 바로 그 사실이 그의 오랜 성찰이 헛된 것이 아니었음을, 단순히 이론의 제국을 세우기 위한 신기루가 아니었음을 반증하고 있다. 그 어떠한 인위적이고 이론적인 윤리를 만들어내지 않았다는 것, 가장 익숙하지만 갈수록 사람들의 시선에서 멀어지는 그것, 하지만 저 깊숙한 곳에서 모든 비밀을 풀어내는 빛을 비추고 있는 진실의 근원을 가리키는 것이야말로 그의 성찰이 가진 진정한 독창성이라고 할 수 있다.

그렇다고 해서 지라르의 이론이 지구상에 존재하는 모든 인간 존재들과 사회들의 문제를 풀 수 있는 만능열쇠라고 주장해서도 안 될 것이다. 그의 이론이 하나의 주제로 연결되어 있는 만큼 그 한계도 다분히 명확한 것이 사실이다. 문제는 '본질'을 다루고 있는 만큼, 즉 인간의 근본적인 속성과 인류 공동체가 지금까지 유지되어올 수 있었던 비밀을 다루고 있는 만큼, 그의 이론이 거의 무제한적인 보편성을 가지는 것처럼 보인다는 데 있다. 모방 경쟁이 과연 그토록 핵심적이고 보편적인 문제를 구성하는가? '모방' 만이 인류가 안고 있는 모든 문제를 파헤칠 수 있는 유일한 단서인가? 우리가 가진 모든 욕망이 과연 '모방적' 속성으로 환원될 수 있는가?[28]

특히 '욕망'의 영역에서 지라르의 주장은 다소 과도한 환원주의적 방식을 채택하고 있다.[29] 인간의 욕망이라는 영역은 여전히 완전히 탐색되지 않은, 아니 어쩌면 탐색될 수 없는 미지의 영역으로 남아 있다. 그만큼 수많은 학자들이 인간의 말과 생각, 행동을 좌우하는 욕망의 문제에 천착하고 있는 것이 사실이다. 그리고 그것이 어떤 하나의 논리로 쉽게 포착될 수 없는 영역인 만큼, 수많은 가설과 주장이 난무하는 것 역시 사실이다. 그렇다면 지라르의 주장은 어떠한가? 물론 욕망의 본질에 상당히 근접한 하나의 가설로 받아들여질 수 있다. 그리고 우리의 욕망이 우리의 이성과 행동에 영향력을 행사하는 작동 원리, 혹은 구조에 대한 매우 명확한 이론이라고 할 수 있다. 하지만 지라르의 견해 역시 하나의 가설일 뿐이다. 욕망의 영역에서 확실히 증명될 수 있는 것은 아무것도 없으며, 특히 지라르의 이론은 정신 의학이나 정신분석학과 같은 학문 분야에 거의 아무런 도움도 청하지 않고 있다. '모방적' 욕망은 인간의 욕망이 가진 수많은 특성 중 하나에 불과한 것 아닌가? 그리고 모방 욕망이 경쟁과 갈등으로 치닫는 것은 지라르의 말처럼 모든 공동체, 모든 인간관계에 공통적으로 적용되는 메커니즘이 아니라, 그렇게 만드는 특수한 사회, 문화, 경제적 여건이 존재하는 것은 아닌가?

또한 무고한 희생양에 대한 집단적 폭력, 즉 희생양 메커니즘의 한 양상으로 해석될 수 있는 사건들이 모두 지라르가 제시하는 도식으로 해석될 수 있는 것인가? 사실상 지라르는 희생양 메커니즘과 관련하여 특정 사회나 공동체 내의 세력관계와 같은 정치, 사회적 해석의 여지를 남겨두지 않고 있다. 예를 들어 제2차 세계대전 당시의 유대인 학살은 단지 박해자들의 모방 갈등과 차이 소멸의 위기만으로 해석될 수 있는가? 물론 지라르가 제시하는 모방 욕망과 상호적 갈등의 메커니즘이 인간관계의 중요한 단면과 폭력의 주된 양상을 설명하기에 적합한 것은 사실이다. 하지만 이 도식이 인간 사회에 존재하는 모든 형태의 욕망과 갈등, 폭력을 설명할 수 있는 '연금술의 돌'이라고는 할 수 없다. 실제로 조금만 생각해보아도 우리는 지라르의 도식만으로는 충분히 해명할 수 없는 여러 가지 형태의 폭력이 있음을 알 수 있다.

우리는 또한 르네 지라르의 저작들에 공통적으로 나타나는 방법상의 문제에 대해서도 생각해보아야 한다. 지라르는 자신의 여러 저작을 통해 같은 주제를 되풀이함으로써 모든 이론과 관점을 단 하나의 주제로 환원시키고자 한다. 저작에 따라 그 주제를 분석하는 도구나 분석의 장, 혹은 분야만이 변화할 뿐 기본 도식 자체에는 아무런 변화도 없다. 이와 같이 모든 것을 '총체화'하려는 그의 학문적 야심은 자연히 여러 가지 논쟁을 불러일으킬 수 있다. 특히 하나의 주장을 반복적으로 주장하면서 독자들을 설득시키고자 하는 성향은 그의 이론이 가진 가장 큰 장점이면서 동시에 단점으로 여겨질 수 있다.

지라르의 이론 전개 방식은 거의 대부분 '개입 도식(un schéma d'intervention)'을 통해 이루어지고 있다. 즉 하나의 개념이나 '모델'을 설정해놓은 뒤 그것을 수많은 상황에 도입시키는 것이다. 지라르 역시 이 사실에 대해서는 인정하고 있다. 그도 그럴 것이 그가 다루는 주제가 인간 존재와 인류 공동체의 근원적 영역과 관련되어 있고, 그가 다루는 소재가 문학, 예술, 정치, 사회 등 인류와 관련된 거의 모든 분야에 걸쳐 있다고 할 때, 완벽한 귀납적 방식은 사실상 불가능하다고 할 수 있다. 하지만 그렇다고 해서 그의 '개입 도식' 방식이 완전히 정당화되는 것은 아니다. 이러한 식의 논의 진행이 보여주는 가장 큰 문제는 수많은 자료체 중에서 오직 저자의 의도에 부합하는 예, 모델에 들어맞는 예만이 선택되어 마치 보편적 가치를 지닌 것처럼 제시될 수 있다는 것이다. 또한 모델에 들어맞는 예를 선택함에 있어서, 그것의 전후 맥락을 무시하는 경향도 문제시될 수 있다. 지라르 자신이 극복하고자 했던, 또는 극복했다고 주장하는 여러 학자들에 대한 해석이 많은 이론의 여지를 남기고 있다는 것은 이러한 방법의 필연적인 결과라고 할 수 있다. 너무 '모방' 개념에만 집착한 나머지 문학 작품이나 신화, 성서 등의 역사적 배경이 배제되는 것도 유감스러운 모습이 아닐 수 없다.

이제 우리는 긴 여정의 종착역에 도달했다. 지라르의 이론이 그 장대한 파노라마를 거쳐 아주 간단하고도 명료한 결론에 이르고 있듯이 우리 역시 단순한 결론으로 이 글을 마무리하고자 한다. 지라르는 현대 사회의 상황이 '묵시록'적이라고 지적하면서 우리에게 주어진 시간이 어쩌면 많지 않을 수 있다고 주장한다. 어떠한 시간 말인가? 바로 복음서가 계시하고 있는 폭력의 진실을 받아들이고, 그 폭력에서 완전히 벗어날 수 있는, 그래야만 하는 데 걸리는 시간 말이다. 복음서에 의해 폭력의 메커니즘이 완전히 드러난 뒤부터 더 이상 희생양 메커니즘은 그 기능과 효력을 온전히 다할 수 없게 되었다. 이 말은 폭력의 지배가 끝날 수 있다는 가능성과 동시에 우리가 하기에 따라서 더 이상 폭력을 제어할 수 있는 최소한의 방어 장치도 가질 수 없음을 의미하기도 한다. 바로 이러한 점에서 현대 사회는 폭력과 관련하여 '묵시록'적인 상황에 빠져 있다고 할 수 있다. 실제로 오늘날 우리 주위에서 일어나고 있는 수많은 사건들은 지라르의 이 같은 주장을 뒷받침해주고 있는 듯이 보인다. 그렇기 때문에 지라르는 단 한 가지의 해결책밖에는 없다고 외치는 것이다. 폭력의 진실이 밝혀진 뒤 진정으로 그 폭력의 사슬이 끊어지길 바란다면, 애초에 그 폭력의 연쇄 작용에 빠져들지 않을 수 있어야만 한다. 원인은 그대로 남은 채 결과에 대한 일시적 처방만이 제거된다면 그것은 파국을 의미할 것이기 때문이다.

다행히 복음서는 희생양 메커니즘을 해체시켰을 뿐만 아니라, 근원적 해결책도 제시해주고 있는데, 바로 폭력의 연쇄 작용에 빠지지 않는 '모델'을 '모방'하라는 것이다. 결국 우리에게 남는 것은 개인적 회심의 선택이다. 갈등을 불러일으키는 소유 모방에 빠질 것인가, 아니면 자기를 포기하는 자발적 희생양의 모델을 따를 것인가? 신과 같이 되고자 하는 욕망을 품고 선악과를 따먹을 것인가, 아니면 '사랑'을 가르치는 신의 명령을 따를 것인가?

지라르의 저작과 이론에 관심이 있는 독자들에게 권한다. 그의 이론이 지나치게 기독교 중심적인 해석으로 귀결된다고 해서 불편한 감정을 느낄 필요는 없다. 지라르의 주장은 제도로서의 기독교를 내세워서 타자들을 억압하고 제압하려는 것이 아니기 때문이다. 그의 성서 해석에는 종교의 이름으로 다른 민족을 침략하거나, 타인을 배제하고 억압하고자 하는 권력에의 의지, 소유 모방의 극단적 형상화는 개입될 틈이 없다. 거기에는 오직 끊임없이 폭력을 부정하며, 인류의 모든 폭력, 그 끝없는 악순환의 사슬을 한 몸에 지고 간 사랑의 신만이 있기 때문이다.

지라르의 이론이 세상만사를 모두 아우를 수 있는 지고(至高)의 이론은 분명 아니다. 필자 역시 개인적 학문의 여정에서 지라르의 이론에 많은 영향을 받은 것은 사실이지만, 이른바 지라르주의자가 되는 것은 단호히 거부하는 입장이다. 단순히 요약하자. 여러분은 친구가 가진 어떤 물건을 보고 질투를 느껴본 적이 있는가? 우리의 속담대로 사촌이 땅을 산 것을 보고 배가 아파본 경험이 있는가? 그리고 그것 때문에 그 사촌과의 관계가 어려워진 경험이 있는가? 다른 사람을 따라 하는 데에서 만족감을 느껴본 적이 있는가? 혹시 누군가를 따돌리는 일에 동참했거나, 스스로 그 희생양의 입장이 되어본 적이 있는가? 관계가 소원해졌던 친구와 만나 또 다른 친구의 험담을 나누면서 다시 화해해본 경험이 있는가? 수많은 폭력과 갈등의 소식을 접하면서 도대체 세상이 왜 이 모양이냐고 한숨 섞인 한탄을 내뱉어본 적이 있는가? 그렇다면 여러분은 이미 지라르의 세계 속에 발을 들여놓고 있는 셈이다. 그리고 지라르의 이야기 속에서 완벽하지는 않다 해도, 이 세계와 여러분 자신의 일면, 쉽게 보지 못했던 일면을 볼 수 있게 될 것이다. 이 책이 지라르의 세계에 관심을 가진 잠재적 독자들에게 조그마한 길잡이가 되어줄 수 있기를 기대한다.

가벼운 마음으로 지라르의 책을 펼쳐 들고, 그 안에서 나와 내 친구들, 내 가족들, 우리가 사는 세상의 이야기를 접하기 바란다. 그리고 간혹 길을 잃었다 싶을 때는 이 책을 한 번 들여다보고 다시 방향을 잡을 수 있기를 기대한다.

관련서

지라르 이론에 대한 프랑스 개론서

Dumouche, Paul & Dupuy, Jean-Pierre., 『기호와 선망. 폭력과 경제 : 르네 지라르 사유의 변용들(*Le Signe et l'envie. Violence et économie : Variations sur des figuresde René Girard*)』, CEREBE, 1978.

; 〈행복 연구소〉 〈경제, 사회 발전을 위한 응용 학문 연구 센터〉와의 공동 연구를 통해 지라르의 사유에 접근한 문집.

Deguy, Michel & Dupuy, Jean-Pierre., 『르네 지라르와 악의 문제(*René Girard et le problème du mal*)』, Bernard Grasset, 1982.

; 『희생양』 이전의 지라르 사유에 대한 여러 학자들의 논문을 모아 놓은 문집.

Dumouchel, Paul., 『르네 지라르를 통해 본 폭력과 진실(Violence et vérité autour de René Girard)』, Colloque de Cerisy, Bernard Grasset, 1985.
; 르네 지라르의 사유에 대하여 스리지 라 살에서 열린 콜로키움의 발표문 및 질문, 토론 내용을 담고 있는 문집.

Barberi, Marie-Stella., 『모방의 악순환 : 르네 지라르에 대한 18가지 소고(La spirale mimétique : Dix-huit leçons sur René Girard)』, Desclèe de Brouwer, 2001.
; 르네 지라르의 저작과 사유에 대해 신학, 철학, 인류학, 문학비평 등의 다양한 영역의 학자들의 논문을 모은 문집.

Lassablière Bernard., 『이 인간들은 미쳤소! 쓰레기들, 아스테릭스의 양심. 고시니와 우데르조에게서 볼 수 있는 르네 지라르의 직관력(Ils sont fous ces humains! Détritus, la bonne conscience d'Astérix. Les intuitions de René Girard chez Goscinny etUderzo)』, L' Harmattan, 2003.
; 지라르의 모방 욕망과 희생양 이론을 〈아스테릭스〉에 적용한 책.

Mazzu, Domenica & Collectif., 『카인의 정치학 : 르네 지라르와의 대화(*Politiques de Caïn : En dialogue avec René Girard*)』, Desclée de Brouwer, 2004.
; 르네 지라르를 포함한 '신화, 상징, 정치' 연구회 회원들이 지라르 사유의 각 부분에 대해 철학, 인류학, 성서학적 관점에서 집필한 글들을 모은 문집.

Haeussler, Eric., 『폭력의 형상들 : 르네 지라르 사유 입문(*Des figures de la violence : Introduction à la pensée de René Girard*)』, L'Harmattan, Coll. Criseanthropologie relation, 2005.
; 르네 지라르 이론에 대한 개괄적인 입문서.

Florey, Sonya., 『르네 지라르, 문학 비평가?(*René Girard, critique littéraire?*)』, Archipel, 2005.

Vinolo, Stéphane., 『르네 지라르 : 모방에서 인간화로(*René Girard : du mimétisme à l'hominisation*)』, L'Harmattan, 2006.
; 프로이트, 데리다 등의 이론과의 비교를 통해 지라르의 이론을 심도 있게 분석한 학술서.

_____, 『르네 지라르, 성스러운 것의 인식론, 진실로 내가 그것을 말하노니!(*René Girard, épistémologie du sacre, en vérité je vous le dis!*)』, L'Harmattan, 2007.

Fages, Jean-Baptiste., 『르네 지라르 이해하기(*Comprendre de René Girard*)』, Privat, Coll. Forpereco, 2007.

지라르 이론에 대한 국내 개론서

김현, 『르네 지라르 혹은 폭력의 구조』, 나남, 1987.
김현, 『폭력의 구조, 시칠리아의 암소』, 문학과 지성사, 1992.
김진식, 『르네 지라르에 의지한 경제 논리 비판』, UUP, 2005.

지라르 저서의 국내 번역서

『소설의 이론』, 김윤식 역, 삼영사, 1977(『낭만적 거짓과 소설적 진실』을 발췌 번역한 책).
『폭력과 성스러움』, 김진식·박무호 역, 민음사, 1993(2000).
『희생양』, 김진식 역, 민음사, 1998(2007).
『낭만적 거짓과 소설적 진실』, 김치수·송의경 역, 한길사, 2001.
『나는 사탄이 번개처럼 떨어지는 것을 본다』, 김진식 역, 문학과 지성사, 2004.

『문화의 기원』, 김진식 역, 기파랑, 2006.

『그를 통해 스캔들이 왔다 : 모방적 욕망과 르네 지라르 철학』, 김진식 역, 문학과 지성사, 2007.

지라르 이론과 관련한 국내 학위 논문

최영헌, 「미르치아 엘리아데와 르네 지라르 비교 연구 : 성스러움을 중심으로」, 강남대 대학원, 석사학위논문, 1999.

오양순, 「르네 지라르의 안티 유토피아적 세계와 유토피아적 결말에 대하여」, 연세대 대학원, 석사학위논문, 2000.

김모세, 「프랑수아 모리악의 작품에 나타난 폭력과 희생」, 한국외대 대학원, 석사학위논문, 2001.

하유정, 「『워더링 하이츠』와 『위대한 유산』 연구 : 르네 지라르와 그레마스의 이론을 중심으로」, 한국외대 대학원, 석사학위논문, 2001.

이호숙, 「이태준 소설의 이중 욕망 연구」, 이화여대 대학원, 박사학위논문, 2002.

이미혜, 「유진 오닐의 작품에 나타난 폭력 연구 : 르네 지라르의 이론을 중심으로」, 연세대 대학원, 박사학위논문, 2004.

신동현, 「르네 지라르의 폭력과 종교 이해」, 감리교신학대 대학원, 석사학위논문, 2005.

최성진, 「폭력의 극적 형상화에 관한 연구 : 채승훈의 『햄릿머

신』을 중심으로」, 동국대 대학원, 석사학위논문, 2006.

이상보, 「René Girard의 희생양 메커니즘과 기독교의 본질」, 침례신학대 대학원, 석사학위논문, 2006.

박은화, 「Flaubert의 Madame Bovary와 L'Education sentimentale에 나타난 욕망에 대한 연구」, 상명대 대학원, 석사학위논문, 2006.

정일균, 「『햄릿』『멕베드』및『귀향』에 대한 희곡 사회학적 접근」, 전북대 대학원, 박사학위논문, 2006.

지라르 이론과 관련된 국내 학술지 논문

박종홍, 「반영론적 소설 이론의 고찰」『대구교육대학 논문집』, 23, 1988.

김진식, 「르네 지라르의 욕망 모방과 소설적 진실 : 소설의 이해와 문명의 이해」『울산 대학교 논문집』, 20, 2, 1989.

권택영, 「르네 지라르와 욕망의 서사」『현대문학』, 413, 1989.

_____, 「속임수, 욕망 그리고 그 소설 : 르네 지라르의 '소설 이론'」『동서문학』, 195, 동서문학사, 1990.

원형갑, 「르네 지라르와 속죄양의 철학」『향군』, 211, 대한민국 재향군인회, 1991.

김형효, 「포스트모더니즘의 철학 : 끌라스트르, 지라르, 보드리야르, 데리다, 들뢰즈, 료따르 등에 대한 간략한 이해」『철학과 현실』, 18, 철학문화연구소, 1993.

오흥진, 「이문열, 『우리들의 일그러진 영웅』에 나타난 욕망의 구조 : 르네 지라르의 '삼각형의 욕망'과 관련하여」『대전어문학』, 11, 대전대학교 문과대학 국어국문학과, 1994.

책 읽는 사람 편, 「김현의 르네 지라르 읽기」『오늘의 문예비평』, 22, 책 읽는 사람, 1996.

윤종범, 「르네 지라르의 문학비평 연구」『어문학연구』, 5, 상명대학교어문학연구소, 1997.

박근서, 「대중 코미디 분석 : 희생의 메커니즘으로 풀어본 코미디의 사회 실존적 의미」『문화과학』, 12, 문화과학사, 1997.

정수철, 「소설 형식의 유형에 관한 한 가설」『인문과학예술문화연구』, 16, 대구대학교인문과학예술문화연구소, 1997.

김진식, 「모방, 선망, 기호효과 : 르네 지라르를 통한 경제논리 비판 II」『인문논총』, 15, 울산대학교인문과학연구소, 1998.

김성범, 「오이디푸스에 관한 세 편의 단면」『씨네포럼』, 2, 동국대학교대학원 영화학과 이론학회, 1999.

김임구, 「르네 지라르의 문화인류학과 문학비평의 가능성 : 그 이론과 실제에 대한 비판적 고찰」『괴테연구』, 13, 한국괴테학회, 2001.

르네 지라르, 김동윤 역, 「지금 벌어지고 있는 현상은 전 세계적 차원에서의 모방적 라이벌 의식의 구현이다」『비평통권』,

6, 생각의나무, 2001.

김동윤, 「욕망의 불꽃과 소설적, 시적 진실의 열정 : 『낭만적 거짓과 소설적 진실』 서평」 『비평통권』, 10, 생각의나무, 2002.

맹정현, 「모방과 폭력 : 지라르 논리의 원환 구조」 『문학과 사회』, 제17권, 제3호, 통권67호, 문학과 지성사, 2004.

르네 지라르, 토마 레니에, 김진식 역, 「성서로의 필연적 회귀」 『문학과 사회』, 제17권, 제3호, 통권 67호, 문학과 지성사, 2004.

윤철오, 「축제와 문명의 기원 : 아비뇽 축제와 르네 지라르의 신작을 중심으로」 『현대문학』, 제50권, 제8호, 통권 596호, 현대문학, 2004.

이미혜, 「Mourning Becomes Electra에 나타난 폭력의 문제 : 지라르의 이론을 중심으로」 『현대영미드라마』, 제17권, 제3호, 한국현대영미드라마학회, 2004.

김진식, 「차이소멸의 의미 연구 : 르네 지라르를 통한 경제논리 비판 3」 『불어불문학연구』, 62, 한국불어불문학회, 2005.

이소영, 「르네 지라르 관점에서 보는 『파리 대왕』 : 모방과 폭력의 미학」 『신영어영문학』, 31, 홍익출판사, 2005.

변광배, 「사르트르, 지라르 그리고 폭력」 『문학과 사회』, 제18권, 제2호, 통권 70호, 문학과 지성사, 2005.

김진식, 「일반경제를 향하여 : 르네 지라르를 통한 경제논리 비판 4」『한국프랑스학논집』, 54, 한국프랑스학회, 2006.

김모세, 「프랑수아 모리악과 욕망의 모방성」『세계문학비교연구』, 18, 세계문학비교학회, 2007.

김모세, 「아프리카 소수 부족 통과제의에 대한 한 해석 : 르네 지라르의 이론을 중심으로」『아프리카 연구』, 22, 한국외국어대학교 외국학종합연구센터 아프리카 연구소, 2007.

이준영, 김난도, 「명품의 소비욕망 : 심층면접을 통한 '욕망의 삼각형 이론'의 적용」『소비자학 연구』, 제18권, 제2호, 한국소비자학회, 2007.

이진수, 「René Girard의 모방 이론과 희생양 메커니즘 이론을 통해서 본 욥기 이해」『신앙과 삶』, 17, 부산가톨릭대학교출판부, 2008.

주

1) 이와 관련하여 Eric Gans는 모방 욕망을 지라르의 '로고스'라고 일컫기도 한다 : Eric Gans, "르네 지라르의 로고스(Le logos de René Girard)", 『르네 지라르와 악의 문제(René Girard et le problème du mal)』, Grasset, 1982, p.179.

2) 『낭만적 거짓과 소설적 진실(Mensonge romantique et véritéromanesque)』, Grasset, 1961, p.16(이하 M. V.로 표기함).

3) Lucien Morin "아이에게 있어서의 모방 욕망 : 르네 지라르와 장 피아제(Le désir mimétique chez l'enfant : René Girard et Jean Piaget)", 『르네 지라르를 통해 본 폭력과 진실(Violence et Vérité autour de René Girard)』, Colloque de cerisy, Grasset, 1985.

4) Christine Orsini, "지라르 독서 입문(Introduction à la lecture de René Girard)", 『르네 지라르와 악의 문제』, 앞의 책, p.22.

5) 헤겔의 변증법에서 주인이 그 속성상 이후에 노예가 될 수밖에 없고, 노예 역시 그 속성상 이후에 주인의 자리에 앉게 되는 것과는 상황이 전혀 다르다. 알렉상드르 코제브의 해설에 따르면 헤겔의 주인과 노예 역시 욕망을 지닌 의식과 의식 간의 존재론적 갈등의 결과물로 생겨난다. 다시 말해 타인을 통해 자기 존재의 정당성을 확립하려는 형이상학적 욕망의 결과라는 것이다. 타자로부터 '인정' 받기를 원하는 두 주체는 '죽음을 건 싸움(lutte à mort)'에 돌입하게 되는데, 이 싸움은 주체와 타자 중 어느 한 명이 죽기 일보 직전에 멈추게 된다. 왜냐하면 인정이라는 것은 살아 있는 사람만이 할 수 있는 것이기 때문이다. 상대방이 죽는다면 싸움에서 승리를 하더라도 아무런 의미가 없게 된다. 애초에 싸움은 타자에게 인정을 받기 위해, 즉 주체로서의 존재를 동일한 욕망을 가진 다른 주체를 통해 확립하기 위

해 일어났던 것이다. 만약 상대방이 죽는다면, 그와 동시에 존재 확립의 가능성도 사라지게 된다. 이렇게 하여 어느 한쪽이 인정받으려는 욕망을 포기하고 타자에게 복종하게 되는데, 이때 패배한 쪽, 즉 물질적 삶의 보존을 위해 형이상학적 존재 확립을 포기한 쪽은 승자를 자신의 '주인'으로 인정하고 그의 '노예'가 된다. 실제로 인간 사회는 상당수의 인간이 결사 항전의 의지를 포기하고 노예가 되기를 받아들일 때에만 성립 가능하다. 주인만 있는 사회는 있을 수 없기 때문이다. 하지만 이후 노예가 주인을 섬기는 과정에서 관계의 역전이 일어난다. 주인이 된 자는 아무것도 하지 않은 채 노예의 섬김을 받는 반면, 노예는 직접 자연을 가공하는 '노동'을 통해 진정한 존재 확립의 가능성에 이르게 된다. 그리고 이렇게 역전된 관계는 단순한 자리바꿈으로 끝나지 않는다. 스스로 노예를 경험했던 자는 자신이 주인의 위치에 오른 뒤 동일한 섬김을 노예가 된 자에게 강요하지 않을 것이기 때문이다. 이렇게 하여 주인과 노예의 변증법은 상호 화해의 가능성, 즉 합일의 가능성으로 나아가게 된다. Cf. A. Kojéve, 『헤겔 독서 입문(Introduction à la lecture de Hegel)』, Gallimard, Paris, 1968, pp.11~36.

6) J. Starobinski, 『살아 있는 눈(L'Œil vivant)』, Gallimard, 1999, p.143.

7) Michel Deguy, "독서 색인1961~1981(Onglets de la lecture1961~1981)", 『르네 지라르와 악의 문제』, 앞의 책, p.65.

8) R. Girard, 『희생양(Le Bouc émissaire)』, Grasset, 1982, p.194.

9) R. Girard, 『문화의 기원(Les Origines de la culture)』, Hachette, 2004, pp.49~50(이하 O.C.로 표기).

10) 지라르는 그레고리 베이트슨(Gregory Bateson), 돈 D 잭슨(Don D. Jackson), 제이 할레이(Jay Haley), 존 위클랜드(John Weakland)가 함께 집필한 『정신 분열증 이론을 향하여』에서 이 용어를 차용하여 자신의 모방 이론에 적용시킨다. 이 말은 인간관계가 '나를 모방하라/나를 모방하지 말라'고 하는 모순된 이중적 명령 위에 놓여 있는 것을 의미한다.

11) R. Girard, 『폭력과 성스러움(La Violence et le Sacré)』, Grasset, 1972, p.220(이하 V.S.로 표기).

12) 차이 소멸과 관련된 논의에 대해서는 Paul Dumouchel, "차이와 역설 : 지라르 저작에서의 사랑과 폭력에 대한 성찰(Différences et paradoxes :

Réflexions sur l'amour et la violence dans l'œuvre de Girard)", 『르네 지라르와 악의 문제』, 앞의 책, pp.215~223을 참조.

13) G. Bataille, 『에로티즘(*L'Erotisme*)』, Plon, 1965, p.43.

14) 여기에 대한 구체적 설명은 Christine Orsini, "르네 지라르 독서 입문", 앞의 책, pp.41~43을 참조.

15) 지라르는 『폭력과 성스러움』의 제7장을 온전히 프로이트에 대한 공격에 할애하고 있으며, 이외에도 책의 곳곳에서 기회 있을 때마다 프로이트를 언급하고 있다.

16) Cf. Richard Kearney, "지라르에게 있어서의 신화, 새로운 희생양인가?(Le mythe chez Girard, un nouveau bouc émissaire?)", 『지라르를 통해 본 폭력과 진실』, 앞의 책, p.38.

17) '무지'와 관련해서는 Jean-Pierre Dupuy, "전체화와 무지(Totalisation et méconnaissance)", 『르네 지라르를 통해 본 폭력과 진실』, 앞의 책, pp.110~131과 이 발표에 이어진 토론 내용(같은 책, pp.136~144) 참조.

18) 『사탄이 번개처럼 떨어지는 것이 보이노라(*Je vois Satan tomber comme l'éclair*)』, Grasset, 1999, p.238(이하 Je vois.로 표기), 「레위기」, 16 : 21 참조.

19) Eric Gans, "르네 지라르의 로고스", 앞의 책, p.186.

20) 『폭력과 성스러움』에서는 야곱의 어머니를 라헬(Rachel)로 소개하고 있는데, 이는 오류다. 「창세기」에서 이삭의 아내, 즉 야곱의 어머니는 리브가라는 이름의 여인으로 나타나며, 라헬은 야곱의 외사촌으로서 후에 그의 아내가 되는 여인이다.

21) '폭력과 성스러움'에 대해서는 Christine Orsini, "르네 지라르 독서 입문", 앞의 책, pp.38~39를 참조.

22) Christine Orsini, "르네 지라르 독서 입문(Introduction à la lecture de René Girard)", 『르네 지라르의 악의 문제』, 앞의 책, p.14.

23) 여기에 대해서는 Philippe d'Iribarne, "르네 지라르와 복음서의 사랑(René Girard et l'amour évangélique)", 『르네 지라르를 통해 본 폭력과 진실』, 앞의 책, pp.229~230 ; Jean-Marie Domenach, "인간학의 끝을 향한 여행(Voyage au bout des sciences de l'homme)", 같은 책, pp.235-236

; Lucien Scubla, "르네 지라르의 기독교와 종교의 본질 (Le christianisme de René Girard et la nature de la religion)", 같은 책, p.243 참조.

24) 『세상의 처음부터 감추어져온 것들(Des Choses cachées depuis la fondation du monde)』, Grasset, 1978, p.223.

25) 산도르 구다르트(Sandor Goodhart)와 같은 학자는 지라르가 말하는 결정적인 계시는 이미 구약 성서에서 완성되었으며, 이는 요셉의 예를 통해 증명된다고 주장하기도 한다. 여기에 대해 지라르는 여전히 구약의 부분적 계시와 신약의 완전한 계시라는 자신의 주장을 고수한다 : Sandor Goodhart, "〈나는 요셉이다〉 : 르네 지라르와 선지자의 법 〈Je suis Joseph〉: René Girard et la Loi prophétique", 『르네 지라르를 통해 본 폭력과 진실』, 앞의 책, pp.71, 84~89 참조.

26) Cf. Richard Kearney, "지라르에게 있어서의 신화, 새로운 희생양인가?", 앞의 책, p.41.

27) 이와 관련하여 뒤퓌(J.P. Dupuy)는 지라르의 이론이 본질적으로 반구조주의적이라고 정의한다 ; Jean-Pierre Dupuy, "전체화와 무지(Totalisation et méconnaissance)", 『르네 지라르를 통해 본 폭력과 진실』, p.110.

28) 지라르 이론의 각 단계가 가진 한계와 문제점에 대해서는 Lucien Scubla, "희생 이론에의 기여(Contribution à la théorie du sacrifice)", 『르네 지라르와 악의 문제』, 앞의 책, pp.103~165에서 자세히 기술되어 있다.

29) 모방 욕망으로의 환원성의 문제에 대해서는 Philippe d'Iribarne, "르네 지라르와 복음서의 사랑(René Girard et l'amour évangélique)", 『르네 지라르를 통해 본 폭력과 진실』, 앞의 책, p.233 ; Jean-Marie Domenach, "인간학의 끝을 향한 여행(Voyage au bout des sciences de l'homme)", 위의 책, p.237 참조.

르네 지라르 욕망, 폭력, 구원의 인류학

펴낸날	**초판 1쇄 2008년 10월 27일** **초판 4쇄 2023년 12월 18일**

지은이	김모세
펴낸이	심만수
펴낸곳	(주)살림출판사
출판등록	1989년 11월 1일 제9-210호

주소	경기도 파주시 광인사길 30
전화	**031-955-1350** 팩스 **031-624-1356**
홈페이지	http://www.sallimbooks.com
이메일	book@sallimbooks.com

ISBN	89-522-1001-2 04080 89-522-0314-4 04080 (세트)

※ 값은 뒤표지에 있습니다.
※ 잘못 만들어진 책은 구입하신 서점에서 바꾸어 드립니다.